"TERRES D'AVENTURE"
série dirigée par Marc de Gouvenain

TERRES D'AVENTURE – ACTES SUD
CONCEPTION : MARC DE GOUVENAIN ET BERTRAND PY
Série éditée avec la collaboration
d'Hervé Derain et Daniel Popp
Maquette : Christine Le Bœuf
Cartographie : Magali Chaudet

Les manuscrits sont à adresser à Actes Sud,
Le Méjan, 13200 Arles.
Informations presse : Régine Le Meur ; tél. 66 83 20 22.
Informations libraires : tél. 90 49 86 91.

Informations voyages : Agence Terres d'aventure,
16, rue Saint-Victor, 75005 Paris, tél. 1. 43 29 94 50.

LE ROI D'AFRIQUE ET LA REINE MER

DU MÊME AUTEUR

LE PIÉTON DE LYON, ACE, Paris 1982.

Ethnologie, coauteur Viviane Lièvre
KALASH, LES DERNIERS "INFIDÈLES" DE L'HINDU-KUSH, Berger-Levrault, Paris, 1980.
SOLSTICE PAÏEN, Presses de la Renaissance, Paris, 1984.
LE CHAMANISME DES KALASH DU PAKISTAN, PUL-CNRS-ERC, Paris, 1990.
DANSES DU MAGHREB, D'UNE RIVE A L'AUTRE, Karthala, Paris, 1987.

Essais
DIALOGUE EN NOIR ET BLANC (coauteur Kum'a Ndumbe III), Présence Africaine, Paris, 1989.
VIGILANCES, LETTRES PAR-DESSUS LES MURS (coauteur Louis Perego), Aléas éd. & Observatoire international des prisons, Lyon, 1993.

Littérature jeunesse
CHERCHEURS D'EAU, Chardon Bleu, Lyon, 1988.
DES ENFANTS SUR LA MONTAGNE DES GÉNIES, Chardon Bleu, Lyon, 1989.
BABOUR SHER ET LE POLO SAUVAGE, Chardon Bleu, Lyon, 1991.
LES LOUPS DU VAL D'ENFER, Chardon Bleu, Lyon, 1992.
LE COUREUR DANS LA BRUME, Chardon Bleu, Lyon, 1994.
LE MYSTÈRE HANS ARP, Le Verger, Strasbourg, 1994.

ISBN 2-7427-0235-0

Jean-Yves Loude

LE ROI D'AFRIQUE ET LA REINE MER

RÉCIT PRÉFACÉ PAR JEAN ROUCH

avec la collaboration de Viviane Lièvre
et la participation de Momar Tala Ndiaye
Illustrations de Dirat

ACTES SUD
HUBERT NYSSEN EDITEUR

"L'IMAGINATION AU POUVOIR !"

Préface en forme de ballet

PRÉLUDE

Cela commence comme la chronique du tournage de *Shadows* de John Cassavetes : on ne sait pas quelle histoire on va tourner, mais on commence à la filmer... déjà, les copains, les acteurs, les secrétaires, les téléphonistes sont prêts, à chaque instant, à échanger leur rôle, à la seule condition que l'on improvise et, surtout, qu'on en ait le talent nécessaire.

Il y avait, là et ici, les mêmes gourmandises, le même dévouement, le même enthousiasme, et l'on n'avait pas à s'interroger sur les difficultés de la mise en route puisqu'on s'était mis en route dès avant le départ.

Et une fois recalé aux examens de subventions, il ne restait plus qu'une clef essentielle : celle de ne jamais se prendre au sérieux.

*

C'est peut-être parce que moi-même je n'ai pas pris au sérieux le but scientifique de notre première escapade que j'ai pris, au récit de celle-ci, un grand plaisir, m'en sentant forcément complice, retrouvant le temps du *Lorientais* d'après-guerre où la clarinette New Orleans de Claude Luter nous donnait des rages d'ailleurs, de Pygmées, d'Ogooué ou de fleuve Niger, comme l'a si bien raconté Jacques Becker dans *Rendez-vous de juillet.*

Car c'était nous qui montions, un matin de juillet 1946, au Bourget, dans ces deux trimoteurs Fokker récupérés de la Luftwaffe et si mal rafistolés que l'un d'eux se "crasha" au décollage d'Aguelock en plein Sahara : escale forcée, providentielle puisqu'elle permit à Edmond Sechan de nous initier au chargement d'une caméra Bell and Howell, achetée la veille au marché aux puces.

Et si nous avions inventé déjà mille prétextes scientifiques, notre seul but avouable était la *curiosité* : découvrir, en pirogue, sans moteur, les quatre mille kilomètres du fleuve Niger, de sa source jusqu'à la mer. Il nous a fallu neuf mois pour la satisfaire : pas de mer des Sargasses, pas de vents contraires, quelques naufrages, quelques rapides, dont celui de Boussa où, cent cinquante ans plus tôt, se brisa le *H.M.S. Joliba*, le navire de Mungo Park, premier découvreur du fleuve Niger. Evidemment, c'était de la navigation de marins d'eau douce à côté du périple transatlantique du Roi perdu.

*

Le Roi d'Afrique et la reine mer semble avoir eu de plus grandes ambitions : il s'agissait de retrouver, dans les mémoires secrètes des traditionnistes et historiens africains, des traces de la disparition du premier successeur de Soundjata, créateur du Mali, Bakari II, péri en mer, alors qu'à la tête de quelque deux mille pirogues, il était parti vers l'ouest pour découvrir l'autre rive océane.

Cette traversée de l'Atlantique en "empereur solitaire" au début du XIVe siècle est-elle plus passionnante que les exploits transocéaniques de nos navigateurs d'aujourd'hui ? Ceux-ci utilisent avec efficacité nos médias, celui-là ne remplit qu'une dernière page d'un secrétaire de la cour d'Egypte de 1334 : d'un côté, les trompettes de la renommée, de l'autre le silence de l'oubli.

"Ah ! combien de marins, combien de capitaines...", pleurait déjà José Maria de Heredia.

Mais ici, c'est l'histoire même de la parcimonieuse "quête du Graal" par ces Chevaliers d'une Table ronde (de café) qui devient plus passionnante que les bordées *lof pour lof* des pirogues royales (même si le périple ne dure que trois mois à travers Sénégal, Gambie, Mali, Guinée). C'est un fantastique récit de voyage dans l'Afrique fantôme d'aujourd'hui, c'est Bombard multiplié par trois, c'est Thor Heyerdall s'embarquant seul sur le *Kontiki*, c'est la Croisière noire sans autochenille Citroën, c'est *le Petit Prince* sans Latécoère, c'est *Fernandel à Tombouctou*, comme nous l'avait proposé, en 1946, un producteur de films... En fait, c'est la renaissance même du récit picaresque.

Un "récit picaresque" c'est, selon Larousse, écrire une histoire de *picaro*, de "vaurien" : "se dit des romans, pièces de théâtre dont le héros est un aventurier, issu du peuple et volontiers vagabond, voleur ou mendiant" (comme le fut le premier roman picaresque, *La Vie de Lazarillo de Tormes*, 1554).

Et pour embrouiller encore les pistes, ce vagabond, ici, se multiplie par trois, éphémère Trinité, le temps d'un voyage :

– Dieu le Père : Monsieur *Lion* (car né à Lyon) ;

– Le Fils : le Docteur Archibald Nangadef (acteur sénégalais) ;

– Le Saint-Esprit : Leuk-V, en fait compagne de Dieu le Père, Viviane Lièvre, savante fée Viviane, prête à ensorceler toutes les forêts de Brocéliande des tropiques.

Ils ont tous quarante ans, c'est-à-dire encore vingt ans devant eux, avant d'atteindre "l'âge d'homme", selon Hampâté Bâ : "Lorsque les poils blancs, sur la poitrine noire, sont comme les étoiles de la Voie lactée..." Pour le moment, ils sont gourmands et gourmets, et connaisseurs de rares beaujolais et de rhums antillais sélectionnés rigoureusement (pour ne pas mentionner les Mort-Subite du bar *Bidon 5*)… Ils avaient donc quinze ans en 1968, comme Fabrice del Dongo à Waterloo, mais ils avaient sans doute préféré, parmi les drapeaux qui flottaient alors sur la Sorbonne, le rouge des trotskistes d'Alain Krivine au noir des anarchistes de Daniel Cohn-Bendit (c'est sans doute la raison pour laquelle ils s'étaient encombrés, en suppléments de bagages, de préjugés bien lourds pour un voyage aussi léger). Mais ils rachetaient tout cela par une vocation irrésistible pour la rigolade et, surtout, par un style éblouissant.

Ce ne sont pas les professeurs en anthropologie qui les ont diplômés, qui leur ont donné les leçons d'un style plus proche de Louis Aragon *(Anicet)*, d'André Breton *(Nadja)*, ou de Raymond Roussel *(Impressions d'Afrique)*. Et j'aimerais bien faire découvrir que ce "journal de route" est, en fait, un "cadavre exquis", composé à trois, suivant les règles strictes du code surréaliste "au vent de l'éventuel".

Et c'est bien au vent de l'éventuel (qui fut celui qui gonfla les grandes voiles rectangulaires des milliers de pirogues du Roi perdu) que nous embarquons pour ce "voyage-surprise".

D'autres regretteront, peut-être, l'absence de photos. En fait, je crois que les éditeurs ont raison de les interdire (elles risquent d'être plus évocatrices que le texte).

D'autres, ignorant la géographie, souhaiteraient plusieurs cartes. J'en proposerai deux, l'une très stricte permettant de suivre les étapes singulières de l'itinéraire, l'autre "à rêver" comme la carte du "Pays du Tendre", ou le portulan ancien avec "le roi du Mali" regardant vers l'ouest, mais avec un port d'embarquement plus évocateur que Bathurst ou Rufisque : peut-être la baie des Almadis dont le basalte serait le promontoire prémonitoire des blocs basaltiques olmèques, là-bas, sur la côte occidentale du golfe du Mexique.

*

C'est en découvrant ta *Revue Noire*, cher Jean-Loup Pivin, que j'ai rencontré ces aventuriers qui nous avertissaient de l'intervention fracassante d'un professeur noir américain rouvrant le dossier du Roi perdu, classé depuis sept cents ans. Et cela, pour offrir un peu de fierté à des intellectuels noirs en manque de racines : ainsi ils descendraient du véritable découvreur de l'Amérique, bien avant Christophe Colomb : un empereur africain légitimé.

J'avais été le témoin de l'aventure navrante de *Roots* (best-seller en librairie, puis champion international des séries télévisées, et enfin entreprise de métamorphose d'un petit village perdu de Sénégambie en lieu de pèlerinage pour touristes noirs). Il m'était donc difficile de prendre cette alternative historique très au sérieux, mais par contre je découvrais de vrais écrivains et un goût nouveau de récit de voyage.

Nous sommes-nous rencontrés plus tard au musée de l'Homme (comme ils l'écrivent p. 54) ? Je n'en suis pas sûr, mais je ne leur ai certainement pas "conseillé la prudence", mais bien plutôt l'"imprudence", et dieux merci ! ils ne s'en sont pas privés.

PAS DE DEUX

Curieusement, c'est donc chez les surréalistes que j'ai trouvé la meilleure analyse du voyagisme aventureux. En janvier 1948, dans le désordre intellectuel de Paris en pleine convalescence de libération, un des maîtres du rêve qui ont marqué toute notre génération, Julien Gracq, publiait chez José Corti (après *Au château d'Argol* et *Un beau ténébreux*) un étrange livre noir et rouge consacré à André Breton, pionnier incontestable de nos aventuriers.

> … Breton ne renonce pas, ne semble pas prêt à renoncer à sa manie cavalière et intrigante de

s'absenter... [avec] l'importance qu'il entend conférer à certains *départs* qui sont vraiment des lâchez-tout – où tout glisse soudain sous la main, où une voile se gonfle, où un bordage s'incline en rasant des eaux fuyantes, des roseaux mal rassurants. Un battement de cœur s'accélère...

... On s'arrête, on n'ose. Pour *qui*, déjà, parle-t-on ?... Au fait c'est toujours à cette *idée clef* de société secrète qu'on s'arrête, dès qu'il est question, un peu plus sérieusement que dans une conversation de table d'hôte, du pouvoir d'André Breton.

Elle flotte aussi comme un halo autour de lui cette atmosphère d'amitié fraîche, mais haussée déjà elle aussi jusqu'au ton de gravité insolite par lequel la prose de Breton avertit cette atmosphère éleusinienne d'agape partagée, à la fois hétairie amicale et chevalerie de la Table ronde...

Ce que nous met en mémoire cet itinéraire hasardeux dont le but se dérobe sans cesse, mais qui tout au long met aux prises Breton avec les grandes figures symboliques, tour à tour exaltantes et glaçantes, du Rêve incarné, de l'Amour unique, du Château périlleux, de la Femme enfant, de la Gardienne du secret, de la Pythie... c'est un des thèmes épiques les plus anciennement traités qui soient, aussi bien dans la mythologie grecque que dans les gestes du Moyen Age : celui de la Quête – quête de la Toison d'or, ou quête du Graal.

Et devant les attaques perfides des logiciens ou des existentialistes gardiens de l'ordre de cette sombre époque, qui laissent entendre que les surréalistes sont à la limite de la folie, André Breton répond :

Ce n'est pas la folie qui nous forcera à mettre en berne les drapeaux de l'imagination... il fallait que Colomb partît avec des fous pour découvrir l'Amérique et voyez comme cette folie a pris corps et durée...

Mais il apparaît aujourd'hui que l'aventure de Colomb lui-même était bien folle et n'avait autre but que le périple. En visitant le fort d'Elmina en 1954, nous avons découvert qu'une de ses tours avait été édifiée par Colomb lui-même, envoyé du Portugal avec pierres taillées et maçons portugais pour protéger le *commerce de l'or* : ce fut "la première forteresse préfabriquée au monde" (Jane Rouch, *Le Ghana*), mais qui, quelque dix ans plus tard, après la découverte de l'Amérique, devint la "tour de contrôle" du *trafic des esclaves*.

On peut se demander, alors, si ce ne fut pas une chance pour Bakari II de ne pas être revenu de son voyage transocéanique, car, à l'exemple des premières caravanes qui traversaient alors le Sahara, qu'auraient donc transporté ses grandes pirogues à voiles carrées ? – Hélas, des esclaves, pour le plus grand déshonneur de ses descendants.

C'est un autre bilan mélancolique que Monsieur Lion et Madame Lièvre – Viviane – tirent autour d'une dernière table ronde (le Docteur Nangadef, nuit après nuit, faisant revivre la "Découverte", à Dakar, sur la scène du théâtre Sorano) où la libation aux ancêtres totémiques se fera au vieux beaujolais et au "malt hors d'âge". Leur constat est simple : de leur quête, de leur volupté de songerie, ce qui reste ressemble plus à l'incertitude qu'à la limpidité d'une assurance : Abou Bakari II, le roi marin, n'avait pas forcément atteint l'Amérique.

Et peut-être le malt d'outre-Manche fait dire, à voix haute, à la fée Viviane ce dernier sortilège que lui souffle, à l'oreille, l'Oscar Wilde du *Portrait de Dorian Gray* : "Bien entendu l'Amérique avait été découverte bien avant Christophe Colomb, et le secret en avait été bien gardé."

JEAN ROUCH

AVIS DE RECHERCHE

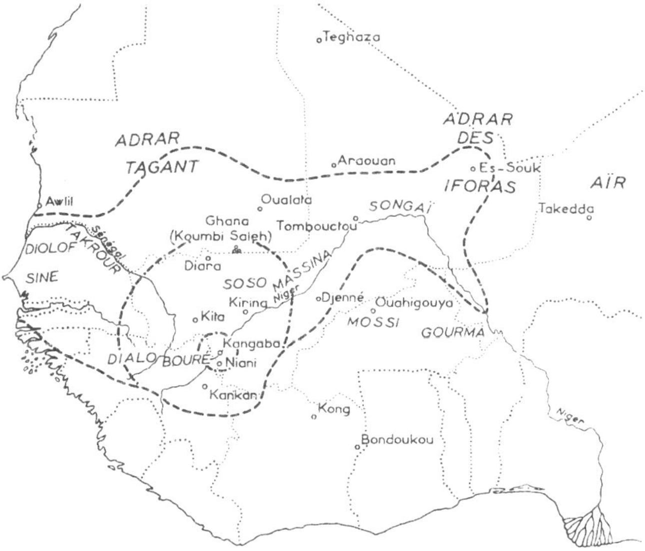

LIMITES APPROXIMATIVES DE L'EMPIRE DU MALI

_ . _ . _ . A l'avènement de Soundjata (1230)

_ _ . _ _ . A la mort de Soundjata (1255)

_ _ _ _ A l'apogée (1350)

AINSI PARTIT L'EMPEREUR DU MALI...

L'empereur du Mali a quitté Niani, sa capitale. Il voyage vers le nord et vers l'est.

Les hommes dont le devoir est de flatter clament qu'il a le pouvoir de faire couler l'eau en plein désert. Ceux qui ont l'esprit de tempérance tamisent les louanges à l'aide d'un proverbe : "Partout où un homme peut, c'est une femme qui l'aide à pouvoir."

En réalité, l'empereur obéit à l'insistance d'une femme.

La princesse exige de prendre un bain au cœur de l'aridité.

Il fait creuser le sable de l'erg, ou bien le sol ingrat d'un reg. Pour elle.

La princesse ressent de la nostalgie. Elle dit son amertume d'avoir été arrachée aux rives du Niger, au lit du fleuve. La tradition orale garde d'elle une sensualité de nymphe.

Il ordonne d'ouvrir les vannes de mille outres pour emplir le bassin. Le rire mouillé de la princesse se moque de la sécheresse.

Il ne faut pas longtemps pour qu'une autre rumeur coule : c'est Dieu lui-même qui serait intervenu afin que surgisse un lac en plein désert et que l'épouse du pieux souverain puisse se baigner.

L'empereur du Mali se rend à La Mecque. Son humilité et sa piété constituent les simples bagages d'un pèlerin zélé, mais sa suite a l'allure de l'orgueil : quatre-vingt mille hommes, citent les scribes arabes. Peut-être soixante mille seulement. Dont quatre cents femmes, précise la tradition.

Les cavaliers au premier stade de la vaillance portent des bracelets d'or. Au rang supérieur, brillent les cavaliers aux colliers d'or. Et tout devant, ceux qui ont mérité davantage montrent leurs anneaux de pied, en or toujours. A chaque exploit nouveau, le roi accorde au héros l'élargissement de ses pantalons.

Les serviteurs marchent. Une foule noire marche vers Le Caire et pense, bien au-delà, aux lieux saints. L'empereur le veut. Ses désirs de conquête concernent son âme. Le maître du Mali porte tant de titres, mais les étrangers musulmans dans leurs livres le qualifient de pieux, de zélé, le considèrent comme un lettré. Le souverain du grand Empire mandingue, le *mansa*, reconnaît d'abord le nom de sa mère dont l'usage le pare : Kankou. Il est Kankou Moussa, un des plus puissants monarques de son temps, mais son temps ne le sait peut-être pas. Un des plus riches du monde, mais le monde ne l'imagine pas encore. Alors son dessein est d'aller au-devant du monde, cette année 724 de l'hégire, 1324 du calendrier des chrétiens.

Le *mansa* a donné à son pays la taille d'une année ; les arpenteurs mesurent la longueur d'une frontière en mois de marche. Son sabre et ceux de ses cavaliers ont conquis vingt-quatre cités, et les chanteurs de louanges, les griots, fondent sur ce nombre une grande œuvre. Kankou Moussa règne jusqu'aux forêts du Sud, à la lisière des rumeurs d'anthropophagie, et contraint des tribus blanches, berbères, aux marches du désert. A l'ouest, seule la mer environnante l'arrête, l'océan que l'on dit ténébreux. Il a sous son obéissance le pays de l'or natif. Des païens "cultivent" le brillant produit en secret. Le roi exige le meilleur de la récolte et abandonne aux indigènes la menue poudre ; il affirme qu'ainsi il en garantit la valeur contre la vulgarité de l'usage. Il laisse pourtant l'or s'évader, mais son départ permet l'arrivée au Mali de "la chose qui danse", le cheval si rare, et l'obtention du sel indispensable. L'or s'évade, les marchands arabes sont ses complices ; ils le convoient jusqu'aux cours européennes qui frappent monnaie. L'or du Mali est la voix d'un Sud inimaginable dans le dialogue avec le Nord.

Au Caire, les habitants témoignent avec ardeur des largesses de ce voyageur magnifique. Si la générosité se paie en mots, alors les Egyptiens dilapident une fortune de superlatifs et d'exclamations suaves pour vanter la noble allure, la dignité, la loyauté du monarque étranger. Kankou Moussa non seulement achète sans compter et sans se méfier, mais il donne, il honore officiers de cour et fonctionnaires. Sa prodigalité excessive emporte le cours de l'or. Douze ans plus tard, l'effet de son passage dure encore sur la place financière. La caravane abandonne cent charges d'or aux mains autochtones qui applaudissent, se tendent puis se crispent avidement. Une tonne et demie répartie par provocation ostentatoire autant que par grandeur d'âme. Les Arabes concèdent au souverain noir une admiration sans feinte qui traverse les siècles grâce à leurs écrits. Kankou Moussa peut estimer sa mission pleinement réussie, même s'il ramène au Mali quelques créanciers : ses partenaires commerciaux sont édifiés, impressionnés. Il parvient même à éviter l'inacceptable humiliation de se prosterner devant son hôte, l'*amir* d'Egypte, et d'admettre une quelconque hiérarchie en sa défaveur. Car l'empereur du Mandingue, devant qui ses sujets roulent à terre et se couvrent le visage de cendres, ne peut baisser le front que devant Dieu.

Mais ce fier maître du Sud, "le plus important des rois nègres, le plus puissant, le plus riche, le plus fortuné, le plus redoutable à ses ennemis, le plus capable de répandre autour de lui les bienfaits", ne dispense pas seulement des prodigalités matérielles. Il se montre également disert. Il donne à entendre des paroles. Il apprécie la fréquentation du fils de l'*amir* pour qui il éprouve de l'amitié. A lui, il conte sincèrement "beaucoup de ses propres affaires et des choses de son pays et de ceux des peuples noirs qui en sont voisins sous le nom de Soudan". Et quand le fils de l'*amir* Hadjib, lui-même gouverneur du Caire et de Qarafa, le questionne incidemment sur l'origine de son pouvoir, Kankou Moussa, le grand *mansa*, livre une confidence sur son prédécesseur, la plus étonnante des révélations, les mots les plus marquants peut-être de tout son voyage :

"J'ai demandé au sultan Moussa, dit le fils de l'*amir* Hadjib, comment le pouvoir était parvenu entre ses mains. «Nous sommes, me dit-il, d'une maison où l'on se transmet le pouvoir par héritage. Le souverain qui m'a précédé ne voulait pas croire qu'il était impossible de parvenir à l'extrémité de la Mer Environnante (l'Océan) ; il voulut y atteindre, et s'acharna dans son dessein. Il fit équiper deux cents navires remplis d'hommes, et d'autres, en même nombre, remplis d'or, d'eau et de vivres, en quantité suffisante pour des années. Il dit à ceux qui les commandaient : "Ne revenez que quand vous aurez atteint l'extrémité de l'Océan, ou quand vous aurez épuisé vos vivres et votre eau." Ils partirent : leur absence dura longtemps avant qu'aucun d'eux ne revînt. Enfin un seul navire reparut. Nous interrogeâmes le capitaine sur leurs aventures. "Prince, répondit-il, nous avons longtemps navigué jusqu'au moment où nous avons rencontré en pleine mer comme un courant violent. Mon navire marchait le dernier. Les autres s'avancèrent, et à mesure que l'un d'eux parvenait à cet endroit, il disparaissait pour ne plus reparaître, et nous n'avons pas su ce qui lui était arrivé. Moi, je revins en arrière, et je n'entrai point dans ce courant." Mais le sultan ne voulut point le croire. Il équipa deux mille vaisseaux, mille pour lui et les hommes qui l'accompagnaient, et mille pour l'eau et les vivres. Il me conféra le pouvoir et partit avec ses compagnons sur l'Océan ; ce fut la dernière fois que nous le vîmes, lui et les autres ; et je restai maître absolu de l'empire.»"

Les historiens du Mali repèrent le roi d'Afrique disparu en mer sous le nom musulman d'Abou Bakari II, prédécesseur de Kankou Moussa dans les généalogies maliennes.

NOM DU DISPARU : ABOU BAKARI II

C'était une curieuse expérience de ne plus répondre qu'à l'appel de son pseudonyme. Ses amis africains s'étaient amusés un jour à travestir son identité derrière le nom de Monsieur Lion, en vertu de son port d'attache situé en France au confluent du Rhône et de la Saône. Et ce qui fut une boutade la première fois allait vite devenir une plaisanterie délibérée, puis une habitude que lui-même défendait. Il tenait à ce code, véritable nom de passe, d'ouverture en Afrique auprès de chaque nouvel interlocuteur qui ne manquait jamais de réagir aux appartenances claniques et à leurs équivalences dans les différents pays de la zone soudanaise. Monsieur Lion pouvait se traduire en langue malinké du Mali par : Monsieur Diarra. Il disait qu'il était Monsieur Diarra. Et il expliquait que, né à Lyon, il était fils du lion, héritier des vertus de l'animal totémique reconnu par ses ancêtres. Cette manière de se présenter déclenchait à tous coups l'hilarité du chauffeur de taxi de Bamako comme du vendeur de *bogolan* ou même du vieux forgeron guinéen ; elle favorisait assurément les négociations, ou plus simplement les relations humaines.

De toute façon, pour déverrouiller l'affaire dans laquelle il était embringué, l'humour lui paraissait un outil considérable, rangé sur l'établi du caractère à côté de la patience, l'humilité, l'autodérision : le rire fend les défenses comme le coupe-coupe taille les herbes à éléphant ; on n'avance pas dans la brousse armé d'une paire de ciseaux à bouts ronds !... Il estimait qu'il était embarqué dans une broussailleuse affaire. Par chance, Monsieur Lion jouissait d'une détermination forte et cultivait le goût d'un certain risque. Celui qui déteste l'escalade ne construit pas son habitation au sommet d'un mont. Il avait la manie des proverbes. Qui craint le goût du sel n'embrasse pas les vagues la bouche ouverte. Il s'était jeté à l'eau.

Il lui fallait retrouver un personnage de l'histoire africaine disparu il y a près de sept cents ans, et sur lequel les témoignages sont aussi rares que les lamantins au zoo de Dakar. Comparaison osée après vérification. La déposition, il l'avait rédigée lui-même, alternant les demandes et les réponses, nul plaignant n'étant venu frapper à la porte vitrée de son bureau privé :

> *Nom du disparu* : ABOU BAKARI II
> *Profession* : empereur
> *Titre* : *mansa* du Mandingue (ancien Mali)
> *Nationalité* : malienne
> *Période d'activité* : première décennie du XIVe siècle
> *Religion* : converti à l'islam
> *Nom du père* : inconnu
> *Nom de la mère* : incertain
> *Nom de l'ascendant le plus proche* : Soundjata Keita, fondateur vénéré de l'Empire mandingue ;
> *Signe particulier* : a développé de manière obsessionnelle la curieuse idée pour un roi continental de découvrir les limites de l'océan Atlantique ;
> *Date présumée de la disparition* : 1311
> *Cause de la disparition* : a pris la mer à la tête d'une flotte de deux mille pirogues et mis le cap sur le soleil couchant, n'est jamais revenu.

Il rajouta machinalement :

Personne à prévenir en cas d'accident : son successeur placé sur le trône par ses soins, Kankou Moussa, appelé ainsi à devenir empereur et plus tard célèbre.

Il avait signé et ajouté une note enjouée sur l'intérêt d'une recherche pressante autour de ce personnage non encore répertorié parmi les aventuriers de l'Atlantique. Et posté son projet d'enquête. Initialement, en vertu de ses antécédents d'anthropologue, Monsieur Lion avait été invité, parmi une centaine d'autres, à manifester quelque imagination dans le cadre d'un hommage décrété aux premières traversées officielles de l'Atlantique. La réponse des commanditaires à sa proposition et la teneur de leurs arguments n'excédaient pas les vingt grammes de l'affranchissement minimum : Non !

Non, l'hommage envisagé ne saurait agréger un regard déviant sur des initiatives périphériques d'exploration océane aux résultats improbables. En définitive, on ne souhaitait pas que sa filature en histoire s'écartât des quartiers littoraux impliqués dans la célébration de la conscience européenne du Nouveau Monde. Et l'enquête lui avait été retirée.

Le refus précisait en filigrane : Abou Bakari II est le roi d'une légende poussée par l'harmattan flou de la parole africaine. Il navigue dans la savane de l'imaginaire en frère marin de Sindbād ; ses voiles sont gonflées par le souffle épique des conteurs, mais son navire reste amarré aux racines des grands baobabs. On ne saurait mêler les courants scientifiques alimentés par l'écrit et les dérives suspectes de la changeante oralité.

L'argument gênait Monsieur Lion.

Si la calebasse fendue de la mémoire africaine était à ce point remplie de paroles sur ce roi, pensait-il, alors il suffisait d'y porter les lèvres et de boire le vin d'une belle histoire. Mais tel n'était pas le cas. Dans le dossier certes mince qu'il détenait sur Abou Bakari II, la principale pièce "à conviction" était précisément un texte, rédigé entre 1342 et 1349 par un chroniqueur arabe réputé, Ibn Fadl al-Omari, qui rapportait la tentative d'exploration de l'Océan décidée par l'empereur du Mali trois décennies plus tôt, soit vers 1311. Un document écrit, mais en revanche aucune trace d'oralité ! L'ouvrage d'Al-Omari, le *Masālik el Abṣār fi Mamālik el Amṣār*, était même bien connu, mais apparemment pas un seul chant dans la tradition des griots ne lui faisait écho ! Sur cette échappée royale hors de l'espace mandingue, les gens de la parole en Afrique de l'Ouest avaient respecté depuis le XIVe siècle un silence unanime, tandis que l'écrivain arabe, lui, rapportait les événements marquants de son temps.

— Le monde est troublant, se rassura Monsieur Lion, au Sud, on ne parle pas de ce personnage, et au Nord, on refuse d'en entendre parler.

Entêté par ce parfum de contradiction, il se résolut bien évidemment à poursuivre l'enquête, aussi déterminé qu'un chasseur de buffles.

L'HISTOIRE ASSAISONNÉE AU "CORRIGE-MADAME"

Longtemps, il avait vécu en toute ignorance d'Abou Bakari II.

Un jour dans les années quatre-vingt, une lettre en provenance de Douala l'avertit que des Africains avaient pu aborder les côtes de la future Amérique bien avant les Européens. Un ami camerounais, spécialiste des sciences politiques, avait entrepris de lui raconter l'histoire de son continent. Il reçut seize lettres de lui. Il était conscient du privilège de cette initiation. En Afrique, les détenteurs d'un savoir élisent ceux qu'ils acceptent d'initier en fonction de leurs aptitudes à faire fructifier la connaissance transmise ; et cet ami l'avait choisi, lui, comme récepteur d'une version de la vie, du monde, du temps, singulièrement différente des versions éditées au nord d'une certaine latitude. Il avait ainsi appris l'existence de cet étonnant monarque africain qui, au Moyen Age et au faîte de sa puissance, avait quitté le pouvoir du Mali pour une entreprise que les gens de son époque étaient en droit de juger incongrue : l'exploration de l'immensité atlantique, demeure réputée de redoutables génies et monstres marins. En vérité, c'est tout ce que la lettre lui avait révélé.

C'est bien plus tard, en mangeant une carpe braisée avec son ami au bord d'un affluent du fleuve Wouri au Cameroun, qu'il avait mesuré les enjeux contemporains de cet acte éloigné.

La carpe scarifiée et salée braisait, une fumée bavarde délivrait des messages olfactifs, une matrone à robe bleue moirée régnait sur le "circuit". On appelle "circuit" ces restaurants tenus par des femmes libres ou des veuves qui camouflent leur enseigne à la lisière de la restauration officielle. La maîtresse de cuisine dépeçait, découpait, tailladait avec une noble autorité et une rieuse assurance. Le village de Boadibo, poussé par la forêt, s'accrochait discrètement à un bras maigre du fleuve. Douala, à une vingtaine de kilomètres, gisait dans un autre monde. Le bonheur d'une bière fraîche, la célèbre "Jobajo", et l'attente du poisson sous la tonnelle mélangeaient ce moment facile avec des souvenirs de guinguettes. En semaine, des pirogues bourrées de sable glissaient sans entamer le silence. Ils se retrouvaient là souvent, Monsieur Lion et son ami le Professeur, à revisiter des affluents méconnus de l'histoire tout en déchirant la chair de poissons gras.

Un piroguier faisait pression sur sa longue perche ; son embarcation filait à travers un rideau de roseaux.

— Et cet empereur du Mali qui file comme ça sur l'océan au XIVe siècle, inspiré par l'envie de découverte, brouille l'image convenue que l'on a des Africains, que les Africains ont d'eux-mêmes, immobiles, cloisonnés dans leurs cabanes, leurs villages…

Le Professeur savourait l'évocation avec appétit ; il y avait confusion des gourmandises. Les rondelles de bananes plantains apportaient une ponctuation légère au débat. Monsieur Lion, toujours prompt à démontrer la familiarité de la curiosité et de la gourmandise, s'étonnait de la minceur des connaissances sur un épisode aussi goûteux de l'histoire africaine, et du peu d'avidité des chercheurs à en épaissir le contenu.

— On ne peut pas dire en plus, renchérit le Professeur, que la nouvelle de cette tentative de traversée atlantique vienne de tomber brutalement sur les télé-scripteurs de l'actualité. Le texte arabe qui l'évoque n'a pas été découvert hier dans une amphore cachée sous le sable du désert. Il repose depuis quelques siècles dans des bibliothèques, au Caire, à Istanbul, à Paris. Et son édition française est disponible depuis 1927. Certes, le livre d'Al-Omari a été abondamment exploité comme une des sources privilégiées d'informations sur le Mali au XIVe siècle. Mais le passage sur le roi marin n'a entraîné que quelques commentaires dubitatifs avant d'être replongé dans l'amphore du silence.

Ainsi en est-il de l'Histoire ! s'exclama le Professeur en arrosant son riz de condiment Maggi, sauce noirâtre que des Africains sarcastiques ont baptisée "Corrige-Madame" ; l'Histoire comme la cuisine se corrige à coups de condiments idéologiques, le silence et l'indifférence en font partie...

De retour en France, Monsieur Lion, piqué par une curiosité vorace, s'était procuré le texte d'Al-Omari.

Le *Masālik el Abṣār fi Mamālik el Amṣār* se présente comme une encyclopédie à l'usage de l'homme cultivé du XIVe siècle. Son titre se traduirait par : "Les itinéraires des regards sur les royaumes des pays civilisés."

Au chapitre dixième, consacré au Mali et à ses dépendances, Monsieur Lion apprit que "ce royaume est au sud de la région extrême du pays de l'Ouest et touche à l'océan environnant". Et aussi que le Mali mesurait en ces temps quatre mois de côté, en longueur comme en largeur ; aujourd'hui, il engloberait en tout ou en partie huit pays, le Mali bien sûr, mais aussi le Sénégal, la Gambie, les Guinées Bissau et Conakry, le sud de la Mauritanie, le nord de la Côte-d'Ivoire et le Burkina Faso.

L'auteur de l'ouvrage, Al-Omari, fils d'un secrétaire d'Etat, vivait grâce aux fonctions de son père dans la proximité de l'*amir* du Caire, et donc en prise directe sur les faits saillants du siècle. Il s'intéressait vivement aux puissants voisins noirs de l'Egypte, car il fut le contemporain, sans en être le spectateur, d'un événement impressionnant qui devait rayonner longtemps : le passage au Caire en 1324 de l'empereur du Mali, Kankou Moussa, sur le chemin des sanctuaires de La Mecque. Pour rédiger une œuvre fondée, il mena une patiente enquête au Caire auprès d'informateurs aussi divers qu'un Berbère ayant longtemps résidé à Niani, la capitale du Mali, le guide personnel de la caravane du royal pèlerin, un savant juriste… Mais le récit sur le souverain parti en mer, il le tenait de l'interlocuteur de Kankou Moussa, le fils de l'*amir* d'Egypte en personne. Une information de première main !

Ainsi, Monsieur Lion découvrit le fameux texte sur Abou Bakari II.

DES INFORMATIONS AU COMPTE-DOUTES

En bas de page, dans le fouillis des petits caractères, le traducteur français de l'encyclopédie, M. Gaudefroy-Demombynes, notait ses doutes. Ce récit et d'autres "analogues" repérés chez quelques auteurs arabes, remarquait-il, "feraient penser qu'il y eut des tentatives indigènes pour explorer les côtes de l'Afrique méridionale, et que nos connaissances sur la navigation ancienne de l'Afrique occidentale sont aussi incomplètes et erronées que celles que nous avons encore sur la navigation de l'océan Indien… Mais où le souverain du Mali a-t-il eu le port, l'estuaire, les navires, les marins pour entreprendre une pareille expédition ? On le verrait plutôt descendre le Niger et se perdre dans les rapides. Il est probable que les Noirs ont voulu se débarrasser des questions gênantes de leurs hôtes égyptiens et aussi les étonner un peu."

Monsieur Lion sentait les rapides de son imagination l'entraîner ; sa pensée piroguait avec fougue entre les blocs de contradictions qui obstruaient le courant de cette histoire. Pourquoi admettre la possibilité de tentatives "indigènes" d'explorations maritimes et réduire la seule décrite avec quelque précision à la descente d'un fleuve, si large soit-il ?

Il versa dans deux verres le restant d'une bouteille de beaujolais, un Régnié d'exploitant particulièrement vif et sincère qu'il consacrait aux séances de réflexion. Il partageait avec sa compagne le goût des beaujolais de trois ans d'âge et un destin de détectives culturels. Et aussi vrai qu'il avait hérité par contagion amicale du nom de Monsieur Lion, le patronyme de sa compagne était Lièvre. Converti en langue wolof du Sénégal, ce nom recouvrait l'étoffe du plus célèbre des héros populaires de l'Afrique de l'Ouest : Leuk. Leuk, le lièvre rusé, retors, plus pétillant que la bière de mil, plus malin qu'un aréopage de singes, plus perspicace que Tintin et Till l'Espiègle réunis. Leuk le Lièvre qui bondit dans la savane des fables avec la même intelligence redoutable déployée au Nord par son homologue Renard dans les forêts des livres illustrés ; Leuk qui instruit les enfants sur les ambiguïtés de la vie... Lièvre-Viviane était ainsi Leuk-V ; elle n'avait pas son pareil pour débusquer la documentation la plus rare et obtenir les références bibliographiques naufragées derrière les rayons de l'oubli.

Ensemble pendant une vingtaine d'années, ils avaient longé des latitudes erratiques et suivi quelques méridiens écartés, remonté des vallées que l'on dit volontiers perdues, en Himalaya, en Afrique, ou juste à côté des quotidiens urbains dans les marges du Nord. Ils avaient emprunté des pistes qui menaient à des savoirs en perte d'audience ; ils essayaient d'approcher et d'écouter des pensées menacées, *en voix de disparition*, juste avant l'extinction de la confiance en un art de vivre et de rêver l'existence. Cette quête des explications alternatives du monde, tombées en rareté, les faisait marcher, les poussait à toujours repartir vers des détenteurs de paroles. "Ah c'est bien vrai que l'on ne consolide et n'embellit son savoir qu'en parcourant le monde !" s'était écrié Wâ Kamissoko, un des plus grands griots contemporains, sage malien trop tôt disparu. Et ils pressentaient derrière les noces incertaines de ce roi d'Afrique avec la reine mer la beauté d'un savoir non affranchi.

Avec le beaujolais, Monsieur Lion et Leuk-V dégustaient volontiers un *houmous*, pour hâter la réflexion, une purée de pois chiches où l'arrogance du piment, l'intransigeance du citron et l'ironie de la menthe percutaient délicieusement la générosité de l'huile d'olive et l'excessive tendresse du sésame.

Monsieur Lion relut le texte d'Al-Omari et les paragraphes voisins, mais ne releva pas de trace d'étonnement avoué : cette expédition ne suscitait aucune exclamation notoire de la part du rapporteur arabe contemporain. Le faste de la caravane du sultan noir et pèlerin prouvait d'évidence que les Maliens de l'époque avaient les moyens de grandes ambitions ; ils ne craignaient pas les gigantesques déploiements à travers les déserts, qu'ils fussent fluides ou pierreux.

Quant aux "questions gênantes" dont les Noirs (c'est-à-dire Kankou Moussa lui-même) étaient censés se débarrasser, elles étaient difficiles à discerner. Apparemment, Kankou Moussa avait répondu sans réticences à la question sur les règles de transmission du pouvoir au Mali ancien en avouant l'étonnante régence dont il avait hérité.

Désormais Monsieur Lion rêvait à haute voix. L'impression de voile brumeux peut-être intentionnellement jeté sur cette figure historique accomplissait son œuvre obsessionnelle. Leuk-V, plus sceptique, se mit en quête de documents complémentaires. Elle expédia une volée de lettres à des correspondants avertis. Elle dénicha sans mal une autre traduction française du même texte d'Al-Omari ; celle-ci plus récente, de 1975, confirmait la précédente. L'auteur, Joseph M. Cuoq, rapprochait l'expédition malienne de navigations arabes malchanceuses le long de la côte atlantique : "Sous cette histoire légendaire, comme dans celle d'Ibn Fatima rapportée par Ibn Sa'id, on pressent un fond de vérité. Il semble qu'aux XIIIe et XIVe siècles la navigation sur l'Atlantique fut un des grands projets de l'époque. Les Sudan se sont donné un rôle ou on leur en a prêté un dans cette entreprise audacieuse, ce qui expliquerait l'armada légendaire du prédécesseur de Mansa Musa (Kankou Moussa)."

L'expression "fond de vérité" croisait prudemment l'adjectif "légendaire" répété deux fois dans la note. Si l'air du temps portait un désir d'horizon atlantique, toutefois les noirs Sudan, dans l'esprit du traducteur, n'avaient pu mettre à la mer qu'une flotte de verbes et de rêves, "une armada légendaire", afin de s'immiscer sur la scène maritime, de s'y "donner un rôle". Lion et Leuk-V étaient frappés par ce réflexe intellectuel occidental qui éjectait d'emblée hors du possible toute entreprise audacieuse née d'une volonté africaine, et cela sous l'influence d'une simple présomption.

Leuk-V répéta la phrase du premier traducteur en lorgnant l'horizon à travers la bouteille vide :

— Mais où le souverain du Mali a-t-il eu le port, l'estuaire, les navires, les marins pour entreprendre une pareille expédition ? Belle grappe d'interrogations à vendanger et à pressurer !

— Bon, fit Monsieur Lion, les dix doigts déployés pour prendre appui sur une plus large réflexion. Admettons d'abord, contrairement à nos soupçonneux traducteurs, que Kankou Moussa ait raconté une histoire vraie à l'*amir* d'Egypte. L'empire du Mali contrôlait la façade atlantique depuis la fin du XIIIe siècle. Premier point. Il bénéficiait de débouchés favorables sur la mer grâce à l'estuaire du fleuve Gambie, et peut-être aussi grâce à celui du fleuve Sénégal. Le souverain de cet empire, un des plus vastes et des plus puissants du moment, détenait suffisamment de richesses pour assouvir ses désirs de conquête, même incongrus, et faire construire une, puis deux flottes pour la haute mer.

Monsieur Lion avançait les pions en cuir noir d'un jeu de dames touareg, un par argument plausible.

Pour porter la contradiction, Leuk-V déplaça deux pions adverses :

— Quels marins et quels types de bateaux ? Les informations sur la navigation africaine le long de la façade atlantique au Moyen Age sont aussi rares que des pépites dans le tamis d'un orpailleur.

— En revanche, poursuivit Monsieur Lion en débouchant un beaujolais-villages des coteaux de Quincié, un Lagneau 1987 patiemment attendu, ce qui me frappe et m'inspire dans le récit de Kankou Moussa, ce sont ses allusions insistantes aux vivres et réserves d'eau : cent puis mille pirogues consacrées aux provisions et à l'or. Précisions qui dénotent un souci de réalisme attaché au projet.

Il ajouta un élément à l'armada des pions qui avançaient en formation déployée vers le milieu du damier.

— On peut ensuite s'interroger sur le destin de l'expédition, contra Leuk-V : le naufrage (elle propulsa un pion blanc) ou le contact avec le vieux littoral du futur Nouveau Monde (un pion noir toucha le bord opposé de l'échiquier). Expérience sans retour dans les deux cas !...

— Mais, en 1311, l'idée même du départ était belle, soupira Monsieur Lion.

Monsieur Lion sentit ce soir-là que l'idée de leur départ serait belle : partir pour un voyage en Afrique de l'Ouest afin de rechercher un port, un estuaire, des navires, des marins, et un roi égaré. Enquêter sur un personnage sorti clandestinement de l'Histoire. Les pensées aux obsédants refrains déclenchent souvent des phénomènes cumulatifs curieux : rencontres, croisements, enchaînements imprévus et remarquables. Ils reçurent, dans les jours attenants, le livre d'un chercheur américain qui avait exhumé les lignes endormies du chroniqueur arabe sur le roi marin et malien. Un ami peintre vivant à New York avait eu vent de leur nouvel intérêt et leur avait envoyé l'ouvrage devenu depuis sa parution en 1976 un livre-culte parmi les intellectuels noirs américains et africains : *They Came Before Columbus* d'Ivan Van Sertima. Sa version française, *Ils y étaient avant Colomb*, épuisée, n'avait pas connu de réédition. Pierre Jacquemon, l'ami peintre, avait intentionnellement joint un enregistrement rare de Sam Lightnin' Hopkins.

— Le blues, déchargé des cales des bateaux négriers, a fini par s'échapper de gorges longtemps nouées, disait le message qui accompagnait l'envoi. Le vieux Sam est mort avant d'imaginer l'éventualité de bateaux nègres et libres flottant sur l'Atlantique, bien avant Colomb…

LES FIGURES INATTENDUES DE L'ANCIENNE AMÉRIQUE

Monsieur Lion rédigea une note de lecture dans un style délibérément efficace visant le clair entendement de l'argument développé par Van Sertima, l'homme par qui le mythe s'était répandu. Dossier : Abou Bakari II, fichier *Ils y étaient avant Colomb*. Lightnin' Hopkins en leitmotiv, blues en boucle, rhum d'Haïti en bouche bu au souvenir des âmes courbées dans les champs de canne à sucre. Pas du Barbencourt de Port-au-Prince (Pétionville), respectable mais convenu, non, un vieux rhum Vilaire à la robe secrète et sombre de Jérémie, ville des métis Dumas, pères et fils, une merveille brune d'un âge inimaginable, sans doute directement responsable de la confusion arithmétique sur le compte des trois mousquetaires…

Petite note donc :

— Le chapitre dédié à Abou Bakari II dans le livre de Van Sertima est court. Le professeur d'anthropologie à l'université de Rutgers, New Jersey, ne lui consacre que douze pages, mais elles vont suffire à faire accoster le roi africain sur l'autre rive de l'Océan dans l'esprit de nombreux lecteurs, avides de ce résultat. Pourtant Van Sertima se contente de convoyer l'empereur explorateur de sa capitale du Mali intérieur, Niani, vers le rivage du départ. Il ne dispose d'aucune information supplémentaire ; il reconstitue seulement la genèse de l'événement à partir de l'encyclopédie d'Al-Omari et des carnets du célèbre voyageur arabe Ibn Battūta de passage au Mali en 1352. Il met en scène l'empereur, dessine son caractère, donne vie à cette étrange personnalité, fière de détourner des objectifs militaires habituels les ressources économiques et humaines de son pays au gré de sa toute-puissante fantaisie. Le style du chapitre est inattendu. Ivan Van Sertima prend le risque d'une parenthèse littéraire pour amener le roi marin à rallier son hypothèse scientifique d'une présence africaine précolombienne en Amérique. En fait, la tentative d'Abou Bakari II est escortée dans son livre par de pondéreuses présomptions de traversées antérieures. Abou Bakari II ne prend pas le large comme un pionnier ; il pourrait même n'occuper qu'une des dernières places dans le peloton des coureurs d'océan avant Colomb. Les premiers arguments de Van Sertima pèsent de quinze à trente tonnes : onze blocs de basalte plantés en plein cœur de la très ancienne civilisation olmèque, onze têtes colossales qui, depuis leur découverte au siècle dernier, dans la jungle, en retrait du golfe du Mexique, n'ont pas reçu d'autres qualificatifs que "négroïdes" quand les observateurs ont tenté de les décrire. Onze têtes, datant du premier millénaire avant notre ère, tournées vers l'Atlantique. Têtes de "guerriers nègres" inspirant le respect, impressionnantes comme les figures géantes de l'île de Pâques…

Leuk-V interrompit le narrateur, un index pointé vers le ciel, l'autre soulignant un paragraphe du livre qu'elle lut à haute voix :

— Alors, avoua Van Sertima, il se passa quelque chose qui déclencha en moi le réflexe d'enquête, un peu comme on se met à suivre des pistes dans une histoire policière, de suspect en suspect, d'empreinte en empreinte, d'indice en indice, jusqu'à parvenir finalement à ce que les juristes se plaisent à appeler : "le pistolet encore fumant"…

Leuk-V donna à la dernière phrase de la citation un accent dramatique emprunté aux pièces radiophoniques à frissons des années soixante.

— Dans son livre, dit-elle, les indices d'une présence africaine précolombienne s'additionnent. Un véritable inventaire. La filière est presque trop belle. Comme si l'inspecteur Van Sertima opérait un choix parmi les pièces à conviction, filait droit aux conclusions qui l'intéressent, sans trop faire cas des dépositions contradictoires.

Monsieur Lion exprima le désir de dévider d'abord les arguments favorables aux traversées antiques. Il reprit la lecture de ses notes :

— Peut-on rêver plus gigantesques empreintes ? Les onze têtes "négroïdes" ont été sculptées par des artistes indiens entre 800 et 680 avant J.-C., à la période olmèque classique, avec un réalisme troublant. Si troublant qu'un journaliste scientifique veut voir un homme noir poser assis devant le sculpteur ! (Estimation trouvée dans des contributions de l'université de Berkeley, Californie, précisa-t-il.) "On ne peut imaginer qu'un Indien reproduise de façon magistrale la physionomie d'un Noir ou celle d'un Blanc... sans avoir jamais vu ni Noir ni Blanc" (témoignage signé d'Alexander von Wuthenau, historien d'art mexicain d'origine allemande). Car les figures négroïdes cohabitent en ces terres au-delà de l'horizon avec des têtes d'hommes "pâles" figurant d'autres étrangers aux traits qualifiés de "sémites". Premiers indices de contacts ? Les autochtones de la vieille Amérique ont-ils eu de la visite ? Des êtres venus d'ailleurs ? Les statues se dressent en trois sites, La Venta, Tres Zapotes, San Lorenzo, non loin de la côte, à l'arrivée de courants atlantiques qui portent d'Afrique en Amérique. Autrefois, dérives ou naufrages auraient-ils causé les premières rencontres entre les deux continents du Sud séparés ? Il faudrait alors réviser l'idée d'une Amérique frappée d'isolement après les vagues primitives d'immigration asiatique par le seul détroit de

Béring. L'Atlantique ne mériterait plus cette réputation emphatique qui le rendait infranchissable comme dix Sahara...

— Objections, Votre Honneur ! intervint Leuk-V, achevant de recouvrir de moelleux blinis chauds d'une suave couche de tarama. A ce stade de la discussion, il faut injecter les farouches négations des américanistes. La première par exemple répond de façon subjective, je l'accorde, à l'appréciation "négroïde" des grosses têtes. Du style : "Pour ma part, je ne trouve pas que les figures olmèques soient particulièrement africaines." Ou, comme je l'ai lu dans un hebdomadaire français influent : "Promenez-vous dans les rues là-bas : un Mexicain sur deux a le nez aplati." Plus sérieusement, les spécialistes du Mexique ancien préfèrent voir dans ces statues la représentation de guerriers ou de rois obèses, ou de champions de pelote dont on honorait les prouesses par une édifiante décollation : d'où ces têtes sans corps posées à même le sol. Pour un ethnologue comme Jacques Soustelle ou un archéologue comme M. D. Coe, l'aspect négroïde des têtes colossales s'explique par les difficultés techniques à sculpter un nez aquilin avec les outils en bronze, seuls disponibles à l'époque. Dans l'ensemble, les américanistes s'accordent pour penser que la civilisation olmèque est bien trop ancienne pour envisager une quelconque influence africaine. Chacun a du mal à concevoir l'origine des Olmèques, mais exclut d'emblée tout diffusionnisme par la piste africaine...

— Attention, "influence" et "origine" sont deux notions bien différentes. Si "influence" laisse imaginer des rencontres fortuites dues à des accidents de navigation, "origine" insinue une responsabilité africaine dans la naissance de la civilisation olmèque : pensée qui révulse les américanistes. Mais entre les outrances des partisans noirs d'un antique trafic transatlantique entre Afrique et Amérique et le parti pris de ceux qui réfutent toute idée de contacts précolombiens entre les deux continents, il y a un fossé large comme l'Océan et la place pour quelques aventures erratiques. Les têtes "négroïdes" figurent peut-être un événement incroyable, comparable à l'arrivée d'extra-terrestres quand on se croit les seuls êtres de la Création.

— Bon, question connexe alors, quels peuples des vieux continents pourraient être soupçonnés de traversées involontaires ou d'activités maritimes propices à des emportements au large et à des contacts outre-Atlantique ?

Monsieur Lion expliqua que les sculptures "négroïdes" représentaient des hommes casqués, dotés d'insignes de gloire et de puissance. Image de toute façon en rupture avec celle, future, du Noir servile, abaissé par l'esclavage. Les portraits retiennent l'allure de conquérants, de rois, voire de dieux, mais ces dominateurs sont objectivement sereins. L'une des têtes servait d'oracle.

— Van Sertima suspecte les Egyptiens et leurs vassaux phéniciens, dit-il. Entre 800 et 680 avant J.-C., une dynastie noire règne à nouveau en Egypte, la XXVe, dite nubienne. Des pharaons noirs dominent, des Phéniciens naviguent. Des pratiques culturelles se font écho entre l'Egypte et le Mexique. Van Sertima tente le grand saut entre les deux cultures en vertu de la concordance des dates.

— Cela lui suffit-il pour penser tenir "le pistolet encore fumant", l'arme de la conviction ? interrogea Leuk-V en relevant la tête et la voix. Je trouve quant à moi que le problème olmèque, insoluble jusqu'à ce jour, nous éloigne du XIVe siècle et de l'expédition mandingue d'Abou Bakari II.

— Retour au XIVe siècle, accepta Monsieur Lion. Des empreintes s'accumulent encore sous la loupe de Van Sertima : les Indiens du Mexique renouent justement au XIVe siècle avec la tradition de représentations humaines réalistes. Les artistes mixtèques offrent en héritage au monde une fabuleuse galerie de portraits en terre cuite. Têtes et statuettes négroïdes abondent dans cette collection réunie par le fameux amateur d'art mexicain, Wuthenau, déjà cité. Elles reproduisent à l'évidence un type physique répandu en Afrique de l'Ouest. Présomption de nouveaux contacts ? C'est justement l'époque de la traversée d'Abou Bakari II. Les artistes mixtèques ont-ils eux aussi interprété l'événement ? Peut-on se permettre de relier cette floraison de figurines négroïdes en Amérique centrale à l'éventuel terme de l'exploration atlantique du roi mandingue ?

— Patience ! refréna Leuk-V. Les statues mixtèques suscitent une polémique encore plus troublante. En 1969, le professeur Mauny de la Sorbonne conteste leur signification archéologique parce qu'elles proviennent de fouilles clandestines ou de découvertes fortuites. Sorties de leur contexte archéologique, elles ne peuvent livrer leur âge avec certitude. Certaines risquent même d'être postérieures à l'arrivée de Colomb en Amérique, pense-t-il…

— Ce qui revient à admettre que d'autres peuvent être antérieures…

— Oui, mais de toute façon, Mauny doute de leur authenticité, même si Roger Bastide, également à la Sorbonne, avoue être étonné par ces statues "d'un type nettement négroïde (pas seulement les lèvres épaisses mais la chevelure crêpée)". Conclusion : Bastide appelle de ses vœux la poursuite des recherches dans tous les domaines, pourvu qu'elles se tiennent à distance des manœuvres idéologiques.

— Cela me paraît aussi facile à éviter que les brisants en face d'Ouessant par brume épaisse au temps des écumeurs d'épaves. Je te livre deux exemples encore, empruntés à la démonstration de Van Sertima.

Monsieur Lion reprit la lecture de son résumé :

— Les Indiens d'Hispaniola montrent à Colomb une lance qu'ils disent avoir obtenue de Noirs venus du sud, sud-est. Une lance que le navigateur génois envoie en Espagne pour analyse ; sa pointe s'avère composée d'un curieux mélange d'or, de cuivre et d'argent. Mais cette information extraite du *Raccolta di documenti e studi publicati della Reale Commissione Colombiana* (1892-1894) et reprise par John Boyd Thacher dans son ample œuvre sur Colomb (1903) ne bénéficie d'aucun commentaire de la part des autres biographes de l'amiral. Serait-elle douteuse ou gênante ?

En revanche, en septembre 1513, explorant l'isthme de Daríen, ce mince cordon de terre qui sépare les océans Atlantique et Pacifique, les Espagnols menés par Vasco Nuñez de Balboa découvrent avec étonnement des Noirs encore en chair. Certains, prisonniers de guerre des Indiens, d'autres en lutte contre eux. Leur nombre est suffisamment important pour justifier l'emploi du mot "communautés". Ce surprenant témoignage sur la présence de Noirs vivant en Amérique avant la déportation est consigné dans *Historia de Mexico* de Lopez de Gomara (1554), un auteur largement consulté et cité. Pierre Martyr D'Anghiera rapporte aussi que, dans le village de Cuarecua, Balboa et ses hommes "trouvèrent là des esclaves noirs… Ils pensent qu'autrefois, ils sont venus de l'Afrique noire pour voler et que, faisant naufrage, ils s'établirent dans ces montagnes."

— Peut-on cette fois saisir le pistolet par le canon, conclut Monsieur Lion, ou est-il carrément trop chaud ?

— On ne saisit rien du tout, annonça Leuk-V catégorique, qui sort d'un classeur des courriers aux oblitérations récentes. Les spécialistes de la conquête espagnole admettent que le texte de Gomara pose des questions, mais mes correspondants imaginent plutôt la fuite de Noirs marrons, amenés à Saint-Domingue sous la contrainte dès 1502 et réfugiés chez les Indiens. Quant à Colomb parlant de Nègres en Amérique, il faut l'interpréter, disent-ils, comme une manière de décrire les "gens peints en noir", comme autrefois au Moyen Age, on traitait de "Moreau" tous les individus au teint foncé. La clarté est loin de crever la nue, mon cher.

Leuk-V souffla sur son index et son majeur accolés, puis rengaina un colt fictif comme un héros de l'Ouest s'apprêtant à toucher une forte prime juste avant le générique de fin :

— C'était notre programme culturel de la soirée : "Des figures inattendues dans l'ancienne Amérique".

Elle salua.

TEMPÊTE EN MER DES SARCASMES

Monsieur Lion connaissait, pour en avoir longuement discuté au Cameroun avec son ami le Professeur, l'accueil réservé à l'ouvrage de Van Sertima : un fol enthousiasme de la part des intellectuels noirs américains et africains, et une volée de verts ricanements émis par les scientifiques blancs. L'éventualité d'une antériorité noire en Egypte ancienne déclenchait un réflexe d'irritation chez les égyptologues et les historiens occidentaux : cette thèse soulevée, portée, défendue pendant plus de trente ans par le physicien et linguiste sénégalais Cheikh Anta Diop avait creusé un fossé irréductible entre les communautés intellectuelles noire et blanche. Chacune se retranchait derrière sa vérité historique, barbouillée ou privée de mélanine. La première, dopée par ces nouvelles perspectives de respectabilité antique, accumulait les prises de position excessives, dictées par des tentations idéologiques. La seconde, tout autant inspirée par une idéologie contraire, stable et séculaire, répliquait par un tir nourri de rejets indignés, dénonçant une néo-négritude égarée et une carence des méthodes scientifiques chez les chercheurs adverses.

Alors, quand Ivan Van Sertima intercala dans la controverse l'idée d'une responsabilité négro-égyptienne pour expliquer "les figures inattendues de l'ancienne Amérique", le débat s'enlisa dans la mer des sarcasmes. Résultat : les questions posées par les nouvelles approches africaines de l'Histoire restaient en suspens, privées d'alizés vivifiants ou de courants métis de réflexion. Personne ne répondait plus à rien. Quant à l'expédition océane d'Abou Bakari II, le roi malien, elle naufragea à nouveau dans l'étroite baignoire où soufflaient ces tempêtes partisanes.

Raymond Mauny, spécialiste de la navigation ancienne sur les côtes atlantiques d'Afrique, voyait bien la flotte d'Abou Bakari II partir de l'estuaire du fleuve Gambie, mais sans voiles, donc sans aucune chance de succès.

Pouvait-on être aussi sûr que l'empereur du Mali en personne fût parti avec des bateaux démunis de voiles ? Monsieur Lion était en proie à une volupté de songerie. Dans sa tête, une flotte inattendue voguait vers d'inédits horizons depuis qu'il avait proposé au Comité de célébration de la découverte du Nouveau Monde d'étudier les effets de ladite découverte à partir des rivages d'Afrique. Il souhaitait dorénavant un voyage. Il désirait quitter les plages des livres. Les pages parcourues ne restituaient pas l'opinion des Africains sur le roi marin du Moyen Age : quelle était la position des intellectuels, des nouveaux historiens du continent noir, des pêcheurs et des marins du Sud, et surtout des griots, les gens de la mémoire ? A eux tous, pouvaient-ils remplir de paroles alternatives l'outre du savoir et la baratter ? Le projet consistait à aller quêter l'avis de l'Afrique sur cette expédition malienne du XIVe siècle que les vagues de l'actualité ramenaient sur la grève de la modernité. En était-elle consciente, l'Afrique, seulement informée ? Les griots détenaient-ils sur les intentions et le départ de l'empereur mandingue une version jumelle du texte arabe d'Al-Omari ? Personne ne semblait les avoir interrogés sur ce point auparavant.

C'est alors que le Comité rejeta fermement le projet.

Décision qui en exacerba l'urgence dans l'esprit de Monsieur Lion et de Leuk-V, et fortifia leur résolution de s'y consacrer davantage.

"Quand on s'est engagé à tisser un pagne pour couvrir toute la nudité des fesses de l'éléphant, professe l'oncle Ahmadou Kourouma, on s'est engagé à réaliser une besogne importante."

Ils partiraient.

Ils fêtèrent le soir même cette résolution en allant au théâtre. Un ami sénégalais jouait Archibald dans *les Nègres* de Jean Genet.

— Mais qu'est-ce que c'est donc un Noir ? Et d'abord c'est de quelle couleur ? questionnait Genet en exergue de sa pièce.

Un personnage de missionnaire, qu'il avait inventé, lui donnait la réplique :

— Depuis deux mille ans Dieu est blanc, il mange sur une nappe blanche, il essuie sa bouche blanche avec une serviette blanche, il pique la viande blanche avec une fourchette blanche. *(Un temps.)* Il regarde tomber la neige.

Archibald – leur ami comédien – interrompait sur scène le missionnaire et apostrophait Village, le personnage qui incarne le feu mâle de l'Afrique en train de couver l'incendie :

— Récite-leur la suite !

La suite.

En Afrique, l'exploration atlantique du roi déviant devenait un sujet brûlant. Leur ami comédien revenait d'Afrique. C'est lui qui récita la suite :

— A Dakar, des esprits s'échauffent. On parle d'Abou Bakari II comme du découvreur noir de l'Amérique. Des intellectuels scrutent l'horizon, balaient la jetée, préparent son retour. Et mieux, tenez-vous bien, je suis pressenti pour la mise en scène d'une pièce sur son expédition. Son auteur est le président des écrivains du Mali, Gaoussou Diawara.

Ils frappèrent leurs mains, claquèrent des doigts. La coïncidence ne manquait pas de charme : sans s'être concertés, ils se retrouvaient dans la même pirogue. Après la fin des *Nègres*, ils avaient rejoint *Bidon 5*, près du théâtre des Ateliers, dans le vieux quartier Mercière. *Bidon 5*, café des explorateurs. Une fresque murale entretenait le mythe de la route égarée et de la borne impossible à atteindre. Un crâne blanchi de buffle broutait le Sahara. La détresse gagnait le consommateur obnubilé par la peinture rupestre et le spectre de la soif ; et il commandait généralement une double Mort-Subite. Ironiquement, le juke-box glapissait *les Neiges du Kilimandjaro*.

Leur ami était comédien, metteur en scène, wolof de composition lébou-sérère, grand et mince comme un palmier-rônier de la Petite-Côte du Sénégal, complice par sa taille de la terre et du ciel. Complice également de la nature par passion pour la botanique et la zoologie pourvu qu'elles fussent revisitées par les croyances de la presqu'île du Cap-Vert et le savoir des femmes de la case familiale. La phrase "Ma grand-mère disait…" annonçait un grand écart dans la conversation et l'amorce d'un discours sur "la ponte des œufs de coq", les secrets du python ou la sagesse du vautour sahélien… Il contait, et la poésie de la tradition éteignait alors toute l'agressivité de la ville. Monsieur Lion et Leuk-V lui avaient décerné le titre de Docteur. Docteur Nangadef. Et, depuis la pièce des *Nègres* : Docteur Archibald Nangadef.

Voyageur gourmand, Archibald Nangadef avait sillonné l'Afrique de l'Ouest au gré des taxis-brousse à l'époque où les jeunes Blancs rinçaient leurs doutes existentiels dans le Gange. Ce qui l'avait incidemment mené à Belfast où il avait enseigné le français aux Irlandais. Il était rentré en Afrique en s'installant à Lyon : il y avait créé Coup de Pilon, une association pour le développement des échanges culturels à travers la musique et le théâtre.

Ceux qui dégustaient la Mort-Subite à leur table en les écoutant raconter le destin du roi malien refusaient de croire à son existence. Ce soir-là, la conviction des narrateurs gonflait d'autant plus qu'ils défendaient un droit à la rêverie, une autre proposition d'enchevêtrement des fils de l'Histoire, l'éventualité d'une séduisante broderie d'événements écartés.

— Celui qui rechigne à défaire sans cesse l'ouvrage des convictions anciennes, proféra doctement Monsieur Lion, se condamne à devenir un tisserand équivoque de l'histoire humaine.

Malgré son opportunisme allégorique, le proverbe ne rallia pas vraiment les adhésions.

Alors, mus par une même pulsion, le Docteur Nangadef et Monsieur Lion se levèrent solennellement. Ils échangèrent une poignée de main longue comme le prélude à un serment. Puis, telle une paire métisse de Philéas Fogg, déclarèrent devant l'assemblée des commensaux sceptiques être prêts à porter l'enquête sur la terre africaine. Ils furent tropicalement ovationnés. Une casquette circula pour recueillir le montant des paris. Naturellement, on ne misa pas franchement sur leur réussite.

Ils partiraient. Tous les trois.

L'AVENTUREUSE ENQUÊTE
D'UN COUPLE TOUBAB
ET D'UN COMÉDIEN SÉNÉGALAIS
SUR UN ROI D'AFRIQUE DISPARU EN MER
BIEN AVANT QUE COLOMB LE NAVIGATEUR
N'EÛT ABORDÉ LES RIVAGES DE LA VIE

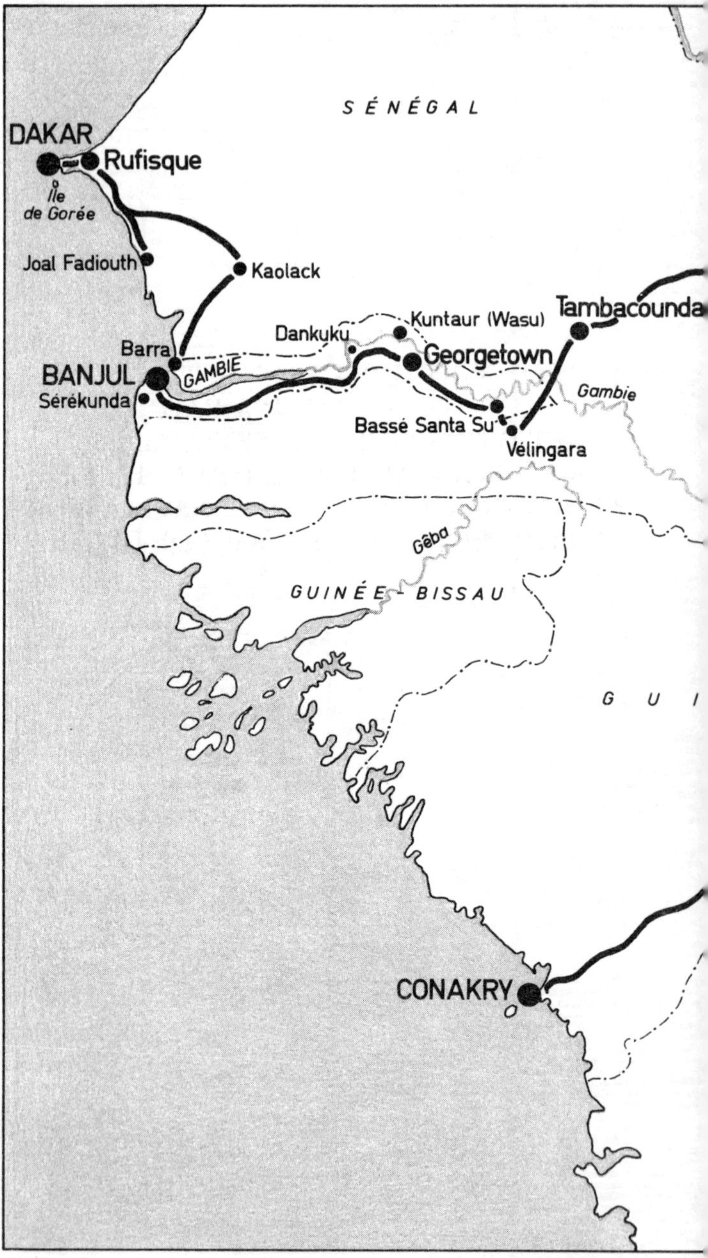

Itinéraire de l'enquête, juin-juillet-août 1993

MAURITANIE
MALI
Kayes
Baoulé
Sénégal
Bafing
Kita
Bakoye
Kéniéba
BAMAKO
Krina
Kangaba
Keyla
Niani
Siguiri
É E
Djélibakoro
Dabola
Kouroussa
Mamou
Niger
Kankan
BURKINA-FASO
SIERRA LEONE
LIBÉRIA
CÔTE-D'IVOIRE

Nous serions partis comme on s'embarquait sur les steamers du XIXe siècle, pour faire le tour du monde en quatre-vingts jours, dans le but de découvrir les sources du Nil, de dénicher le point de chute d'une météorite signalée en plein désert, ou de débusquer le lieu de ponte des apocalyptiques criquets pèlerins. On aurait pu s'imaginer mandatés par une docte et royale société géographique de Londres afin de prouver – téméraires troublions – la réalité d'une idée prétendue chimérique et dénoncée par les tenants de l'histoire officielle. Nous aurions juré sur notre honneur et sous les bustes en plâtre de Livingstone et de Mungo Park réunis de faire toute la clarté sur l'écumeuse affaire du roi africain, improvisé explorateur de l'océan Atlantique bien avant que le grand-père de Christophe Colomb ne fût seulement conçu.

Nous aurions alors suivi une piste minutieusement tracée à travers les savanes rouges et lionneuses de l'ancien Empire mandingue en Afrique de l'Ouest pour relier tous les arbres de la judicieuse palabre, et nous asseoir à l'ombre des vieux qui détiennent la légende des siècles, en prenant bien soin de déposer dans leurs mains dix noix de cola, selon l'usage. Nous aurions fait figure, au pays mythique de l'or ancien, de chercheurs de trésor dont les pépites sont des paroles discrètes serties dans une gaine de silence.

Mais ce ne sont là qu'images, indicatrices des difficultés de l'entreprise. Trop de sols ont été retournés depuis les frénésies exploratrices, trop de trésors détournés. L'Afrique se méfie des chercheurs d'or venus du froid. Elle prête au silence les vertus du métal sur lequel s'est toujours rué l'Occident. Le silence est dignité, étui pour la connaissance, garant de l'ordre du monde. Nous entrons au pays de la parole gardée. Il n'est plus question pour l'Afrique de se laisser dépouiller de tout.

Nous sommes avertis. Jean Rouch au musée de l'Homme nous conseille la prudence. Dérobades, dissimulations, dissuasions attendent les explorateurs du verbe en Afrique comme autrefois lianes, pythons, anophèles, flèches distraites guettaient les émissaires de l'influence étrangère.

Pourtant, de notre propre aveu, c'est bien une parole que nous cherchons, en cet autre temps qui est le nôtre. Une réponse que nous quêtons. Peut-être un assentiment seulement ou un hochement de tête : Abou Bakari II, l'empereur marin du Mali, a-t-il vraiment accompli ce que rapporte l'encyclopédie arabe ? Nous n'ignorons pas que même une affirmation ou une négation pleine de sens suffisent à tirer vers le dessus ce qui avait sa place au-dessous. Et qu'il y a arrogance à sonder l'inconnaissable, au-dessous du silence. Nous nous sommes préparés à récolter des regards muets, à accepter les gestes de méfiance, à déchiffrer le mensonge derrière l'excessive confidence.

— Il n'est pas donné à un passant d'entendre, d'enregistrer la tradition, prévient Youssouf Tata Cissé, le grand anthropologue malien, le recueil des paroles anciennes du Mandé n'est pas une simple opération de ramassage de drupes de karité ni une collecte de miel sauvage.

Certes, on ne confie pas la garde de son troupeau au nomade qui passe. Mais est-il envisageable qu'une graine de savoir soit offerte à celui qui vient de loin pour la faire fructifier ailleurs, en la plantant dans un terrain d'ignorance ? Il est généralement répondu à cet espoir excessivement naïf que les intentions du Blanc sont d'abord suspectes. Les Blancs, estiment les savants noirs de l'oralité, figent la parole chaleureuse dans des livres froids, comme le gel surprend la meilleure sauce pimentée. Quand un Blanc sait quelque chose, il l'édite, le divulgue, il faut que tout le monde sache. Et tout le monde croit savoir alors que "le savoir est un secret".

— Les Blancs ont rendu le silence vulgaire, disent les griots.

Nous serions partis quand même, mais avec des phrases mesurées, des mots que notre bouche peut contenir, de façon à ne pas déformer l'espace compris entre la langue et le palais ; avec une question, une seule, suffisamment circonspecte pour que l'étroitesse de nos oreilles ne nous soit pas reprochée.

Nous voyagerions, un couple toubab et un comédien wolof, avec la liberté d'insinuer en noir et blanc, après bien d'autres, qu'il y a danger pour l'Afrique à toujours abandonner l'Histoire aux mains de ceux qui l'écrivent sans le secours des maîtres de la parole. Car les livres, même sans grâce aux yeux, aux doigts, aux sens des griots, pèsent sur les consciences du monde, impriment des préjugés. L'Afrique ne risque-t-elle pas de pâtir, de dépérir, à brider longtemps encore certaines paroles essentielles, quand le temps est peut-être venu de les libérer ?

— Si je ne parle pas, cela me rendra malade, avoue aussi la sagesse malinké.

— Il faut qu'elle parle ! confirmerait un guérisseur confronté à un cas de névrose du silence, et qui tenterait d'extraire la patiente de la pression sociale pour la remettre en équilibre vital parmi les siens.

Lorsque la vérité devient destructrice, il vaut mieux lui préférer le silence, conseille le proverbe, mais le proverbe a son double : Quand le silence devient destructeur, il vaut mieux lui préférer la vérité.

I

DANS LEQUEL MONSIEUR LION, LEUK-V SA COMPAGNE ET LE DOCTEUR NANGADEF DÉBARQUENT A DAKAR AVANT LA SAISON DES PLUIES, DÉCOUVRENT DES PIROGUES PRÊTES A RÉÉDITER LA COURSE TRANSATLANTIQUE DU ROI NAVIGATEUR, AFFRANCHISSENT LEUR COURRIER AVEC UN TIMBRE GRAVÉ A SON EFFIGIE, ET APPRENNENT A NE PAS PRENDRE A LA LETTRE TOUT CE QU'ON LEUR DIT.

Dakar en juin avant la saison des pluies.

Tomy Diallo nous tire de l'avion en pleine nuit et nous prend en otages. Tomy notre ami, conteur, Toucouleur, vit un peu à Dakar, beaucoup en France. A deux heures du matin, il nous offre la mer. Son rire énorme ridiculise les vagues qui aboient sur la plage de Yoff, là où les pirogues des pêcheurs lébous s'élancent sous le ventre des aéroplanes. Il annonce avec une joyeuse théâtralité et des yeux élargis :

— Ici à Dakar, vous trouverez un homme qui regarde la mer !

Tomy Diallo est un formidable comédien. Il est la voix le corps les gestes les yeux par lesquels les héros de la savane remontent jusqu'en vignes, banlieues et bocages, s'ébattent en bibliothèques, fauchent avec la machette du rire les préjugés coûteux, sèment auprès des enfants des leçons de sagesse que l'on retient à vie parce qu'on ne les apprend pas.

Il insiste :

— Je me suis renseigné pour vous. L'homme-qui-regarde-la-mer sait tout sur le roi que vous poursuivez. Il prépare une expédition de pirogues à l'ancienne pour prouver la faisabilité de celle d'Abou Bakari II. Votre héros plaît aux Sénégalais avertis, parce qu'il aurait quitté le continent depuis les côtes nationales. Enfin, à ce que l'on raconte…

Il déclame en conduisant gaiement dans les rues désertes et pleines de nuit :

— *Le cœur de Dakar est posé sur un plateau ;*
le plateau tient sur des falaises ;
une corniche le ceint comme une couronne cerne la calvitie ;
(Il rit avantageusement en se frottant le crâne.)
Dakar est une tête !
Le plan du centre est simple comme un damier.

Nous courons donc à angles droits. Immeubles de banque, beaucoup de banques, enseignes de cinémas, vitrines de grands cafés, annonces de consommation ordinaire : l'avenue Pompidou au centre du centre laisse circuler une illusion de familiarité dès les premiers cillements. Et la France créa Dakar-Plateau à son image ! Dakar-Plateau a le contact facile. Un vent désinvolte glisse une caresse de mer sous la chemise. On penserait presque à tutoyer la ville après quelques heures, si l'on s'en tenait aux seules ressemblances de façades. A Dakar, on se presse comme au Nord, sans se gêner. Le pas blanc n'alerte pas l'attention pour excès de vitesse. Trop d'avions accostent et se délestent de pas blancs. Même le Docteur Nangadef enjambe les jours d'acclimatation d'un pas d'importation. Sa ville natale l'oblige à d'incompressibles devoirs, elle le bouscule, et dans sa hâte, lui-même bouscule un passant.

Nangadef raconte :

— Je me promène place de l'Indépendance. A l'arrêt du bus, je heurte un vieux. Ou plutôt on se heurte. On se jette des excuses réciproquement : "Pardon, pardon, pardon." Trois fois chacun. Le vieux interrompt ces politesses : “Ecoute fils, quel âge astu ? – Quarante-quatre ans. – Moi, j’en ai soixante-six. Et crois-moi, depuis que je suis né, depuis que tu es né, jamais il n’a été permis à nos mains de se croiser. Au lieu de nous confondre en excuses, nous ferions mieux de réciter ensemble la sourate Fatiha, dans la plus grande discrétion.”

Heureuse discrétion, pensais-je. Nous avons déambulé main dans la main, lui, récitant à voix basse, moi, marmonnant des paroles que je ne connaissais plus. J’ai eu peur d’être trahi car j’ai fini avant lui. Mais il m’a salué et nous avons poursuivi nos chemins séparément.

Tous les chemins de la recherche mènent à l’université Cheikh Anta Diop. Leuk-V prend des rendez-vous. Nous suspectons en premier les historiens d’avoir une opinion sur l’actualité du Moyen Age. Enseignants, chercheurs sont avertis de notre sujet d’intérêt, mais préfèrent avouer qu’un autre est plus averti qu’eux. Tous désignent l’homme-qui-regarde-la-mer. Ils l’appellent aussi Monsieur Abou Bakari II. C’est un linguiste, enseignant aux Etats-Unis, un ancien libraire, un militant de l’art africain, un intellectuel influent. Nous le cherchons.

Un numéro pour avoir le téléphone de celui qui donnera son numéro.

A Dakar, l’assistance est obligeante. L’objet de notre enquête ouvre les portes sans grincement. Nous avons tôt fait de repérer les passionnés de cette histoire. Le directeur du Centre culturel français, François Belorgey, captivé, se révèle un complice de premier ordre. Nous rencontrons sans ambages un ambassadeur, ex-ministre de la Culture, un député en exercice, un musicologue éminent, et aussi la star de la scène dakaroise, Youssou Ndour en personne, l’enfant chéri des quartiers populaires. Le roi fait rêver. Le roi fait parler.

— Je crois qu'Abou Bakari II avait une vision extra-continentale…

Nous sommes à la Chambre. Le député, d'origine mandingue, milite pour la diffusion de sa culture comme facteur d'intégration régionale ouest-africaine :

— Kankou Moussa, son successeur, a bien projeté le grand voyage vers La Mecque, mais sa vision était moins prospective. J'ai l'impression qu'Abou Bakari II, personnage extraverti, avait une vision mondialiste. Il a cherché à transcender les frontières ; il aspirait à autre chose qu'aux conquêtes, qu'à la domination des peuples. Il n'a pas joué le rôle de l'empereur assis sur son trône. Il s'est attaché à apporter ce qu'il croyait être le positif de la civilisation mandingue vers une civilisation de l'universel.

Abou Bakari le magnifique.

Leuk-V inaugure un tableau récapitulatif par l'image du civilisateur. Les Mandingues aujourd'hui associeraient volontiers ce royal ancêtre sans frontières à un rêve de panafricanisme renaissant. Eux qui étendent leurs présence et influence sur neuf pays de l'Afrique de l'Ouest avancent leurs langue et culture comme ciment privilégié d'une identité communautaire à bâtir.

Le musicologue habite l'immeuble "Dièse", dans la médina, la partie de la ville en vraie vie. Au pied de la bâtisse, opère un jeune cordonnier. Besoin de recoudre mes pompes neuves. On s'assoit à l'ombre d'un arbre à quinine. Le Docteur Nangadef dit "arbre à quinine", parce que, étant gosse, il mâchouillait ses feuilles quand il sentait venir un accès de paludisme. Le cordonnier vient du Nigeria. Il avait un diplôme en poche mais pas de travail. Il a pris la route pour découvrir l'ailleurs et vivre de petits métiers. Chez lui, confesse-t-il, il aurait honte de pratiquer un métier de rue, parce qu'à Lagos il est connu comme intellectuel.

Le musicologue est un homme salué. Il a été l'un des phares de la variété électrique en Afrique de l'Ouest. L'évocation de son nom d'artiste, Soleya Mama, déclenche immanquablement de souriants soupirs de reconnaissance. Il fut directeur du Musée dynamique, pratique l'anthropologie, est le théoricien incontesté de la harpe mandingue, la cora.

Il est le premier à nous parler du silence. Comme d'une conjuration.

Il conçoit Abou Bakari II retranché derrière la cloison du secret, maintenu dans cet exil par des bouches closes. Sciemment.

— Une biographie d'Abou Bakari II serait aujourd'hui une entreprise extrêmement périlleuse, confesse-t-il. Comme tous les chercheurs intéressés par la civilisation mandingue, je l'ai rencontré dans la littérature, j'ai constaté qu'il faisait bien partie des souverains ayant régné sur l'empire du Mali. Mais la littérature (arabe) nous informe peu sur lui, et les traditionalistes encore moins. Bien sûr les griots reconnaissent qu'il a existé. Mais si eux, qui sont la mémoire de l'Afrique, ne disent rien d'Abou Bakari II, ou s'ils ne veulent rien en dire, c'est de façon évidente qu'ils souhaitent qu'on l'oublie.

Parce que le secret d'Etat en Afrique, ça existe.

Les griots acceptent bien de dire des choses, ils disent, mais pas tout. Même à nous qui avons enquêté, avons vécu avec eux, comptons des amis parmi eux, ils nous délivrent quelques éléments, mais pas tout. Et ce qu'ils ne veulent vraiment pas révéler, ils l'emportent dans leur tombe. Un père préférera mourir avec ses trésors dans la tête plutôt que de les confier à un fils qu'il estime indigne. Ce sont là les mystères de l'histoire africaine. Les anciens pensent que la connaissance n'est pas l'affaire de tout le monde, qu'on doit la mériter. Les détenteurs du savoir se proclament les seuls juges des héritiers éventuels.

Pour en revenir au cas d'Abou Bakari II, le silence qui entoure son nom, son règne, ses aventures, est dû soit à l'insignifiance de ses actes par rapport à ses prédécesseurs ou ses suivants ; soit à une farouche volonté de secret. Son personnage cacherait-il quelque chose que les Mandingues ne veulent pas divulguer ? Personnellement, je crois que les grands détenteurs de la tradition mandingue savent pertinemment qui il fut. J'en suis même persuadé.

Le musicologue nous offre une phrase éloquente :

— Celui qui n'a rien fait n'a pas de nom.

On pourrait comprendre aussi d'après son discours :

— Celui qui a trop fait n'a pas de nom.

Sans l'encyclopédiste arabe, l'existence même d'Abou Bakari II aurait sombré dans le marigot des intervalles glauques, entre deux faits décrétés glorieux par la tradition. Indéterminé est encore son nom mandingue, avant son recouvrement par le titre musulman acquis au moment du sacre. L'historien guinéen Djibril Tamsir Niane avance prudemment : Bata Mandé Bory. Ceux qui lisent le sens des mots traduiront souvent "Bata" par "le fuyard", "celui qui est parti" (du Mandé), alors que pour Djibril Tamsir Niane, "«Bata» indique son appartenance à la descendance féminine".

Le Docteur Archibald Nangadef jouit d'une entrée permanente au théâtre Sorano : la référence de velours rouge du théâtre africain. L'institution abrite un nid de griots, une troupe composée pour le spectacle autour des ballets nationaux. Nangadef entretient dans la coulisse des amitiés d'enfance.

Ce que l'on nous dit derrière le rideau confirme l'avis de silence : la coutume mandingue consiste à indiquer des choses sans rien dévoiler. Livrer des pas de danse sans en donner la signification, par exemple, n'est pas trahir. Les griots vous jugent sur ce que vous semblez capable de faire du savoir. Ils sont dans leur logique. Ils sont sûrs de la valeur de leur histoire, de leur culture. Ils ne sont pas sortis de leurs frontières, ils ne se positionnent pas en fonction de l'Occident. Ils gardent les secrets de l'intérieur de la chambre. Telle est la fonction des griots : maintenir l'harmonie de leur société, son équilibre. L'étalage inconsidéré de connaissances risque en effet d'engendrer plus de troubles que de paix.

— Mais, prévient notre interlocuteur du théâtre, cette histoire d'Abou Bakari II sent la dispute. Il y a quelques mois, est venu de Bamako un griot porteur d'une épopée inconnue composée de vingt-huit poèmes dédiés à Fa Buhari, autre nom mandingue pour désigner le roi marin. Ce griot est resté six mois à Dakar. Il était prêt à porter ses découvertes sur scène, à exposer la geste bakarienne inédite au grand public. Le projet s'appelait : *Fa Buhari ou Bakari II, fresque musicale.* Diverses raisons l'ont fait échouer. Le griot est reparti.

Nous consultons le manuscrit, notons le nom du griot : M. K.

Le manuscrit contient tout ce que l'on peut espérer trouver : les intentions du disparu, la mission qu'il s'est attribuée, les remous déclenchés à la cour par l'intransigeante fidélité à son désir. Trop beau, trop vrai, trop vite ? Comment un griot, qui se présente comme tel, peut-il prendre un risque pareil et défier la loi du silence ? Et choisir le théâtre pour support de divulgation ? La scène, comme la radio et la télévision, offre l'asile aux griots qui ont choisi l'exhibition pour survivre, aux dépens de la défense de la pure tradition. Le spectacle n'a pas la faveur des puristes.

M. K. réside à Bamako. Objectif : retrouver sa trace dès à présent, auprès de ceux qui l'ont côtoyé ici. Une seule indication : la bibliothèque de l'UNESCO. Un responsable pourrait nous fournir son contact dans la capitale malienne. Nous le trouvons, formulons prudemment notre requête. Abou Bakari II ? Il connaît l'affaire. Nous parlons entre "gens avertis". Le responsable indique une piste de réflexion :

— C'est un griot qui a poussé Abou Bakari II dans ce projet de départ ; ce que griot veut, roi le fait.

L'argument est contenu dans le manuscrit de M. K., le griot que nous cherchons. Le responsable de la bibliothèque l'a-t-il lu ? Il précise :

— M. K. a pris la décision de parler malgré la hiérarchie des griots. Il court un risque s'il divulgue des chants qui ne doivent pas l'être. Mais un professeur de l'université de Bamako est son protecteur.

Le mot "protecteur" résonne ici comme dans un thriller. Nous notons des adresses au Mali.

— Pure invention ou découverte inespérée ? griffonne Leuk-V dans le carnet d'enquête. A vue de nez, je respire un manuscrit sorti *ex nihilo* de l'amphore cérébrale d'un habile faussaire…

— Il faut se méfier des contrefaçons, avertit le Docteur Nangadef avec sévérité, mais il faut se méfier de trop se méfier. Si l'on ne veut pas passer à côté de ce que nous cherchons.

En revanche, ce qui est vrai, c'est qu'il n'y a plus de lamantins au zoo de Hann-Village. La déception est grande. Je n'ai jamais vu de lamantin. Et depuis notre arrivée, le mammifère sirénien au corps pisciforme hante les eaux profondes de nos entretiens. De toute façon, ce salaud de lundi, le zoo est fermé ; un gardien garde les grilles. Il se lamente sur la chaleur :

— Ils n'ont pas supporté l'accentuation de la température ces dernières années. Les lamantins.

Retour au Plateau, le centre capital, en Saviem-ça-roule-toujours. On devine la mer qui cogne le paysage industriel : les docks, les silos, citernes, si lent, si lourd le trafic embouchonné. Les gaz et le ciment déposent une couche de farine chaude sur le port. C'est l'heure du soleil blanc de midi. Et même si l'inspecteur Lion, me dis-je, disposait des moyens somptuaires d'enquête climatisée, je continuerais à rouler en car rapide, en supergoélette-trompe-la-mort, tap-tap, taxi-brousse, le nez dans la ville, la tête dans le collimateur d'un regard de bébé, fixe, beau, impénétrable, les yeux à la hauteur de divers sourires, l'oreille branchée au *mbalax* d'un transistor collé à une épaule, et qui s'éraille pour le profit du bus entier. C'est là que je me sens bien d'être en Afrique. Des avis autochtones nous traitent de petits Blancs, à traîner ainsi dans les transports en commun en pleine quarantaine. Pas de problème, va pour petits Blancs…

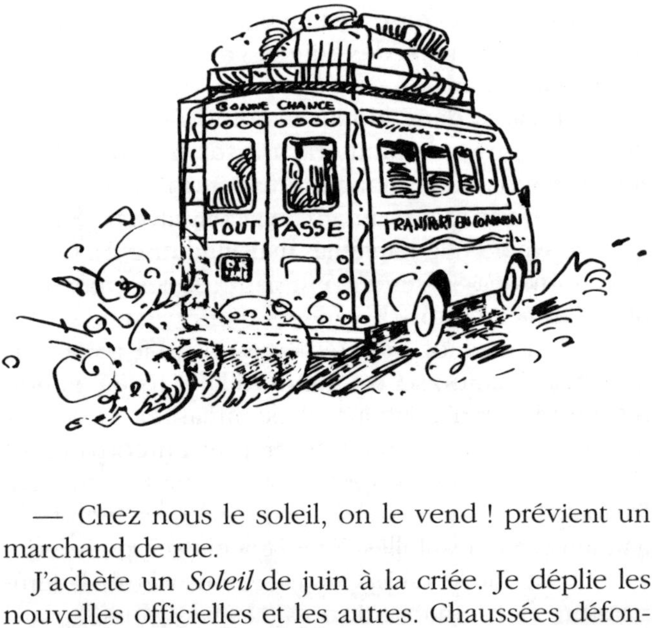

— Chez nous le soleil, on le vend ! prévient un marchand de rue.

J'achète un *Soleil* de juin à la criée. Je déplie les nouvelles officielles et les autres. Chaussées défoncées, ordures dans la ville, rats et délinquance. L'encre des journaux d'opposition solde les plus récentes promesses électorales. Sur les murs de la médina, les fresques de 1990, les peintures révoltées des enfants du *Set Setal*, le mouvement spontané pour la propreté et l'assainissement moral, se flétrissent. Le beau sursaut jeune et populaire a été privé d'effets : “les épicuriens qui gouvernent”, témoigne le *Témoin*, ne se sont pas penchés, n'ont pas regardé dans la rue. Rendez-vous raté avec la douceur. Maintenant des graffiti hurlent rouge : *"Sopi ! Sopi !"* Changement, tout de suite ! Le Docteur Nangadef montre les murs où lui-même écrivait déjà le long des nuits de 68 : "Gendarmes, vous faites partie du peuple ! Rejoignez le peuple !" Il pense : les souvenirs ont tendance à vieillir plus vite quand le décor de leur action se ride, se dégrade, s'en va en laideur. Il voit passer sa grand-mère jeune : elle traverse des squares aujourd'hui défoncés, elle le traîne par la main, lui, son bonhomme de petit-fils, ils vont ensemble au cinéma de quartier hier vivant et digne, c'était un rite. Elle n'aurait pas manqué un film hindou. Il dit :

— Toute ma jeunesse, j'ai été gavé d'amours perdus au Cachemire.

Les cinémas ressemblent maintenant à des bunkers souillés. J'irais bien cracher sur leurs affiches. Les intentions de la grande diffusion mondiale sont avariées. On le sait. Connards de civilisateurs Cocaricains, konnards de karatékas à Hong-kong. Les vengeurs démagos assènent la loi du développement inégalitaire à coups de rangers dans la gueule : on bourre les têtes, on envahit les esprits, on piège les désirs, on recolonise, on vend de la consommation frelatée, on tue les cultures abasourdies, la guerre de pacification continue, les films sont empoisonnés.

J'aime Dakar. Un des plus grands sculpteurs de cette fin de siècle y vit. Ousmane Sow. Je rencontre la statue d'un Nouba géant. Cela me suffirait pour aimer la ville. La sculpture domine une somptueuse exposition d'art contemporain, en ce juin de passage, et ombrage Arman et César. La recette d'Ousmane Sow, le démiurge, est secrète : l'argile d'une plage de Dakar récupérée, la résine d'un quincaillier libanais récupérée, les déchets métalliques récupérés, le génie, le tout mélangé, une alchimie de la boue à la vie. L'artiste recrée les pasteurs peuls, redresse les guetteurs massaïs, rétablit la taille des Noubas. Les hommes en paix d'Ousmane Sow occupent tout l'espace entre le ciel et la terre. Ils regardent loin. Ils reconnaissent le prochain siècle. J'aime Dakar. Je sais qu'il y naît cachée une Afrique en somptuosité nue, prête à advenir.

Quel jugement toutefois pour les responsables régressifs qui ont transformé le musée d'art contemporain, le "Musée dynamique", en cour de cassation ?

L'art qui est jeté à la rue pend aux bras des "accrocheurs" : dégoulinade de colliers d'obsidienne, éléphants en ébène plastique, statues nées de la dernière pluie, scènes de la vie au village en ailes de papillons... L'accrocheur de Dakar flaire la potentialité touristique du visage étranger :

— Bonjour ! Ça va Paris ?

— *(Esquive.)* Nous, on travaille ici.

— Ah oui, vous êtes dans l'informatique ?

— Non, dans la culture.

— Ah, c'est bien la culture.

— *(Contre-attaque de l'accroché.)* Et si je vous dis : Abou Bakari II, cela vous fait penser à quoi ?

— *(Repli de l'accrocheur.)* Je ne l'ai pas lu, c'est un livre, ça ?

— Non, un empereur africain, et de quel empire ?

— *(L'accrocheur au hasard.)* Mossi !

— Raté, c'est un Keita.

— Ah, alors un Malien.

— Oui, c'est le fils ou petit-fils du grand Soundjata Keita. Et *(Récidive de l'accroché.)* si je vous dis maintenant : Kankou Moussa ?

— Ouais, celui-là, on l'apprend en histoire.

— On raconte que cet Abou Bakari II est parti visiter l'Océan avec deux mille pirogues, ça ne vous dit toujours rien ?

— Ah non, vraiment, on ne nous l'apprend pas à l'école. Il faudrait discuter plus souvent avec vous.

Vérification immédiate à Clairefontaine, librairie de référence près de la place de l'Indépendance : Abou Bakari II vient d'effectuer sa rentrée scolaire. Il figure dans les plus récents manuels d'histoire. Le texte de l'encyclopédiste arabe Al-Omari y est repris ou résumé, sans commentaire ni emphase, comme si l'annonce de l'expédition avait subrepticement été glissée entre les pages.

La scène suivante se passe dans une épicerie d'angle de rue, avec un congélateur et du jus de *bissap* dans sa meilleure présentation : glacée. Merveilleuse décoction de fleurs d'hibiscus d'un rouge sacrificiel pour les soifs tragiques.

— Vous venez de la France ? s'enquiert le boutiquier affable.

— Oui.

— La France, c'est mieux qu'ici !

— Pourquoi dites-vous cela ?

— Parce que la France, c'est un pays qui vient de loin. Pas ici.

— Vous voulez dire, un pays qui a une longue histoire. Mais ici aussi…

— Non, ici, 1659 : la première citadelle du Sénégal fondée à Saint-Louis par les Français. La France, c'est bien avant…

— Mais, et les empires du Ghana, du Mali ?

Pas de réponse. Un enfant est entré pour acheter des bonbons.

— L'Africain jusqu'à présent est élevé dans l'ignorance de son propre passé.

J'avais noté une réflexion de mon ami le Professeur, tandis que nous éprouvions les charmes de la carpe braisée en bordure du fleuve Wouri au Cameroun. Il disait :

— La mémoire de l'Africain a été engloutie dans l'oubli. Il fallait toujours qu'il se réfère aux exploits de l'Européen ; rien d'étonnant s'il y a tant de gens aujourd'hui, du simple manœuvre au chef d'Etat, qui sont complexés devant le Blanc. Complexés parce que ignorants. Je pose toujours la question à mes jeunes compatriotes : "Tu as quel âge, toi ?" Réponse : "J'ai trente ans." "Bien, tu as trente ans, et en trente ans, combien de livres écrits par des Africains as-tu lus ?" Il commence à chercher ; s'il en trouve cinq, c'est beaucoup. Tout ce qu'il a lu, c'est ce que les Européens ont écrit pour lui mettre une certaine image du monde dans la tête. Et cet assassinat de nous-mêmes, nous le payons en plus, car tous ces livres-là, on ne nous les donne pas, nous les achetons pour demeurer encore plus ignorants de notre propre passé, et par là même pour ne pas être capables d'assurer notre avenir.

A l'inverse, combien d'Européens ont lu un seul livre écrit par un Africain afin d'agrémenter l'image monochrome du monde qu'on leur a mise dans la tête ?

Le voyage fait étape obligatoire en amont de l'histoire africaine. Sans entrevoir les riches heures du continent, tout du moins celles du Soudan occidental, impossible d'apprécier l'incroyable conduite d'Abou Bakari II.

— Splendeur dorée et fin tragique de l'empire du Ghana, scande Leuk-V. Rappel succinct.

Bruit de "Flag", grandes bouteilles de bière qui se heurtent. Nous trinquons à la prochaine saison des pluies, à la fécondité de la terre, à l'opulence des mangues, au Ghana défunt et ressuscité. Nous attendons les plus délectables brochettes de lotte. Le restaurant se nomme : *Point d'Interrogation.* Les commensaux, coopérants et Dakarois, s'y rudoient en un fraternel coude-à-coude. Les serveuses, comme dans un bouchon lyonnais, sont accortes, douées pour les reparties et dotées de souriantes personnalités. Sur le poste de télé, un écriteau affiche la plaisante sagesse de la maison : "Toi vouloir crédit, moi pas donner, toi fâché. Moi donner crédit, toi pas payer, moi fâché. Moi préférer toi fâché."

— Ghana première date !

Leuk-V sort ses fiches et joue le clap de début de scène. Le Docteur Nangadef, lui, connaît par cœur. Il révise *la Mort et l'Ecuyer du roi* de Woyé Sonynka, sa prochaine adaptation pour deux scènes, deux troupes, deux publics, deux continents : Sénégal-France et tournées. Un grand enjambement culturel digne de l'auteur nigérian, prix Nobel de littérature.

— 970 : un chroniqueur arabe s'exclame déjà que l'empereur du Ghana est le plus riche souverain du monde, à cause de l'or. Vu à plat sur une carte, l'empire, tel un faramineux ballon, est posé sur les rives nord des fleuves Sénégal et Niger. Le Ghana ou Wagadou offre l'exemple d'une coexistence entre Berbères nomades du désert et sédentaires noirs. Quand les chroniqueurs arabes vantent l'empire, le pouvoir est noir. Ils louent la prospérité, la sécurité, le sens de la justice et l'abondance de l'or. L'empereur contrôle le commerce. Les caravanes du Nord et les filons aurifères du Sud échouent en son pouvoir. L'or et le sel se croisent entre ses mains.

Al-Bakri, à la fin du XIe siècle, voyageur arabe d'Andalousie, trouve des mots d'élégance pour l'architecture des maisons, mais puise dans ses réserves lyriques pour décrire les femmes du Ghana. Rien à voir avec les commentaires pudibonds d'Ibn Battūta, deux siècles plus tard, qui rage de ne pouvoir importer tous les voiles de Chine pour couvrir l'insolent abandon des filles de la cour du Mali, princesses ou esclaves, infernalement nues à ses yeux qui se veulent pieux.

La capitale du Ghana, Koumbi Saleh, la "sainte", cultive-t-elle la tolérance en ses jardins ? Douze minarets lèvent les prières musulmanes. A peu de distance, les arbres séculaires du bois sacré lèvent les demandes d'abondance de la communauté animiste. Dans le bois : des prêtres puissants, d'inquiétants serpents, des mystères troublants, et la mort assurée du curieux. L'empereur est animiste. Chaque année, la plus belle fille du royaume rejoint le dieu-serpent, le

Wagadou-Bida, pour des noces mortelles. Du deuil de la beauté et de la vitalité la plus désirable, dépendent la fécondité et la survie collective. Le chagrin de la nature assure la pluie. En ces temps, il pleuvait sur le Ghana. Des ruines en Mauritanie et au nord du Mali attestent son intense activité.

Aujourd'hui, Ghana est mort. Koumbi Saleh est retournée en poussière.

Les fanatiques Almoravides, berbères et musulmans récents, portent le premier coup de glaive. La capitale est prise, son pouvoir flétri. Peut-être en 1076. Les tribus noires vassales, sérères, wolofs, soninkés, bambaras, songhaïs… revendiquent leur indépendance. Réfractaires à l'islam, elles fuient vers leur futur emplacement historique. Les caravanes se détournent d'une région devenue incertaine.

On insinue aussi que la pluie refuse de tomber dorénavant. La sécheresse porte le coup fatal à l'empire. En fait, murmure-t-on, le ciel n'abat pas le malheur sur la tête des humains sans une erreur funeste de leur part. La mémoire s'attache à la version légendaire de la chute du Ghana : le divorce entre les mortels et les forces surnaturelles causé par le refus du sacrifice annuel, la rupture du contrat d'alliance, l'assassinat du serpent Bida. La mort du dieu-totem reste un des mythes les plus vivaces de l'Afrique de l'Ouest…

— Ma grand-mère disait à propos du serpent Yéèw…

Le Docteur Nangadef lâche la lecture de Woyé Sonynka, nous suspendons l'Histoire. Les consommateurs du restaurant détournent les yeux de l'écran, dévoré par des clips qui s'enchaînent comme les perles synthétiques d'un insipide collier culturel. Une créature de rêve se trémousse dans le vide.

— Le serpent Yéèw, le python, est le plus gros parmi les espèces rampantes en Afrique. Dans sa jeunesse, il hante la forêt et le bord des eaux où il chasse ses proies. Il peut alors atteindre sept à dix mètres. Plus tard, adulte, il se mesure au plus grand des rôniers qu'il aura repéré, en plaçant sa queue au pied de l'arbre et en s'étirant le long du tronc. Après avoir constaté que sa taille dépasse trois fois celle du rônier, approche des cinquante mètres, il se dirige vers les eaux qu'il élit pour nouvelle demeure. Il devient alors un monstre aquatique, un *rab*. Les peuples de la Côte l'appellent Ninki-Nanka et l'associent au génie de l'or.

Le Docteur fredonne le plus naturellement du monde. Les hommes d'ici aiment à chanter les airs migrateurs qui résistent depuis l'enfance au passage des saisons. Des voisins de table soutiennent son souvenir, chantent avec lui :

Ninki-Nanka maître du bois sacré
Malheur à toi voyageur qui oses le braver !
Il te voit le premier, tu meurs
Tu le vois le premier, tu meurs.
Ninki-Nanka roi du métal jaune
Là où tu passes, la terre craquelle
Et le torrent se forme qui, serpent, étouffe la montagne...

— Le serpent mort au Ghana, prévient Nangadef, nous le retrouverons vivant quand nous atteindrons le Bambouk, le pays de l'or en vie, c'est-à-dire en exploitation aujourd'hui encore. L'or est au centre de l'histoire de l'Afrique de l'Ouest au Moyen Age ; il est une des clefs de notre histoire. Nous nous devons d'aller au Bambouk.

Ainsi parle le Docteur Nangadef. Et par le don symbolique d'une fourchette rend le bâton d'allocution à Leuk-V, pour qu'elle achève la descente par les rapides du passage d'Histoire qui nous concerne.

— Ghana est mortellement atteint. Koumbi Saleh est promise à la poussière. Le Mali émerge bientôt, accélère Leuk-V. Nous touchons aux dernières décennies du XIIe siècle. Le flambeau de la glorieuse influence est repris par le royaume sosso, peuplé de Soninkés, au sud du Ghana, pouvoir le plus apte à restaurer les voies commerciales et les sources de profit. Mais Soumaoro Kanté, le dernier de la conquérante dynastie sosso, abandonne son nom en pâture à la haine de ses vaincus. Il saccage définitivement Koumbi Saleh, met au pas tous les royaumes du Soudan occidental, impose un ordre centralisé et implacable. Forgeron et guerrier sans pareil, il passe pour un redoutable féticheur, violemment opposé à l'islam. Toutefois, l'image qui nous parvient de lui a été "forgée" par les griots de son futur adversaire et par leurs descendants. Tous s'acharnent à vanter sa science cruelle, sa tyrannie perpétuellement assoiffée, son habileté maléfique, pour rehausser d'autant la gloire de leur maître : le vainqueur final.

Soumaoro Kanté traîne jusqu'à ce jour une réputation d'ogre et de perdant. Une sorte de Vlav Dracul finalement terrassé, mais après avoir joui de dépecer ses ennemis et de laisser mariner leurs têtes dans des saumures magiques *à sa façon.*

Le vainqueur, le héros magnifique, le guerrier positif, le fondateur, non pas du Mandé, ancien petit royaume sous le joug, mais de l'Empire mandingue du Mali, puissance dominatrice et expansionniste, n'est autre que Soundjata Keita. Un nom qui a sa place parmi les grands conquérants de ce monde. Il est le Roi-Soleil de l'Afrique de l'Ouest. Figure marquante de l'histoire du continent comme le seront Tchaka le roi zoulou ou Samory Touré le suprême résistant malien à l'envahissement colonial.

La vie de Soundjata est presque entièrement contenue dans la première moitié du XIIIe siècle. L'esprit de la légende est penché sur son berceau. Il naît royal, mais paralysé des jambes. Il rampe jusqu'à l'âge de sept ans. Sa guérison tient du prodige. Il passe en une journée d'une nature chétive à celle de chasseur surdoué. Cependant, la jalouse adversité accompagne fidèlement son adolescence. Jeunesse en exil, mais intelligence en éveil. Tel Alexandre le Grand, la force et la bravoure arment ses bras, les secrets de la stratégie habitent son esprit. Les royaumes opprimés tournent simultanément leurs espoirs vers ce guerrier consacré avant même d'avoir atteint les frontières de l'âge d'homme.

1235 est la date qui sonne dans la mémoire du Mali comme mille cordes de cora. Soundjata abat le redoutable chef des forgerons, Soumaoro Kanté. Ses fétiches s'avèrent les plus forts, ses armées parachèvent l'œuvre des génies. Soundjata est plébiscité par tous les chefs de la coalition. Il devient *mansa*, titre auquel nous accolons la traduction approximative d'empereur. Il sera unificateur, pacificateur, fédérateur. Un de ses compagnons d'armes taille dans les frontières une brèche inédite vers l'ouest, porte les limites de l'Empire mandingue jusqu'à l'Océan, en suivant le fleuve Gambie. Soundjata dispose de généraux exceptionnels, mais lui seul attire la gloire comme un aimant. Les griots de sa lignée écrasent l'héroïsme de ses proches sous le pilon de la louange exclusive ; ils bâtissent à jamais le renom de Soundjata Keita, baobab à la taille inégalée, enraciné dans le socle du temps, et sous la ramure duquel l'obscurité s'allonge.

Sa fin est mystérieuse (1255), sa succession confuse. Les historiens recherchent toujours sa descendance directe à tâtons. Il apparaît pourtant entre les ombres un successeur important, mais de souche esclave. Ce dernier, Sakoura, usurpe le pouvoir ; et c'est lui qui parachève la conquête de l'Ouest. Avec Sakoura, le *mansa*-esclave, le Mali jouit autour de 1280 d'une façade océane. Cela se sait mais se dit peu. Sakoura meurt assassiné, au retour de La Mecque, car les souverains du Mandingue penchent désormais pour l'islam. La tradition cependant ne lui consacre pas un souffle. Il n'est pas Keita, un héritier royal.

L'Histoire file entre les lèvres de ceux qui tissent les mots.

Soixante-cinq ans séparent la mort de Soundjata Keita et l'avènement de Kankou Moussa, le second phare de l'Empire mandingue, éclairé par les écrits arabes. Cet intervalle ressemble à un bocal presque vide ; n'y surnagent que des allusions.

Ce sont pourtant ces années qui nous intéressent. Le règne d'Abou Bakari II les conclut.

— Je terminerai, messieurs, émet Leuk-V avec méthode, par une citation édifiante qui concerne précisément cette période de vide : "Quand il ne se passe rien, ni guerre, ni conquête, ni famine, ni victoire, ni défaite, quand les chasseurs dépistent le gibier de brousse, quand les pêcheurs barrent le fleuve Djoliba de leurs grands filets, quand les petits paysans chassent à hauts cris les oiseaux des merveilleuses futaies du mil nouveau, c'est alors le rôle des griots de raconter les histoires d'autres temps terribles où les guerriers ravageaient les pays, où les villages brûlaient, où les hommes libres devenaient des esclaves."

Ainsi Wâ Kamissoko, le grand griot, évita-t-il de répondre quand un jour on lui demanda de commenter le silence qui pèse sur cette époque. C'était en 1976 à Bamako. Wâ Kamissoko avait accepté de marcher avec son temps et de mettre à la disposition du monde scientifique une partie de son savoir. Il pensait qu'ainsi le génie de l'Afrique serait davantage reconnu et intégré au patrimoine de l'humanité. Il est mort dans l'année.

Wâ Kamissoko prétendait connaître chaque *mansa* par son nom et ses actes, même ceux des périodes de brume. Au congrès de Bamako, il commença à énumérer les successeurs immédiats de Soundjata : quatre demi-frères du fondateur de l'empire. Le lecteur des Actes du Colloque se prend à espérer vivement une citation du roi marin. Mais le griot s'interrompt brusquement, comme s'il regrettait sa décision : "Arrêtons là cette énumération, le jour où il sera question des faits et gestes de ces *mansa* et de leurs successeurs, nous reviendrons sur le sujet ; nous vous révélerons alors qui a régné, où et comment…”

Il partira, comme on dit pudiquement en Afrique, avant d'avoir pu ajouter un mot à cette intention. La rumeur colporte une question insistante : “Ne l'a-t-on pas aidé à partir ?” Une allusion sans détour aux dangers de la parole, mais Wâ Kamissoko clamait sans hésiter : “Je dois vous dire qu'il est difficile d'être un homme libre. Seuls ceux qui ne parlent pas, ne s'engagent pas, sont libres. En revanche, ceux qui parlent s'engagent, deviennent esclaves de la parole donnée…”

— Au cours de notre périple, nous risquons surtout de rencontrer des hommes libres au sens où l'entend Wâ Kamissoko. J'espère que votre détermination tiendra bon.

Archibald Nangadef s'inquiète à notre sujet. De notre résistance aux murs du silence. Je rétorque la main sur le cœur :

— Moi, Monsieur Lion, né de la ville elle-même née de l'accouplement fougueux de deux fleuves fauves, j'avoue n'avoir jamais voyagé de la sorte…

J'oppose un lyrisme rassurant.

En fait, j'aime sincèrement cette poursuite insolite d'une idée incertaine. Nous nous donnons l'illusion de filer, cols d'imper relevés dans Dakar, une silhouette imprécise du passé, le fantôme d'un safari de l'esprit entre vérités et mensonges, ombre sans cesse fuyante. Quand elle semble à portée d'évidence, elle s'efface au coin d'une rue ; et la rue adjacente s'avère être une impasse signalée par le panneau “Attention Silence !”. Il faut tourner la page de l'album. Nous sommes pris dans une impression de fiction. Au sommet de la page ou d'une matinée suivantes, se glissent un indice ou un doute supplémentaires. Nous rebondissons d'indicateur en informateur avec, chaque fois, l'attente d'une étincelle. Des noms s'accumulent, on nous suggère des rencontres indispensables. Je découvre une volupté particulière. Chaque interlocuteur est un conteur à sa manière. Il dresse un portrait du *mansa* aventurier, lui prête selon son envie un caractère, lui taille une destinée. Je ne m'attendais pas à croiser, à Dakar, tant de convictions.

— Dans les villages, nous verrons bien…

A la poste, nous attend une surprise de taille douce : deux timbres, l'un de 145 CFA et l'autre de 100, consacrent Abou Bakari II. Spécificité de Dakar-philatélie. La Poste sénégalaise montre les dents et riposte le 2 décembre 1992 à l'occasion du cinq centième anniversaire. Sur la première vignette, conçue en triptyque, on discerne de droite à gauche le Rex Melli tel que l'atlas catalan de Viladestes le représentait en 1413, couronné à la mode occidentale, muni d'un sceptre à fleur de lys, mais exhibant au bout de ses doigts tout de même noirs une pépite d'or. Le roi regarde l'ouest. Vient à lui, à dos de dromadaire, un commerçant arabe, partenaire de son négoce. L'image centrale est traversée par la découpe de la côte atlantique de l'Afrique, toujours selon l'atlas de 1413. Une embarcation hauturière navigue à hauteur du dessin de Sa Majesté malienne. La case de gauche est remplie par la masse d'une tête olmèque, négroïde et colossale. Le timbre de 100 CFA reprend la figuration du Rex Melli, tel qu'il apparaît déjà dans l'atlas catalan de Cresques en 1375, avec une couronne crénelée, un sceptre fleurdelisé et une pépite grosse comme un globe. Le cachet de la Poste faisant foi : le nom d'Abou Bakari II figure en légende comme étant "le" Rex Melli des atlas catalans, et l'hypothèse d'une influence nègre sur la civilisation olmèque est prise *à la lettre*.

Nous finissons par rencontrer l'homme-qui-regarde-la-mer.

Il nous offre à chacun l'enveloppe "Premier Jour" d'émission du timbre. Il est à l'origine de cette impression inattendue. L'estampille insiste sur la liaison du Sénégal et d'Abou Bakari II.

Pathé Diagne – tel est son nom – est un érudit enthousiaste. La découverte de l'existence de ce roi entreprenant conforte sa vocation de chercheur ; elle envahit sa pensée et ses actes. Sa voix monte et descend, ballottée par la passion. La mobilité de ses yeux et les frémissements de sa barbe fournie trahissent son excitation provocatrice. Sa demeure affronte la mer. Il dialogue quotidiennement avec le large. L'Amérique est en deçà du dernier rocher noir.

Il nous accorde plusieurs heures de conversation chaleureuse, un entretien pour France-Culture. Dont voici quelques fils directeurs :

Pour comprendre Abou Bakari II, *mansa* du Mali et navigateur tentant une traversée de l'Atlantique, il faut réinstaller le personnage dans le monde de son époque. L'influence arabo-islamique couvre alors l'Espagne, la Méditerranée du Sud, se prolonge loin à l'est en Asie, et s'enfonce jusqu'au cœur de l'Afrique. Le Mali occupe une place prépondérante au sein de cette géopolitique musulmane. Le sous-sol lui fournit l'or mais sa terre attire les penseurs. Tombouctou, la ville docte sous son obédience, émet et reçoit les idées vives de son temps. Abou Bakari II dispose des richesses de la matière et de l'esprit. Pathé Diagne le peint comme un monarque éclairé, un prince intellectuel, à l'écoute des lecteurs arabes du monde : géographes, cartographes, astrologues, voyageurs. Et la science voyage. Les frontières ne sont pas aussi jalouses. Les savoirs de l'Antiquité n'ont pas tous été oubliés. Et des marins naviguent le long de la façade atlantique de l'Afrique. Sans timidité, mais sans publicité non plus, car il s'agit là de routes commerciales. A travers les discrets rapports d'incidents maritimes survenus à des marchands arabes, Pathé Diagne subodore la régularité d'un cabotage côtier. Mais là où se risquent les Arabes, évoluent forcément des marins autochtones, maîtres des grandes barres et passeurs

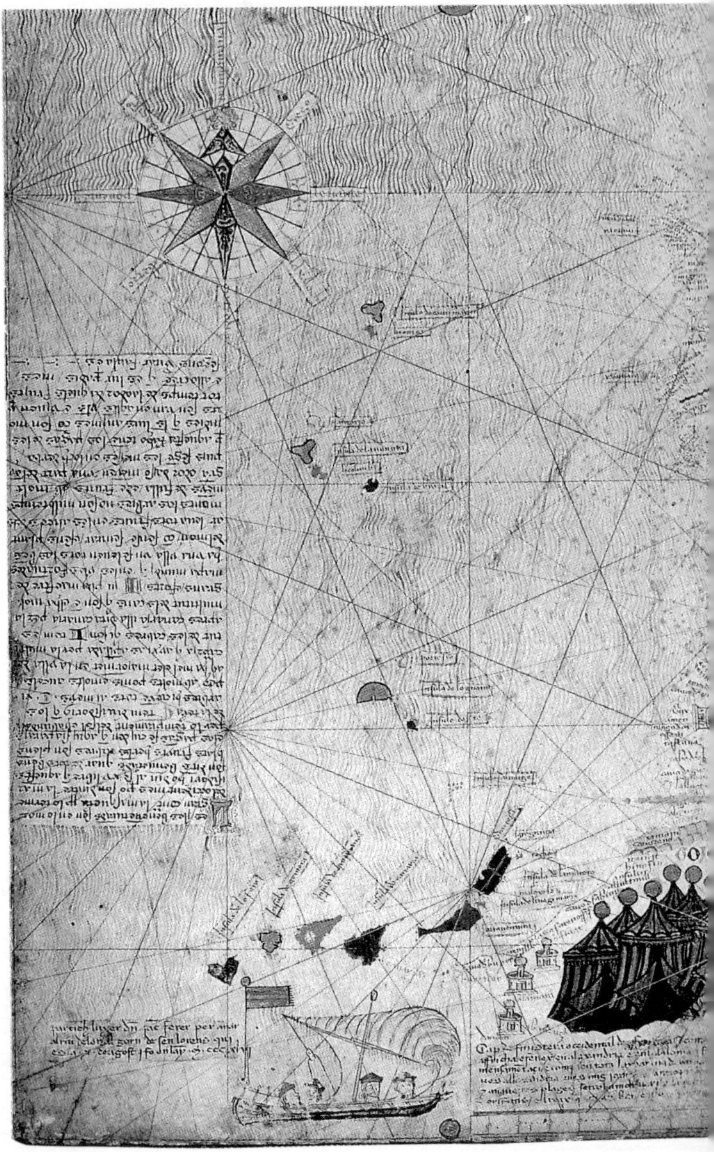

L'Afrique occidentale d'après l'atlas catalan de Charles V, par Abraham Cresques, 1375

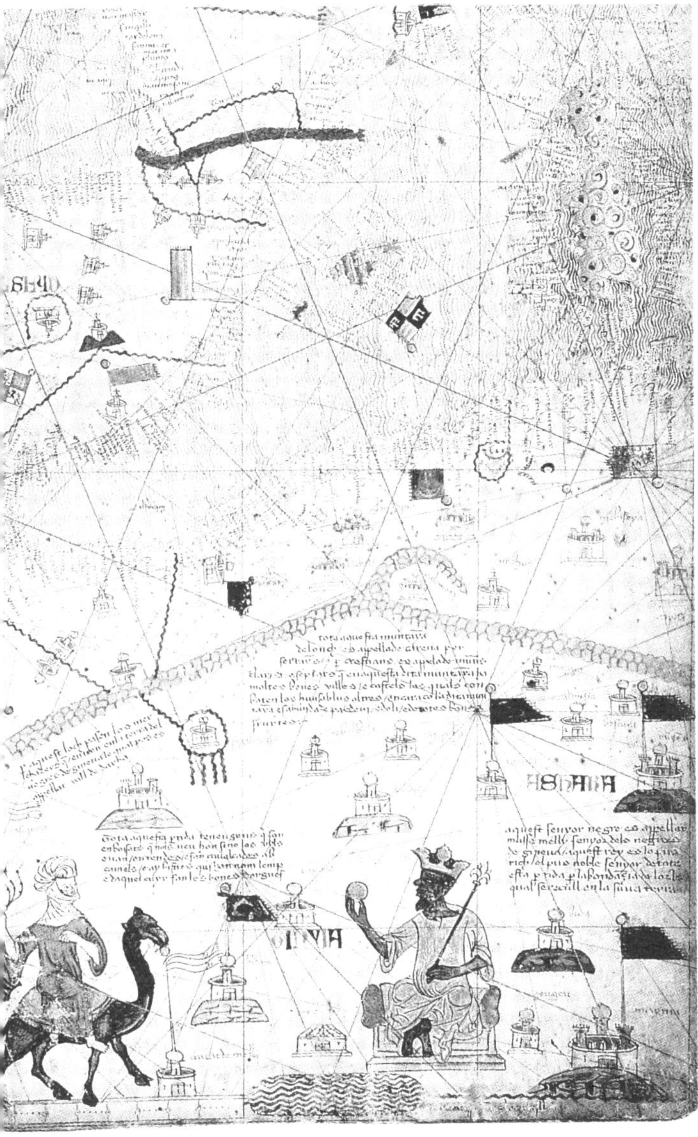

de hauts-fonds, comme le sont encore aujourd'hui les Lébous de Dakar et les Get-Ndar de Saint-Louis. Pathé Diagne place sa confiance dans les ancêtres des actuels pêcheurs africains, qu'il suppose être les pionniers des routes océanes. Les vents et les courants ne s'apprivoisent pas sans une longue fréquentation ; et malgré leurs indéniables qualités, les marins venus du nord n'ont pu comprendre les règles du large, ni juguler leur appréhension, sans une aide locale. Que cherchait donc Colomb en 1482 quand il rôdait à bord des bateaux négriers qui longeaient les côtes d'Afrique jusqu'au fort d'El-Mina (actuel Ghana) ? Il préparait sa route future en glanant des secrets auprès des navigateurs noirs de l'Atlantique, dont les apports ne seront jamais crédités.

Pour Pathé Diagne, la proximité des deux golfes, Guinée et Mexique, et l'énergie favorable des courants qui les relient d'est en ouest, installent le marin ouest-africain dans son rôle d'émigrant privilégié. Il ne craint pas d'évoquer des "colonies africaines" outre-Atlantique et d'établir l'idée d'une liaison entre les rives des continents, dès l'Antiquité.

Abou Bakari II, souverain africain, réunit, par la fougue de son intérêt personnel et l'ampleur de sa fortune, le savoir des lettrés arabes et l'expérience séculaire de ses vassaux marins. Mais quel dessein assez fort pousse un tel seigneur continental à se lever de son trône et à s'évader sur l'immensité fluide si contraire à sa culture ? Une pulsion sincère vers la pure connaissance ou un orgueil démesuré dirigé vers une indépassable conquête ?

Pour Pathé Diagne, Abou Bakari II a percé l'horizon. Un monarque de son rang, qui n'a pas le pied marin, ne s'engage pas dans une pareille campagne océane s'il ne s'appuie pas sur une science sûre, s'il n'a pas reçu des garanties rigoureuses de ses éclaireurs. Ainsi le veut la plus élémentaire des logiques. Ne pas oublier la première expédition de reconnaissance forte de deux cents pirogues. Les paroles du seul capitaine revenu pour rendre compte de la mission rapportent désastre et terreur ; les autres bateaux ont été happés par "un fleuve au milieu de l'Océan", s'y sont précipités et ont disparu. Cela ressemble fort à un langage déguisé, destiné à entretenir la mythologie terrifiante de l'Atlantique et à maintenir les voies océanes hors des curiosités étrangères et concurrentes. Répandre de fausses informations est pratique courante chez les découvreurs de passages et de terres inconnues. Comment en effet imaginer un roi assez fou pour prendre lui-même la mer après l'annonce de semblables périls ?

Dans la pensée de Pathé Diagne, les Européens furent conscients de son exploit. La preuve selon lui réside dans les atlas catalans de 1375 et 1413, établis par les cartographes majorquains. Dans ces brillantes vitrines de la connaissance avouée, les Occidentaux admettent la puissance du Mali. Ils en dessinent le maître sur leurs cartes : une figure de royale splendeur qui cependant ne camoufle guère leur ignorance quasi totale des territoires africains, vides de tout autre tracé. Pathé Diagne sous-titre la représentation du Rex Melli par le nom d'Abou Bakari II en vertu de son regard tourné vers l'Océan où flotte en vis-à-vis, dans la marge aquatique, une embarcation. Selon lui, cette embarcation est le modèle du bateau à voile carrée utilisé par les Maliens pour leur odyssée. Et il entend prouver l'insubmersibilité de sa théorie en organisant prochainement une expédition commémorative : la traversée atlantique par des descendants des marins du XIVe siècle. Ils suivront le corridor "nord-équatorial" des courants favorables sans doute emprunté par l'empereur disparu, des îles du Cap-Vert au Mexique via les Antilles. Quatre embarcations sont en cours de construction, d'après les usages anciens, à Saint-Louis, Rufisque et à Joal au sud, dans le Sine-Saloum : deux pirogues d'une pièce, *looco*, creusées dans d'immenses troncs d'arbres, et deux *gal*, confectionnées avec des bordages.

— Avec Pathé Diagne, tout semble réglé, commente Leuk-V en tirant un trait sous son compte rendu, l'horizon est clair, l'Amérique est au bout de l'hypothèse du départ du roi. Il consacre d'ailleurs un livre aux rencontres de Bakari II et de Christophe Colomb avec l'Amérique ; et, fort de son approche de linguiste, il dresse une liste de mots mandingues préservés dans le vocabulaire des Indiens côtoyés par Colomb. Rien ne manque…

— Je constate surtout, reprend Monsieur Lion, que les efforts de Pathé Diagne tendent à donner au Mali du XIVe siècle une image de "puissance mondiale sur les plans militaire, économique, financier ou technologique", et à rapprocher son aisance politique des capacités de la navigation sénégambienne, afin de rendre plausible le dessein mandingue de conquête maritime.

— On ferait bien d'aller faire un tour à Rufisque, suggère Nangadef pragmatique.

II

OÙ LE DOCTEUR NANGADEF ET SES AMIS LYONNAIS JAUGENT LES MÉRITES DES PIROGUES MONOXYLES POUR LA TRAVERSÉE ATLANTIQUE, ET RÉALISENT QU'UN BON CHARPENTIER ET UN HABILE CAPITAINE NE SUFFISENT PAS A GARANTIR LA SÛRETÉ D'UN BATEAU MAL CONSACRÉ.

— Demain, je vais à Rufisque !

A Rufisque, une des pirogues de la Transatlantique prochaine s'élabore sous la direction d'un maître charpentier, M. Barasar. Nous voulons bien sûr la voir.

— *Da maï dem Tengiij* : "Demain, je vais à Rufisque."

Monsieur Lion répète ce qu'une fillette lui a appris la veille en rabâchant patiemment dans la cour familiale du Docteur Nangadef : ma première leçon de wolof. Exit le cachet portugais de Rufisque – Río Frisco : quelles eaux fraîches baignent ces lieux brûlants ? – imposé à la métropole voisine de Dakar. Son nom originel, Tengiij, reste en bouche, hors des cartes et formulaires administratifs ; il sert à la description intime du monde, il désigne le caractère sacré des eaux en cet endroit où la mer est "jument fougueuse", *Tengu geej*. La jument fougueuse des eaux du Sud cherche à rejoindre au nord du Cap-Vert l'étalon de l'Océan pour un tempétueux coït, lourd de conséquences sur les vagues.

Une heure de bus bondé. Des musiques se faufilent entre les corps serrés. Port de Dakar, zone industrielle, Hann-Village, des pépinières tropicales en bord de route, des armées de cretons sous la chevelure de bougainvilliers, l'usine Valda. A propos de Valda, voici un autre apprentissage de la récente veillée. Les thés mauresques en petits verres se nomment ici après correction sénégalaise : "les trois normaux". Le second et le troisième, en l'absence de menthe fraîche, sont agrémentés d'une pastille Valda. Pour qui connaît le breuvage cérémoniel du Maroc, ce goût nouveau relève de la délicieuse trouvaille barbare : "Mon thé t'a-t-il ôté ta toux ? Merci Valda !"

Rufisque, à quelque vingt-cinq kilomètres au sud de Dakar, repose. Léthargie post-coloniale. Des calèches, ailleurs en voie de disparition, trouvent ici territoire propice à leur rythme : un quadrillage maniaque de rues calmes dessiné par la Raison. D'élégants entrepôts en pierre de taille stockent le souvenir écorné de Rufisque la commune française, ville de peuplement. Une voix des Actualités Gaumont pourrait nasiller cette phrase de Paul Morand sur un long travelling à travers ce décor suranné : "Les Noirs, disent les ethnographes modernes, ne sont pas originaires d'Afrique, mais d'Océanie. Dès lors en vertu de quel principe interdire aux Blancs de s'installer dans cette Afrique dont, si l'on se réclame des précédents historiques, seuls quelques Pygmées avaient le droit de se dire propriétaires ?" Vive l'auteur de *l'Homme pressé* qui bâcle cent vingt-six pages du même acabit en 1928, autant dire hier, sous le titre possessif d'AOF, et vive les ethnographes modernes ! A chaque époque, ses collabos. La tentation du trafic d'idées a toujours été vive à la frontière des sciences humaines et du réalisme politique.

Leur propre enquête n'amène-t-elle pas Monsieur Lion, Leuk-V et le Docteur Nangadef à rôder près des marécages où se manipule l'Histoire ? Le retour d'Abou Bakari II ne pourrait-il pas servir bon nombre d'intérêts “modernes” ? Création de mythes et dérives idéologiques intéressent notre observation.

Pour l'instant, les rues de la Rufisque moderne sont marécageuses. La ville est en robe de boue noire. Les éclats bleus des sacs d'emballage déchirés fleurissent aux branches des épineux. Des poubelles obèses se relâchent devant une peinture murale qui pourtant prêche la propreté collective et la responsabilité individuelle. Relief du mouvement artistique défunt, *Set Setal*. Les égouts crachent au ciel ouvert une odeur insultante. Les moustiques besognent.

— Je me querelle avec quelqu'un, quand je le frappe, je me frappe moi-même, qui est-ce ? interroge Nangadef.

— Moustique ! devine-t-on sans mal.

La plage de sable noir est jonchée de têtes de poissons et de cornes de taureaux. Par milliers. L'abattoir exsude. Les eaux de l'Océan sont endeuillées. Des enfants s'y baignent. Une odeur vénéneuse force à accélérer le pas. Au port nouveau, la pirogue transatlantique est là, mais pas le maître d'œuvre, parti à Saint-Louis. Un jeune apprenti et un vieux patron pêcheur se protègent des coups du ciel. Treize heures de plomb sonnent à nos nuques.

L'apprenti a appris l'existence d'Abou Bakari II à l'école. Le pêcheur l'a découverte grâce à ces messieurs de l'université qui sont venus commander le travail aux charpentiers. L'apprenti est fier de sa participation, il caresse la pirogue et vante ses mesures : vingt mètres de long sur trois de large. Son corps a la forme d'un fuseau qui se relève lentement vers les extrémités. La quille prolonge l'ensemble en s'étrécissant jusqu'à devenir arête puis éperon. C'est le modèle du *gal*, pirogue à bordages ou bords montés.

— Rien n'empêche ce type de bateau de traverser l'Océan, assure le patron pêcheur. Tout dépend des vents. Ces pirogues peuvent aller partout avec une conception correcte et un bon équipage de quinze marins.

La pirogue transatlantique associera une voile carrée, tissée par les pêcheurs de Rufisque, à quinze rames. Mais se trouve-t-on en présence d'une réplique de la pirogue du Moyen Age, apparentée au modèle de l'expédition malienne ? Pathé Diagne la commet d'office à ce rôle, parce qu'il croit la reconnaître dans le dessin du bateau qui figure dans les atlas catalans de 1375 et 1413, près des côtes de l'empire du Mali. Il fonde une part appréciable de ses convictions sur cette "reconnaissance" du bateau, et donc de la navigation africaine et de l'expédition du roi marin, par les cartographes catalans.

Mais l'excitation que Pathé Diagne sait communiquer s'éteint brusquement quand on découvre l'ouvrage de Yoro Fall, un autre chercheur sénégalais : *L'Afrique à la naissance de la cartographie moderne.* Le bateau des atlas, étudié à la loupe, bat pavillon aragonais ; l'auteur le range parmi les *barcha*, barges, vaisseaux "admis par les navigateurs et les cartographes majorquains… comme les plus aptes à aller dans ces régions" (d'Afrique). Une mention accompagne même le dessin et attribue précisément ce navire à un aventurier, Jaime Ferrer, parti en 1346 de Majorque avec l'intention d'atteindre le Río de Oro. L'image du vaisseau dans les deux atlas fixe le souvenir de cette tentative malheureuse – Ferrer ne reviendra pas –, et signale approximativement sa destination ou le lieu de son échec, au sud du célèbre cap Bojador. En aucun cas, elle ne peut être liée au souvenir du projet malien.

Cette entreprise de détournement ne touche pas seulement le bateau de Jaime Ferrer, mais aussi la figure emblématique du roi malien dans les atlas catalans que tous les auteurs sans exception identifient avec Kankou Moussa, le pèlerin de La Mecque, et non avec Abou Bakari II, l'Ulysse mandingue. La déconvenue est amère. On a le sentiment que l'urgence de prouver pousse même les plus élégantes démonstrations à recourir au maquillage.

Il faut se rendre à l'évidence : aucun document ne décrit l'état de la navigation africaine sur les côtes atlantiques au Moyen Age. La pirogue des pêcheurs lébous s'est longtemps limitée à un tronc d'arbre creusé, bentênier ou caïlcédrat, avec deux bancs transversaux : *looco* (prononcer : lotcho). L'adoption d'innovations s'est accélérée au cours de ce siècle. La technique des bordages, rapportés sur la pièce unique, et l'adjonction d'éperons ont été empruntées aux marins get-ndar de Saint-Louis. Quant à la voilure, elle flotte au vent,

inchangée depuis des siècles. "Personne ne se souvient d'un temps où la voilure aurait été absente, ou différente", rapporte Georges Balandier dans son étude sur les pêcheurs lébous du Sénégal. "Plusieurs pêcheurs jugent le modèle à éperon plus efficace pour la haute mer. L'ancien modèle est très suffisant pour la pêche rapprochée, et demande un effort beaucoup plus grand de la part de celui qui tient la pagaie de gouverne."

Balandier souligne l'usage de mots étrangers, européens, pour désigner certains agencements ou éléments de la pirogue à bordages ; emplois qui dénoncent des emprunts techniques anciens, surtout chez les Get-Ndar de Saint-Louis, les mieux placés pour les contacts avec le Nord.

— Le métier de charpentier a toujours existé, même avant l'arrivée des colons.

Le patron pêcheur ose une digression.

— Le premier charpentier était Noé.

— A supposer qu'Abou Bakari II se soit appuyé sur la technologie des pêcheurs côtiers, suppute Leuk-V, il a dû en son siècle se contenter de pirogues d'une pièce, *looco*. De grandes pirogues creusées dans d'imposants caïlcédrats. Peut-on envisager deux mille de ces troncs évidés lancés à travers l'Atlantique ?

— La multiplication des traversées récentes à bord d'esquifs aussi légers que farfelus prouve qu'il n'est nullement besoin d'une lourde caravelle pour toucher l'autre bord de l'Atlantique, énonce Monsieur Lion. Il existe une profonde distorsion entre la navigabilité de l'Atlantique, océan fort abordable, et sa réputation de vastitude horrifiante.

— Flotte un écueil majeur, oppose Leuk-V : la voile ! On ne détient aucune certitude sur l'usage de la voile, en Afrique de l'Ouest, au Moyen Age. Mauny, qui s'appuie de toute sa foi sur les témoignages des Portugais, soutient que, de la Mauritanie à Sofala, les navigateurs du XVe siècle n'observèrent que des pirogues monoxyles et sans voile. Ce qui, selon lui, expliquerait l'absence d'un peuplement noir des îles du Cap-Vert et de São Tomé avant l'arrivée des Portugais ; mais là encore d'autres auteurs prêchent le contraire. De toute façon, pour Mauny, l'Amérique à la rame, c'est trop loin, surtout quand on ne connaît pas à l'avance la route à suivre.

— Bon, s'élève Nangadef, qui nous assure que vos Portugais aient dit toute la vérité et rien que la vérité, s'ils désiraient ne pas partager de nouveaux savoirs ? Ensuite, la voile était connue en Afrique ailleurs que sur le littoral, sur des mers intérieures aux sacrées colères, comme le lac Débo au Mali, ou le lac Tchad. L'empereur du Mandingue, en ce temps et vu son idée fixe, était en mesure de faire appel à des techniques en usage, même à la périphérie de son domaine.

— Et de s'assurer peut-être de la collaboration des Arabes qui, eux, connaissaient la voile.

— Les bénédictions sont indispensables avant de lancer les pirogues à la mer...

Le vieux pêcheur intervient pour ramener la technique de construction à sa juste place, celle de la compétence humaine. Il signifie qu'il en est une autre tout aussi déterminante.

— Il y a des pirogues complètement inefficaces parce qu'on a négligé les bénédictions. Le génie de Rufisque s'appelle Koumba Lambaï. Il – ou elle, il ne saurait dire le sexe du génie – habite juste sur ces rochers près du port.

Le patron pêcheur se retourne et montre, au-delà d'un hangar, la naturelle proximité de l'esprit protecteur.

— Avant de construire quoi que ce soit, nous devons lui faire des libations : tuer des bœufs, verser du lait caillé... De même, tous les poissons sont associés à un génie. Il faut également accomplir des offrandes pour que le génie propriétaire consente à s'éloigner et à libérer le poisson. Même les équipages des chalutiers savent cela...

Alors que le soleil accentue sa démonstration de puissance, nous venons, à l'ombre, d'avancer d'un pas vers le monde des êtres invisibles qui hantent la mer et les étendues sacrées du peuple lébou.

Sans méticuleuses précautions, le pêcheur ne défie pas l'Océan. Chaque pirogue est dotée d'un dispositif magique, *galatay gal.* Des cornes de chèvre ou de mouton, entre trois et six, sont suspendues par un fil tendu à la tête de l'embarcation. Hermétiquement closes, elles contiennent racines et fragments de peau. S'y ajoutent souvent des fioles qui renferment de l'eau lustrale : un marabout a lavé des papiers après y avoir inscrit à l'encre des sourates du Coran. D'autres protections sont cachées sous le calfatage.

Je note avec intérêt.

Le patron pêcheur, en conversation avec le Docteur Nangadef, apprend que je suis écrivain. Dans un sursaut, il pointe mon carnet et me commande d'écrire, sous la dictée. Pour la première fois depuis notre arrivée au Sénégal, Nangadef doit traduire :

— Les pêcheurs d'ici sont fatigués. Trop souvent, ils se voient confisquer leur matériel s'ils ne parviennent pas à payer la location des moteurs. Le gouvernement, les banquiers ne tiennent pas compte de l'intérêt local. Ils passent contrat avec les étrangers pour un rapport fructueux à court terme, quitte à voir les eaux territoriales se vider de leurs poissons.

Je relie ses dires aux marchandages de coopération entre un pays asiatique et le Sénégal : la construction d'un stade de foot en échange d'un droit de pêche dans les eaux territoriales.

— Deux de mes cinq pirogues ont percuté un bateau de pêche qui avait mis la dérive de nuit, dénonce le patron pêcheur, un bateau toubab. Résultat : deux de mes jeunes sont morts et cent caisses de poissons ont été perdues. Et pas un franc CFA de compensation. Les pêcheurs sont fatigués, insiste-t-il, la pêche est cassée. Le gouvernement est là pour les gros contrats, mais nous, nous n'avons plus de poissons. Et pourtant, il fut un temps où les gens d'ici fabriquaient des pirogues sommaires, végétales, et se contentaient de pêcher en bordure du littoral, tant il y avait de poissons !...

Puis il me prend à témoin, l'index sur mon carnet, ses yeux dans les miens :

— Les Africains ont inventé peu de techniques, mais ils sont courageux, ils ne reculent pas, ne tournent jamais le dos.

Je ne sais si l'allusion vaut pour le courage des expéditionnaires du XIVe siècle et clôt ainsi la discussion technique sur les pirogues antiques. Mais son ton vibre soudain d'émotions plus contemporaines :

— Nous formons un même peuple ; Français et Sénégalais ont combattu côte à côte, me confie-t-il dans un élan digne de redresser la statue déchue de Dupont et Demba.

Demba et Dupont, tirailleur sénégalais et poilu français, fraternellement soudés par la guerre, tendaient récemment encore leurs yeux de bronze vers le ciel d'un avenir commun. La grande sculpture vient d'être déboulonnée. A Dakar, devant l'Assemblée nationale, un monument dédié à l'Afrique du Sud noire en marche la remplace et dicte les nouvelles perspectives d'avenir commun.

— Français, Sénégalais, même peuple, répète le vieux pêcheur, la France est très généreuse. Elle a tant donné pendant la colonisation, et en plus elle a donné l'indépendance… Toi, conclut-il, offre-moi un moteur pour mon bateau !

Bien, on touche le rivage, on racle les hauts-fonds, on plie la grande voile des mythes, on revient sur terre. J'oppose un geste évasif d'impuissance et le sourire sans doute mesquin du petit Blanc pas vraiment solidaire de la prétendue générosité française. Le pêcheur sans rancune nous fait dire en retour que le Docteur Nangadef est un honnête homme et que l'on peut compter sur lui. Traduction de sa pensée : vous avez trouvé en lui un bon guide.

La confusion est intéressante. Depuis le départ, nous nous posons la question : comment notre trio voyage-t-il dans le regard des autres ? On explique au patron pêcheur que nous sommes amis depuis dix ans, qu'Archibald Nangadef vit en France ("Ah, en France !" apprécie-t-il), que nous travaillons et voyageons ensemble.

Sa conviction n'est pas entière.

L'image du Sénégalais et du Français luttant côte à côte est tombée. Demba et Dupont sont au rancart. C'était certainement une image contrainte et sans consistance puisqu'elle a été effacée. Combien de temps faut-il pour ériger un rapport de confiance ?

Nous remercions le patron pêcheur pour sa disponibilité et son attention.

Il nous remercie aussi ; il explique qu'il a reculé l'heure de son déjeuner pour honorer le devoir de conversation.

Repas de *nem* dans une horlogerie devenue restaurant. Les aiguilles tournent. Le restaurant, *Le Petit Ventre*, est tenu par une Libanaise et un Basque. Ils servent des rouleaux de printemps au Sénégal parce que lui, le Basque, a été marié à une Thaïlandaise :

— Moi aussi, confesse-t-il, j'aimerais savoir mes origines. J'appartiens au "Peuple d'Avant".

Le Docteur Nangadef fouille ses premières décennies. Il venait passer les étés à Rufisque chez son grand-oncle maternel, au bord de la mer, comme dans les romans. La chaleur nous boucle devant des bières. Sa mémoire transpire de belles images. Archibald N. s'est aussi donné pour but de les réunir au cours de ce voyage. Nous voici errant à travers la ville, questionnant les passants sur l'emplacement d'une maison vaguement décrite. Rufisque dispose de rues sans fin, aussi longues qu'une remontée en enfance. C'est, tout au bout, une belle maison coloniale, basse, à véranda. La cour pavée, percée d'un ficus, bordée d'hibiscus. Il y a là un terrain de boules. La maison date d'une époque éconduite. Les accroches des volets sont autant de petites nymphes de bronze à la poitrine nue. Le toit perd ses tuiles. Un chien aux oreilles ensanglantées ne garde rien. L'après-midi est trop chaud. Un petit-oncle, de trois ans le cadet de Nangadef, émerge du sommeil. Vingt-quatre ans séparent l'actuelle poignée de main des deux parents de la précédente. Longtemps durent les salutations. Elles retiennent la précipitation des souvenirs. Les évocations d'adolescence sont forcément bruyantes et pleines de noms de filles. Les rires, les bons mots, les mains claquent. Dehors, dans la rue, des tambours se mettent à battre. Coïncidence poétique. Des tambours appellent, des enfants coupent le passage, installent des bancs, détournent les calèches. Le signal d'un *sabar*. Les yeux de mon ami grandissent de plaisir. Le *sabar*, c'est la danse qui impose sa loi éternelle à la ville, c'est la joie prioritaire sur la circulation reléguée, une manifestation de cohésion sociale, l'expression de classes d'âge. Une chorégraphie spontanée et enivrante. Les adolescentes du voisinage dépensent aujourd'hui les étrennes de la *Tabaski*, la fête du mouton, que les Arabes nomment *Aïd el-Kebir*. Elles ont choisi leur jour, recruté les percussionnistes, elles occupent le devant de la scène de sable et de goudron, elles offrent le spectacle : une main tendue paume tournée vers le ciel, l'autre soulevant la jupe, libérant la vitalité du corps. L'énergie commande de furieux élancements des jambes qui rivalisent avec la puissance des bras des batteurs. La frénétique parade ne dure qu'une poignée de secondes, meurt et renaît inlassablement jusqu'à la nuit, sous les yeux approbateurs de tutrices en boubou orgueilleux.

Nangadef, pensif et ravi, propose :

— Demain à Gorée, je vous raconterai mon premier départ.

III

AU COURS DUQUEL LES TROIS ENQUÊTEURS CROISENT SOUVENT L'ÉVOCATION DES GÉNIES DE L'EAU, EFFECTUENT UN PÈLERINAGE A LA MAISON DES ESCLAVES DANS L'ÎLE DE GORÉE, ET PERÇOIVENT LA PORTÉE POUR L'AFRIQUE D'UN MYTHE GLORIEUX DE TRAVERSÉE ATLANTIQUE PAR UN HÉROS NOIR, FIER ET LIBRE.

— Je suis lébou de Ngor par mon père, et sérère de Gorée du côté de ma mère, commence le Docteur Nangadef. Tous étaient pêcheurs.

La chaloupe pour Gorée se remplit de familles nombreuses, africaines et libanaises, de Blancs à la silhouette touristique. Le dimanche, Dakar-Plateau se vide. Une foule balnéaire vêtue d'imprimés fleuris va peupler "la pierre qui est dans l'eau", l'île de Gorée. Les préoccupations sont vacancières malgré la gravité de la destination. Gorée : camp de concentration, île de la mort.

Par-dessus le bastingage, Archibald Nangadef parle des vagues qui l'ont vu naître. C'est aussi le privilège du voyage avec l'ami qui se souvient.

Il explique que ses ancêtres ont dû apprendre la mer. Ils sont venus du nord et de l'intérieur, des abords du fleuve Sénégal, et leurs génies aussi appartenaient à la brousse. Un jour, ils ont atteint le monstre déferlant qui crache l'écume. Ils ne pouvaient pas fuir plus loin. Un autre jour, ils ont su que le grand monstre humide ne refusait pas de céder ses animaux étranges, les poissons. Ils comprirent que ce que l'on a appelé pêche depuis était une chasse avec ses règles propres. Apprendre la mer, ce n'était pas seulement se frayer un passage à travers les flots, mais entrer en dialogue avec les esprits qui résident en leur ventre. Pour connaître leur appétit d'offrandes et éviter toute erreur fatale. Mais cela ne suffisait pas, il fallait encore que les génies des eaux et les esprits de la terre s'accordent, car les nouveaux pêcheurs n'avaient pas renoncé à leurs champs et à la poursuite du gibier dans la forêt.

— Abou Bakari II, notre roi disparu, insiste Nangadef, venait du monde des chasseurs de brousse ; mais en s'approchant de l'Océan, il changeait de territoire. Il devait à tout prix obtenir les faveurs d'une autre communauté de génies qui règne sur l'espace mouvant, méconnu, forcément hostile à l'étranger. Tant que nous longerons le littoral, il ne faut pas perdre une occasion de s'informer sur cet aspect essentiel de l'expédition du XIVe siècle.

Depuis deux jours, Archibald N. ne quitte pas *Tounka*, le livre magique d'Abdoulaye Sadji qui dépeint la longue et émouvante marche du peuple lébou, des terres flétries par la sécheresse aux rives de l'Atlantique. La lecture du roman le renvoie à des chapitres personnels.

— Tu veux connaître ton ancêtre ? répondit un jour la grand-mère paternelle de Nangadef à une de ses questions pressantes. Eh bien, il était lébou et vivait dans la région de Yoff…

La traversée vers Gorée dure pour nous le temps d'un conte : le récit d'une grand-mère à son petit-fils :

— Ngor Ndiaye est le nom de ton grand-père. Ngor veut d'abord dire "garçon", "l'homme", par extension "le mâle" ; ensuite c'est devenu un prénom. Ngor Ndiaye était chasseur. S'il tendait son arc, tu peux être certain que sa proie n'en réchappait pas. Qu'elle rampe, qu'elle marche ou qu'elle vole. Ton grand-père était un homme de parole, d'une seule parole. Quand il levait son arc, sa décision de tuer était prise. Rien ne pouvait plus l'en empêcher. Il ne rabaissait jamais son arme.

Il pouvait chasser pendant des jours et des jours. Quand il revenait, il était chargé de gibier. Sa femme était fière de son mari, grand chasseur et homme de savoir. Car pour tuer une antilope-coba, il faut être détenteur de secrets, *borom xam-xam*.

Un jour, dans la brousse, il rencontre un étrange gibier. Qu'est-ce que ce gibier ? Un génie avec lequel il livre une bataille mystique. Les deux adversaires s'affrontent mentalement, prennent successivement toutes sortes de formes. Arrive un moment pourtant où ton ancêtre se considère comme le vainqueur, parce qu'il a dominé le génie sur tous les terrains, ceux de l'espace et du temps. Alors il soulève son arc, vise et proclame : "O moi, Ngor, je jure devant mes ancêtres que mon adversaire est mort !"

Entendant la parole donnée, l'adversaire comprend qu'il est perdu. Il supplie :

"Abaisse ton arc, Ngor, abaisse ton arc !"

"Tu sais bien, génie, que moi, Ngor, jamais je n'abaisse mon arc en vain. Je n'ai qu'une seule parole."

"Abaisse ton arc, implore l'esprit à forme de gibier. J'admets que je suis à ta portée."

"Tu sais que je n'ai qu'une seule parole, tu es déjà mort !"

"Ngor, abaisse ton arme ! répète l'esprit une troisième fois, et je te donnerai une récompense."

"Ah, voilà qui change tout, fit Ngor qui accepte enfin de baisser les bras. J'attends que tu t'expliques mieux."

"A mon tour, je te donne ma parole, puisque à présent tu baisses ton arme. Reviens ici demain, au même moment de la journée, tu ne le regretteras pas. Tu trouveras ce qui te revient. Puisque tu m'as vaincu sans m'achever, tu verras qu'une naissance remplace ma mort. Crois ma parole, je n'en ai qu'une moi aussi, je ne suis pas une hyène."

Ainsi le génie reconnaît sa défaite et accepte de se soumettre.

Le lendemain, Ngor revient au même endroit et trouve une jeune fille de treize ans environ, la plus jolie qu'on puisse imaginer. Son teint est clair, ses cheveux lisses.

Ngor était membre d'une communauté de pêcheurs, et bien qu'il rencontrât la jeune fille dans la forêt, cet esprit, par sa pâleur, appartenait visiblement au monde des eaux.

Ngor prend la jeune fille avec lui. Il construit pour elle au cœur de la forêt une case secrète, en un lieu que seul un pêcheur également chasseur, homme de deux qualités, pouvait connaître. Régulièrement, il se rend dans la forêt, retrouve sa seconde femme, passe deux jours auprès d'elle, revient. Il l'élève, il attend qu'elle grandisse. Longtemps, il accomplit ce va-et-vient. Sa première épouse finit par penser que son mari n'est pas monogame, contrairement à ce que tout le village croit. Elle devine que sa coépouse n'appartient pas à la société des vivants, mais au monde des esprits ; elle est sûre de cela, car aucune femme humaine ne peut rivaliser avec elle. Alors, elle va trouver l'ami le plus cher, le plus-que-frère de son mari, celui avec qui il a tout partagé, l'initiation, la circoncision, celui qui est son frère de case. Elle se confie à lui :

"Depuis quelque temps, mon mari se comporte bizarrement, il ne mange presque plus à la maison, il ne goûte plus les plats que je confectionne et dont il raffolait. Il ne me fait plus de confidences. Bien sûr, il rapporte toujours de la chasse beaucoup de gibier, mais il rentre de plus en plus tard. J'ai l'impression qu'il partage sa vie avec un autre être dans ce monde incertain de la brousse. Toi, mâle, et moi femelle, qui sommes concernés par Ngor, il nous tient dans l'ignorance de ses rapports avec cet être. Il n'en parle ni à toi, mâle comme lui, ni à moi son épouse. A part toi et moi, il n'a pas de compagnons plus proches. Qui peut donc tant l'intéresser dans cette brousse, certainement pas un être de chair, mais un être d'esprit ?"

"Bon, dit l'ami de Ngor, je vais m'atteler à découvrir ce mystère."

"Va et tiens-moi au courant de ce que tu trouveras."

Son ami se met à filer Ngor. Pendant des jours, il le suit jusqu'à ce qu'il le trouve enfin avec la jeune fille dans cette cabane perdue.

"Ah, Ngor, lui reproche-t-il, voilà pourquoi tu devenais si mystérieux et solitaire. Dire que tu me cachais cette liaison, à moi. Comment as-tu pu ? A moi encore, je peux l'imaginer, mais tu la caches aussi à ta femme. En tout cas, moi, ton frère de case avec qui tu as toujours tout partagé, je me sens vexé de ton silence, de ton manque de confiance. Mais maintenant je te tiens, je vais tout raconter au village. Je pointe ma main vers toi, et je ne l'abaisserai pas sans compensation. Je ne fermerai pas ma bouche sans promesse."

"Bon, dit Ngor, coupons court à cette discussion. Prends deux tiges. Plante la première à l'endroit où nous sommes, et suis-moi."

Ils partent.

Ils marchent longtemps, des heures et des heures, jusqu'à ce que l'ami épuisé dise :

"Ngor, arrête, je n'en peux plus, je ne ferai pas un pas de plus."

"Bien, si tu n'en peux plus, plante la deuxième tige ici."

L'ami obéit.

"Eh bien, sache que tout cet espace compris entre les deux tiges t'appartient. Mais attention, ce bois sacré s'appelle *Mboum wax dé* : Bois-qui-parle-meurt. Quiconque apprend comment ce bois t'est advenu meurt, et toi avec."

"J'accepte", dit l'ami. Et la main dans celle de son frère de case, il prête serment.

La vie continua, et ils restèrent bons amis. Jamais Ngor ne trahit sa liaison en se vantant des privilèges qu'il en tirait ; de même jamais son ami ne gaspilla leur secret. Les deux frères de case faisaient preuve de force intérieure.

Mais un jour, l'ami faiblit, il se soulage de son secret auprès de sa femme.

Un jour qu'il repose sur les cuisses de sa femme, sous un karité, dégustant du lait caillé au miel, il redevient humain, et ne peut s'empêcher de lui confier :

"Tu sais chérie, notre ami Ngor, que tout le monde considère comme un grand chasseur, moi je connais la source de tous ses pouvoirs. Moi seul peux dire ce qu'il fait dans la forêt. Il m'a même offert un champ dans la brousse mystérieuse pour que je me taise, mais sache que je suis l'intime d'un des hommes les plus importants de la société."

Il cède sous le poids du secret et raconte tout à sa femme. Trois jours après, il meurt. Et sa femme qui a répandu le secret meurt aussi, et toute la partie du village qui a ébruité ce mystère meurt. Ne survivent que les habitants demeurés en dehors de cette inondation de mots. Mais Ngor, devant l'épidémie de paroles, doit s'expliquer et ramener son épouse de la brousse afin de l'installer parmi les mortels.

Elle lui donna une descendance.

Si tu veux la preuve de ce que je viens de dire, conclut ma grand-mère, rends visite à ses descendants, ils vivent encore en pays lébou, tu peux les retrouver. Cette branche des descendants de Ngor est de teint plus clair. Le bois sacré de ton ancêtre existait autrefois dans la région du Cap-Vert, entre Ngor, Yoff, Ouakham et Cambérène. Sois fier de toi.

A Gorée, la lumière trop vive, le son des tambours-*djembé*, les odeurs des beignets de poisson, les tonnelles de bougainvilliers ont recouvert vingt millions de cris, vingt millions de vies arrachées à l'Afrique. Aujourd'hui, on irait plutôt à Gorée pour se détacher de Dakar, de ses banlieues concentrationnaires, des destins coincés par la tôle ondulée et la voie ferrée, des violences que la précarité fait pousser sur les accumulations d'immondices.

Vers Gorée, un dimanche presque serein.

La chaloupe chavire de liesse : Gorée-Club a gagné la Coupe du Sénégal. Deux buts libérateurs dans des cages ouvertes, dans des filets qui font provision des cris de supporters. Gorée, la fierté par le foot.

Un gamin sur le port m'aborde et débite :

— Tu veux petit guide ? Combien il y a d'habitants dans l'île ? Tu veux voir la falaise des *Canons de Navarone* ? La Maison des Esclaves ?

C'est un tout petit garçon au regard doucement immense, Petit Prince noir tombé sur la planète Gorée, plantée de vrais baobabs et de quelques réverbères. Je demande :

— Et toi, tu sais qui vendait les esclaves, tu vas me le dire ?

L'enfant ne sait pas qui a emmené les esclaves en Amérique, mais il répond quand même :

— Les touristes !

Gorée est peuplée d'enfants qui traversent l'île-planète, d'un soleil à l'autre, par les ruelles de sable clair. On suit la piste des enfants, et on rit à cause des fleurs, trop nombreuses, trop chargées d'insouciance.

Mais les verbes à l'imparfait reviennent. Ils sont tous là, tapis dans l'humidité de l'ombre, guettant patiemment le retour d'attention du visiteur :

s'entassaient là 15 à 20 hommes dans des cellules de 2,60 mètres sur 2,60 mètres ;

se soulageaient à heure régulière, une fois par jour, ou irrégulièrement, sur place, sous eux ;

s'alignaient, le dos collé au mur, le cou maintenu par des entraves, les chevilles enchaînées ;

pesaient soixante kilos, ou bien étaient jetés dans la cellule des "inaptes temporaires" ;

subissaient le gavage dans ce nouveau lieu de passage, une cure de fèves des marais ;

buvaient au compte-gouttes l'eau rare de l'hivernage, recueillie dans des citernes où des rongeurs s'égaraient à la saison sèche, pourrissaient ;

s'échangeaient contre un baril de rhum ou un fusil, les vies d'hommes de plus de soixante kilos ou de jeunes filles vierges aux seins tendus ;

disparaissaient un jour, tous, après des mois d'attente glauque ;

s'évanouissaient par un trou ménagé dans la façade océane des esclaveries, "la porte du voyage sans retour" ;

ou bien choisissaient, certains, de mourir en Afrique en se jetant à l'eau, deux par deux enchaînés, et lestés d'un boulet de 10,3 kilos.

Les murs de la Maison des Esclaves ont la couleur du sang quand il se mélange à la terre. Les cellules, au rez-de-chaussée, soutiennent l'habitation des maîtres. Un double escalier extérieur conduit à l'étage des marchands d'existences, forme une prétentieuse parenthèse qui préservait la frivolité de la vie coloniale. Sans doute ordre était-il donné de frapper tout auteur de cri ou de gémissement afin de ne pas troubler la paix à l'étage supérieur. Cette même parenthèse enserrait le noir couloir qui menait le captif à sa disparition, vers l'anthropophage Amérique où il s'attendait à être dévoré par le Blanc. Ineffaçable vision : un simple rectangle de ciel et de mer au bout d'un tunnel.

J. L. Sugot, poète haïtien, revenu hanter ce maudit utérus, chante :

La porte de l'enfer est à Gorée. Elle ouvre sur la mer bleue.
Il y a là une jeune femme aux seins nus
qui avance vers la prison des vagues.
C'est ma mère.

Ici se recueillit Jimmy Cliff, pleura James Brown.

Le hasard veut que nous visitions la Maison des Esclaves en compagnie de pèlerins noirs américains. On éprouve le besoin de se parler après la chute des dernières explications, quand Joseph Ndiaye, conservateur et oncle du Docteur Nangadef, remise en silence le collet d'acier et le boulet d'infamie. On ne tient pas à rentrer ses émotions chiffonnées dans son for intérieur. Mon interlocutrice d'Atlanta affiche des airs intellectuels derrière des lunettes en ailes de papillon. Dans la cour rouge, environnée d'ombres muettes et anonymes, se glisse l'évocation de Malcom X. Spike Lee, le franc-tireur du cinéma américain, vient de lui consacrer un film. Malcom X, prophète assassiné d'une négritude sans concession, avait rayé son identité de deux barres croisées en mémoire de tous les passagers de la honte qui ont perdu leur nom ici même, à Gorée, en passant la porte du voyage sans retour.

La jeune femme d'Atlanta parle du film comme d'un retour. Elle dit :

— Une partie de l'Amérique noire ne lui pardonne pas d'être mort si tôt.

Me revient le titre d'un article du *Monde diplomatique* lu en cours de route, et qui lui était consacré : "Malcom X, un inépuisable mythe d'accompagnement en temps d'extrême adversité, pour des millions de descendants d'esclaves dans le Nouveau Monde."

On dérive immanquablement vers Abou Bakari II. Elle connaît. Elle a lu le livre de Van Sertima.

— Une partie de l'Afrique noire ne lui pardonne pas de n'être jamais revenu, paraphrase Leuk-V. Aujourd'hui, comme pour Malcom X, on peut saluer le retour d'Abou Bakari II, personnage historique réactualisé à des fins idéologiques, consciemment ou non. Abou Bakari II risque à son tour de devenir un inépuisable mythe d'accompagnement en temps d'extrême adversité, pour des millions de descendants d'esclaves dans le Nouveau Monde, et pour des millions d'Africains qui ont grand besoin d'espoir…

Leuk-V rapporte à notre interlocutrice américaine la vision de Pathé Diagne :

— La présence d'Africains en Amérique, avant l'esclavage, libère psychologiquement. Il est évident que cet aspect va doper les Noirs américains. Ils pourront dire : "Nous ne sommes pas seulement venus ici comme esclaves, mais aussi comme porteurs de civilisation."

Elle acquiesce. La jeune femme d'Atlanta enchaîne avec un débit express et une conviction expressive, les papillons de ses lunettes prêts à décoller sous l'effet de l'engagement :

— Oui, le monde a fonctionné à sens unique ces derniers siècles. Le Blanc était tout, Dieu, Jésus étaient blancs. Les Blancs étaient seuls porteurs de civilisation. Et puis, des gens ont commencé à se poser des questions. Ils ont dit : "Cette histoire, on en a assez. Nous aussi, on est quelque chose." Le fameux cri de la négritude, "Je suis noir, je suis beau", tout ce mouvement-là, il faut l'apprécier à sa juste valeur. Il est nécessaire, parce que l'Occidental a besoin qu'on lui dise : "Merde, Dieu n'est pas blanc, il est noir." D'abord, ça lui donne un choc, il sursaute et marmonne : "C'est quoi cette histoire ? C'est pas sérieux ?" Si on lui annonce gentiment : "Eh non, Jésus, il n'est pas seulement blanc, il est né pour tout le monde", c'est sûr, il va répondre : "OK !" Mais si on lui balance : "Jésus n'est pas blanc, il est noir", il est secoué, il est obligé de se remettre en question. Voilà pourquoi ces mouvements ont leur importance. Même si scientifiquement, n'est-ce pas, il faut porter le débat à un autre niveau…

Elle s'en va en cours de phrase parce que son groupe l'attend.

J'en profite pour retranscrire aussitôt ses paroles, assis parmi le chaos de rochers noirs qui protègent l'esclaverie des indignations de la mer. "Il faut porter le débat à un autre niveau."

Dès notre arrivée à Dakar, nous avons eu cette chance. Avec Lylian Kesteloot, responsable du département "Littérature et Civilisations" à l'IFAN, université Cheikh Anta Diop. Un entretien déterminant pour mieux distinguer la silhouette d'Abou Bakari II au cœur du brouillard de l'Histoire, et mesurer l'effet de sa résurrection mythique.

— Quand le riz est mauvais, on a besoin de mythes, annonça d'emblée Lylian Kesteloot. Je crois que l'Afrique a grand besoin d'espoir, d'une compensation, dans la mesure où elle s'enfonce dans des difficultés économiques et politiques dont on ne voit pas la fin. Exactement comme, à son époque, les travaux de Cheikh Anta Diop sur l'antiquité nègre égyptienne, pourtant étonnamment historiques et fondés, ont joué un rôle de mythe, rassembleur de toute la conscience de la négritude, de la dignité noire retrouvée. Le mythe égyptien, non pas comme histoire inventée, mais comme thème polarisant les fantasmes et les pulsions des intellectuels africains en quête d'un passé glorieux et d'une histoire valorisante. Aujourd'hui le mythe d'Abou Bakari II prend le relais.

Ce n'est pas pour rien si les détracteurs qui ont attaqué Cheikh Anta Diop sont les mêmes qui s'en prennent aujourd'hui à Pathé Diagne (Monsieur Abou Bakari II), et pour les mêmes raisons. Parce qu'ils sentent derrière l'élaboration historique de cet intellectuel africain, autre chose qu'une entreprise purement scientifique et académique. Ils sentent la recherche passionnée qui grandit l'homme africain, qui lui donne une dimension qu'il n'avait pas : celle de découvreur, d'aventurier, d'explorateur. Avec cette nouvelle hypothèse – car Abou Bakari II est une hypothèse de travail –, on peut repartir et ouvrir des chemins pour les chercheurs inquiets des lacunes de l'histoire africaine.

— Nous sommes des chercheurs inquiets…

Je relançai l'entretien par des questions primordiales. Celles des premières heures d'enquête, qui consistent à demander à la spécialiste des littératures orales et des épopées de l'Ouest africain si elle-même était convaincue de l'existence historique d'Abou Bakari II et de la réalité de son départ en mer.

— C'est indéniablement un personnage historique, répondit Lylian Kesteloot, puisqu'il a laissé des traces, au moins par son nom qui est mentionné par tous les généalogistes de l'histoire du Mandingue, et aussi des traces écrites chez Al-Omari, l'encyclopédiste arabe. Un personnage historique dont on sait très peu de chose. Mais ma connaissance de la tradition orale des épopées royales me permet de dire qu'on ne peut inventer un roi, ça je ne l'ai jamais vu. Même un fondateur d'empire, sur qui sont braquées en général les surcharges mythiques, on ne peut l'inventer. Il est donc impensable qu'Abou Bakari II, souverain inclus à l'intérieur d'une généalogie, n'ait pas existé.

Quant à son départ, je le crois tout aussi difficile à inventer. Il me paraît d'autant plus vrai qu'il n'y a pas de commentaire ultérieur sur cette aventure. Ce qui est réaliste dans la mesure où ce roi a disparu avec ses deux mille pirogues et qu'il n'est jamais revenu.

Que voulez-vous qu'on invente ? D'une certaine façon, la brièveté même du renseignement me semble un bon argument pour son authenticité.

Maintenant, reprit Lylian Kesteloot, il existe peut-être d'autres raisons pour lesquelles, dans la tradition orale, aucune épopée n'a été créée. Tout simplement, parce que Abou Bakari II portait ombrage à son successeur, Kankou Moussa, qui a dû craindre son retour pendant tout son règne. Son retour l'aurait contraint à lui céder la place. Alors, on a sans doute empêché l'imagination des griots de fabuler sur cette histoire, parce qu'elle desservait les intérêts du règne suivant qui préférait garder la priorité des éloges et la primauté de l'histoire officielle…

Il y aurait encore une autre raison.

La mer rabâche sa corrosive chanson à la face de Gorée. Nous ressassons les données successives, apprentissages qui s'accumulent. Ecumons des pages de notes. Tous trois perchés, immobiles, séparés et muets sur les plateaux de rochers basaltiques, comme trois pions d'échecs rangés sur leur case noire avant une grande manœuvre : le Docteur Nangadef élancé comme la Tour, Leuk-V dans le rôle naturel de la Reine, et moi, Monsieur Lion, en Fou à chapeau de paille, arrimé à ses obsessions, scrutant l'Atlantique pour y déceler la ligne de fuite du Roi…

Nous quittons Dakar demain pour de grandes manœuvres. Vers l'oralité.

Lylian Kesteloot a insisté sur un autre sens donné à la disparition du roi.

Le nom de la mer, *Ialan geej* chez les Wolofs et les côtiers du Sénégal, se confond avec celui de Dieu, le nom du divin par excellence. Avec la mer, le mystère atteint son apogée. Les fleuves y tendent. L'eau est partout de même nature. A l'intérieur des terres, les rivières abritent les génies. Au Mali même, les rois vivaient en liaison sacrée avec le fleuve Djoliba, le

Niger. Alors, le départ en mer d'Abou Bakari II a pu être interprété comme l'expression de son inflexible volonté d'approcher le mystère le plus grand. En fait, personne n'ose avancer d'hypothèse sur ce voyage vers l'inconnu, car on touche là aux profondeurs du sacré. Abou Bakari II n'a-t-il pas rejoint les dieux ? Voilà ce qu'ont pu dire les siens en ne le voyant pas revenir. Certainement, personne ne l'a donné pour mort ; on le tient pour disparu. Et tout le monde sait qu'un disparu est toujours susceptible de revenir.

— Je pars, mère, ton fils part, et il reviendra plein d'honneur, pour toi, déclame le Docteur Nangadef, lyrique, brisant les rêveries. C'est dans la tête de tout Africain. Le voyageur prévoit son retour auréolé de gloire. Il s'imagine, porteur de richesses, ou riche d'un savoir acquis au loin et désormais profitable à tous. Ainsi je suis parti...

— Il n'est jamais trop tard pour revenir, ironise Leuk-V, même six cent quatre-vingts ans plus tard, sous forme de mythe nourricier, de génie inspirateur de vitalité. L'important, c'est le retour...

— Pour mon départ, reprend Nangadef imperturbable car habitué aux joutes à plaisanteries avec Leuk-V, pour mon départ donc, ma grand-mère a sacrifié un mouton blanc, élevé à la maison. J'étais navré à l'idée que l'on tue cet animal familier, mais grand-mère a insisté. Il le fallait pour ma sécurité. Je me voyais parmi les foules traversées aussi seul que Robinson Crusoé en son île, solitaire en ma culture, à puiser mes ressources en moi-même, à éprouver la solidité de ma construction personnelle. J'étais déjà comédien, je désirais accroître mon expérience. Je partais à travers le continent, sur la terre ferme. Nous n'avons pas sacrifié à Mamiwata, l'esprit de l'eau...

Nangadef baisse la voix, le soir tombe. Une lumière ambiguë de crépuscule rampe sur les rochers noirs. Parfois, en Afrique, la conversation s'arrête net. J'ai l'impression que soudain les conditions requises pour la parole ne sont plus réunies. Nous quittons la solitude des roches. Je sais qu'aux heures marginales, les humains doivent céder leur siège aux esprits. Devaient plutôt, car les esprits survivent mal aux agressions du béton ; et les humains égarent de plus en plus le langage qui permettait il y a peu encore de traduire les joies ou les difficultés de la vie en termes réconfortants d'alliance avec la nature. A Gorée, la forme locale de Mamiwata, l'esprit de l'eau, est encore appelée Mame Koumba Castel. Le Docteur Nangadef l'a décrite comme un génie femelle. Ses cheveux longs, défaits, lisses, coulent jusqu'à ses reins. Sa peau cuivrée, son teint clair la différencient de la population africaine dont elle a charge. Néanmoins, rien ne l'empêche de tomber amoureuse d'un humain, d'un pêcheur habile ou d'un artiste, un joueur de cora ou de *xalam*, harpe et guitare mandingues. Il arrive parfois qu'un musicien aux frontières de la virtuosité fréquente les rivages à une heure tardive, quand plus aucun bruit parasite ne gêne son inspiration. Il joue pour la nuit seule, au moment où la terre est froide. Quand plus aucun être ne marche sur la terre, apparaît alors Mamiwata. La première fois, elle approche et se prosterne devant l'instrumentiste, elle reconnaît son art, éprise de la mélodie. Elle avoue son amour. Elle signifie qu'elle est prête à se consacrer à lui. Elle lui garantit ses faveurs, lui assure virtuosité et pérennité du succès. Mais elle est jalouse jusqu'à l'excès. Jamais elle n'autorisera son allié terrestre à fréquenter quiconque contre sa volonté. Elle réclame l'exclusivité. Sa vengeance est à craindre. L'artiste infidèle à ses engagements est prévenu.

L'homme chez qui nous nous rendons a vu Mamiwata, à plusieurs reprises. Ahmed le pêcheur, l'habile cuisinier, l'émigré en l'île depuis vingt-sept ans. Nous avons passé commande de poissons braisés dès le matin. Sa réputation est grande, son restaurant limité. Ahmed gère un *tangana*, soit, librement traduit, un “chaud-devant !”, baraque originellement dévolue au café-pain-beurre du matin, mais qui, dans ce cas précis, grâce aux mille talents du patron, satisfait des faims plus nomades à travers la journée. Autre plaisir du lieu : il occupe le rez-de-chaussée d'une belle maison goréenne, et on y entre exclusivement par la fenêtre.

La chaloupe beugle un dernier rappel. Les touristes détalent et rendent l'île aux enfants. Les enfants demandent “pièces” aux ultimes toubabs. Le Blanc dit que ce n'est pas bien de quémander de l'argent tout le temps. L'enfant débite sa réplique implacable : il ne demande pas argent, ce n'est pas bon, il demande “pièces”, et “pièces c'est cacahuètes”, c'est pas pareil. Le Blanc, contaminé par la poésie de l'île, acquiesce à cette évidence et donne pièces pour cacahuètes. Il ne reste pratiquement que nos ombres sur la grand-place des baobabs et du kiosque à musique. Un flamboyant maintient l'ivresse rouge du couchant longtemps après la chute finale du rideau de nuit. Ahmed crève l'écran de fumée ; il entretient le spectacle des poissons sur la scène du gril.

Ahmed est pêcheur. Lui aussi, pour son art, a recours à des protections. La vie océane est sous surveillance de la divinité Koumba, avatar de Mamiwata qui règne sur l'ensemble des eaux, douces et salées. Les pêcheurs imaginent Koumba trônant sur un siège, imposant son autorité à l'infernale barre, face au littoral. A Saint-Louis, son trône a pris une tournure française, “banc”, et l'appellation de la divinité s'est adaptée : Koumba Bang. La divinité protectrice de Gorée a élu domicile dans le vieux fort aux canons rouillés, d'où son nom : Koumba Castel.

— Mame Koumba Castel est un bon génie, pas du genre à faire du mal !

Les yeux d'Ahmed précisent : pas du genre à faire du mal au brave, à celui qui garde sa dignité devant l'apparition, qui contrôle sa peur. Ainsi le veut le code des relations entre humains et esprits à travers le monde. La frayeur dominée autorise la chance, la frayeur manifestée tourne le plus souvent à la folie qui s'incruste durablement dans le cerveau. Tout le travail des guérisseurs par la suite consiste à dialoguer avec le génie locataire du cerveau malade, à marchander l'abandon de cette résidence humaine fragile ou la réduction sensible de la présence perturbante. Les guérisseurs lébous ont développé une haute pratique de conciliation entre malades et génies. Si le génie s'entête, ils recourent à l'exorcisme, la fameuse cérémonie du *Ndëp* aux probants résultats de régulation sociale.

— Je n'ai pas confiance dans les médecins occidentaux, confesse le Docteur Nangadef, ils me demandent toujours où j'ai mal, comment cela se traduit, quelle est la couleur de ci, de ça, il faut tout leur dire. Moi, je suis habitué aux rapports avec le marabout ou le guérisseur qui, avant que je ne prononce un mot, m'annonce le but de ma visite, le problème qui me préoccupe…

— La première fois que j'ai vu Mame Koumba Castel, reprend Ahmed, il était environ treize heures.

— L'heure où les corps s'absentent généralement des activités pour la sieste et abandonnent la nature à d'autres circulations, précise Nangadef.

— "Elle" était accroupie au bord de l'eau, sur un rocher. Elle me tournait le dos. Ses cheveux étaient clairs, lisses, défaits. Elle avait, pour ce que je pouvais voir, le teint d'une métisse. J'ai osé me pencher en la contournant, pour découvrir son visage. Mais sans qu'elle fît le moindre mouvement, ce que je distinguais de ses traits ne changeait pas, dissimulé de la même manière par ses cheveux. J'ai compris à qui j'avais affaire. Je suis parti sans demander mon reste. Mais elle ne m'a pas puni pour mon audace.

Ahmed nous fixe de ses yeux qui ont vu l'esprit. Il a la gravité de celui qui a été élu pour des expériences particulières. Il connaît bien les remous du destin. La chance ne s'attrape pas avec toutes les lignes, les vagues brisent plus souvent qu'elles ne portent. Sa voix éraillée coule à travers la digue rompue de ses dents cassées : tribut payé à la cherté de la vie.

— La seconde fois, c'était à trois heures du matin. Je pêchais près du fort, parmi les rochers. A un moment, je tourne la tête, et j'aperçois l'ombre de Mame Koumba qui me fixait. Le temps d'un clin d'œil, je regarde ma ligne et je tourne à nouveau la tête. L'apparition avait disparu. J'ai gardé mon sang-froid, je ne me suis pas agité en tous sens, je n'ai pas détalé. Je suis resté calme. Bien m'en a pris, car d'autres, en pareil cas, ont montré leur peur. Et ils ont hérité d'une paralysie faciale à vie. Ou ils ont sombré dans la maladie sans retour. Cette nuit-là, j'ai ramassé une pêche miraculeuse. Elle m'a rapporté 15 000 CFA. Je n'ai pas jugé utile d'aller travailler le lendemain. En ce temps, je chargeais du sable et du ciment.

Ahmed est interrompu par l'intrusion de sa voisine qui, sans vergogne, enlève sa boîte de cacao et rafle la bouteille d'eau fraîche dans le réfrigérateur. Depuis l'ouverture de sa gargote, Ahmed a investi dans le froid. Chez lui, l'eau est fraîche. Mais Ahmed est intransigeant. Il se précipite sur sa voisine. Pas de libre-service chez lui. Une lutte molle s'engage. La voisine est énorme et effrontée, elle clame qu'elle est sa femme. Le corps à corps tourne au tango comique. A la radio, Sting chante *They Dance Alone*. La sirène gueule. Il en va de la chaloupe comme du dernier métro.

IV

OÙ MONSIEUR LION ET SES COMPAGNONS NAVIGUENT ENTRE LA MANGROVE ET L'OCÉAN, PRÊTENT L'OREILLE AUX PLAINTES DES LAMANTINS ET AUX PROPOS D'UN DEVIN, ACCOSTENT SUR UNE ÎLE DE COQUILLAGES, AVANT DE S'ÉGARER DANS LE LABYRINTHE DE RUELLES ET DE MYSTÈRES QUI PROTÈGE LES MAÎTRES DE LA MER.

La gare des taxis collectifs de Dakar peut faire penser à un corral de western ou à une vente aux enchères. Les fourgonnettes, moteur allumé, avancent, reculent, s'ébrouent sans partir, comme des broncos énervés. En même temps, le postulant passager se sent agrippé, houspillé et finalement adjugé à un véhicule, sous la férule d'un placier aussi autoritaire qu'un commissaire-priseur. C'est un vaste souk. Les rabatteurs vantent leurs directions et crient des noms de villes comme des marchandises géographiques : Saint-Louis, Saint-Louis ! Le Sénégal est vendu à la pièce : Kaolak, Kaolak ! Il est six heures du matin, le taxi pour Joal ne partira que plein. C'est la règle générale. La chasse aux voyageurs est affaire de tapage. La concurrence joue au niveau des modèles et du confort proposés : pick-up bâchés, minibus, berlines... On peut tout acheter en attendant, des lunettes au soutien-gorge. Se peser sur des balances ambulantes. Les colporteurs rajoutent leur harcèlement à la pression sonore.

Soudain, nous sommes huit dans la 504 familiale que dix bras poussent pour provoquer le hoquet du démarrage. Monsieur Lion, Leuk-V et Archibald Nangadef vont au Sine-Saloum, au sud de la Petite-Côte, entre Dakar et la Gambie. Exactement à Joal, langue de terre dans la bouche du fleuve Saloum, mince trottoir de sable pour la circulation humaine entre l'étendue uniforme de l'Océan et l'extravagant dédale de la mangrove. But recherché : se rapprocher des points de départ possibles du roi malien et de son équipage, des lieux de mémoire marine, et surtout de Fadiouth, l'île réputée des maîtres de la mer.

— On ne peut pas comprendre une entreprise aussi importante que celle d'Abou Bakari II sans envisager le recours à des séances de divination...

L'auteur de cet avis, Raphaël Ndiaye, nous aurait carrément poussés dans le taxi. Philosophe, ethnolinguiste, homme de radio, Raphaël Ndiaye est surtout un Sérère de Fadiouth, qui se sent impliqué par notre enquête. L'affaire Abou Bakari II le passionne, l'histoire du souverain qui possédait tout, mais désirait l'inaccessible :

— C'est quelque chose de fascinant de vouloir aller vers l'inconnu quand on pense avoir été aux frontières du monde connu jusqu'alors...

Raphaël Ndiaye, dans son bureau de l'ENDA à Dakar, nous a reçus une guitare à la main. Accueil inoubliable. Il a d'abord chanté deux poèmes sérères sur les illusions de la gloire dans la vie d'un piroguier. Puis nous a fait part de sa surprise quand il a découvert cette personnalité royale et continentale dans le champ de l'Océan :

— Et moi qui suis né dans une île embrassée par l'Océan, je sais qu'une telle volonté de découverte implique nécessairement une tentative de maîtrise de la mer et de ses éléments dont la tradition nous dit qu'ils constituent un danger premier car on n'a nulle part pour s'agripper...

Raphaël Ndiaye nous fournit codes et recommandations pour Joal. Il induit notre première direction. Sa voix nous accompagne.

L'itinérance commence, un air de guitare en tête, le plus serein des encouragements. 15 juin 1993. L'exploration de l'aire mandingue, dans l'enceinte des villages, hors des champs intellectuels. Deux mois de nomadisme. Le voyage à trois avec ses incertitudes relationnelles. Notre trio a une allure insolite, et notre démarche tout autant. Là réside l'altitude de la conquête. A l'époque où se banalisent les distances, le voyageur doit préserver la hauteur de ses motivations. "S'il n'y avait qu'à se courber pour être riche, alors se courber deviendrait très rare !" Au contraire du proverbe sérère, il faudra se plier très souvent, avoir l'esprit et le corps souples pour affronter les atermoiements de nos interlocuteurs et se caser ensuite dans les habitacles réduits ou surchargés des transports disponibles.

Un calme matinal règne à bord de la méritante Peugeot catarrheuse. Pas de cassette intempestive. Pas de conversations croisées comme souvent. Les passagers isolés dans l'indifférence. Je lis les titres de journaux par-dessus une épaule comme dans le métro : "Création d'un ministère de la Ville à l'imitation du modèle français !" annonce le gros titre. Des photos d'immondices en pleine rue encadrent les majuscules. Le chapeau de l'article sonne l'heure des grands travaux pour le nouveau ministre, "même si les moyens financiers sont dans les mains des autres collègues". La sortie de Dakar est fastidieuse, encombrée. Le Docteur Nangadef indique la direction du camp de Thiaroye. Là furent massacrés après la guerre des dizaines de tirailleurs sénégalais inquiets de leurs droits, de leur sort et leur solde, une fois le devoir accompli. Interrogées, les autorités françaises répondirent par la mitraille. Exemple de regrettable confusion entre une requête légitime et une rébellion. Je pense au Tata sénégalais à la porte de Lyon, parmi les vergers : quatre tours et une enceinte rouges dans le style soudanais, plus soixante croix blanches pour toutes fleurs dans le jardin vide. Les corps reconnus, Diallo, Diouf, Diop, Fall, Ndiaye, Seck… et les anonymes sont tous couchés au pied des monts d'Or pour avoir protégé Lyon en 1940, enterrés loin de la terre des ancêtres, doublement pénalisés. Et les rescapés du massacre découvrent, la guerre finie, que leur solde ne vaut que la moitié de celle d'un compagnon blanc…

— On ne parlera jamais assez des tirailleurs sénégalais, souffle Nangadef qui projette une rencontre d'enfants venus de France avec les derniers témoins noirs des atrocités entre peuples d'Europe, en ces temps-là.

La route longe des haies d'anacardiers. Des cimenteries enneigent les premiers baobabs de la savane. Hiver industriel ou paysage de cinéma ? "Le baobab est grand, mais ne produit pas de bon bois pour le feu." Soit : "Le courage et la valeur ne dépendent ni de la taille ni du poids." Le dicton débite sa sagesse aux dépens du gros arbre qui fournit bien d'autres ressources dignes de louanges. Baobab l'intendant : ses feuilles tendres se cuisinent comme des épinards, ses feuilles sèches agrémentent les sauces, son fruit, le célèbre pain de singe, se suce ou se réduit en poudre pour la confection de crèmes glacées. Il y a aussi baobab le guérisseur, pourvoyeur de fibres, écorces et racines, membres de la pharmacopée traditionnelle. Et baobab le protecteur, antre des génies. Baobab le recours offre son tronc creux comme dernière demeure à ceux dont le corps ne peut pénétrer la terre en vertu d'un statut d'impureté qui les suit dans la mort : les griots parfois. Baobabs si énormes qu'ils semblent accrocher leurs racines à l'autre extrémité de la terre, selon la géographie du Petit Prince de Saint-Exupéry.

Le pays sérère commence après Mbour.

— Autrefois, Peuls et Sérères vivaient ensemble dans la région du fleuve Sénégal, enseigne le Docteur Nangadef. L'entente s'étiola, se fana. Les Peuls offrirent un concombre aux Sérères en leur intimant l'ordre de partir et de s'installer là où le concombre pourrirait, leur tomberait des mains. Derrière l'allégorie, il faut lire le refus des Sérères d'embrasser l'islam. Les voisins peuls leur auraient dit : "Puisque vous avez refusé de vous convertir, nous allons nous séparer ici." Le nom *seereer* dériverait du mot peul *ceer ti* ou *seer de* qui signifie "se séparer", "rompre".

Une définition malveillante prête aussi au nom sérère une origine arabe, *sahir*, magicien, celui qui pratique la magie. Allusion à la forte résistance de la religion primitive. Le peuple sérère est réputé pour la détention de pouvoirs occultes.

A Fadiouth, des hommes savent calmer la mer.

Nous faisons étape auprès des descendants de ceux que le roi malien a dû convaincre pour obtenir leur concours et les associer à son projet.

Le taxi nous abandonne dans l'arène de l'heure chaude.

Trois desperados marchent alors que plus rien ne bouge. Une progression pesante dans les rues ensablées. Joal ne dispose que de deux longs axes parallèles hachés par de courtes perpendiculaires qui relient la mer aux marais. La chaleur enfonce un peu plus dans le sable les maisons basses que le béton et la tôle enrichissent de degrés supplémentaires. Nangadef cherche Nico, un ami, pour lui demander l'hospitalité. Le voyageur africain progresse en fonction d'un réseau relationnel. Le voyage est source de connaissances. Qu'apprend-on dans un hôtel, outre le coût excessif du tourisme ?

Nico décide de suspendre toute activité dès qu'il entend le but de notre visite.

— Et, déclare-t-il, ma résolution durera le temps de votre séjour.

Il ne soupçonnait pas l'existence du roi explorateur. Mais puisque nous lui apportons pareille nouvelle, il jure que nous ne perdrons pas notre temps ici, et qu'il nous guidera vers tous les avis opportuns. Nico s'enflamme à l'idée d'apporter sa contribution au projet.

Nico est un hôte merveilleux.

Le Docteur Nangadef l'a connu à Lyon, étudiant en droit administratif et sciences économiques. Il est rentré au pays pour ouvrir un négoce de pièces détachées et d'accessoires automobiles. Nico est homme d'affaires, brasseur d'idées et agitateur de rêves. Nico est métis, d'âme et de sang. Son grand-père libanais épousa une femme de l'île de Fadiouth et s'installa à Joal. C'était comme si le commerce alliait ses principes aux dons de l'irrationnel. Nico est le digne héritier de ce croisement. Notre sujet d'intérêt réveille la part mystique de sa gémellité intérieure. Il nous offre tout : son toit, son temps, sa table et, privilège incomparable, la protection de sa mère.

La maman de Nico a la stature d'une déesse-mère. Sa taille hors du commun lui confère une splendide autorité qu'elle exerce fermement sans se départir d'un bienveillant sourire. Elle règne sur la concession familiale, et ses fils quadragénaires approuvent ses ordres.

Elle bénit notre arrivée. Elle aussi accueille avec compréhension le motif de notre déplacement. Le Docteur Nangadef lui adresse d'emblée le titre de “maman”. Cette familiarité d'usage me semble le plus beau signe de respect. Notre appétit d'histoires l'enchante :

— Autrefois, conte-t-elle de sa voix de basse, autrefois vivait ici un homme de connaissance très considéré. Il avait deux épouses. Un jour, il leur dit : “Défaites vos cheveux, vous ne me reverrez plus !" Puis il partit en brousse avec ses enfants. Arrivé à destination, il ordonna à ses enfants d'aller rassembler des fagots. Une fois seul, l'homme ôta ses habits, quitta ses sandales. La terre s'ouvrit, à ce qu'il paraît, et il y pénétra. Ses enfants ne retrouvèrent que ses effets.

Dans le pays, on a coutume de dire que le président Senghor serait peut-être la réincarnation de ce sage.

— Vous savez bien que le président est originaire de Joal ? s'assure la maman. Nous l'avons connu jeune, le petit Léopold.

Joal !
Je me rappelle, écrit le poète Senghor
Je me rappelle les fastes du couchant
Où Koumba N'Dofène voulait faire tailler son manteau royal.
Je me rappelle les festins funèbres fumant du sang des troupeaux égorgés.
...
Je me rappelle les voix païennes rythmant le Tantum Ergo.

Et l'enfant de Joal se souvient que le ciel muet est éloigné, même si les prières montent jusqu'à lui comme fumée d'encens, mais que l'eau est proche, pleine d'exigences. Les sacrifices sont réciproques, car si la mer se vide de ses entrailles, elle réclame en échange des troupeaux égorgés pour ne pas prélever son dû parmi les braves qui l'affrontent.

Ici Koumba N'Dofène est le génie local, partie du grand tout, l'immense fluide, Mame Geej. Mame Geej cerne Joal, elle tient la presqu'île entre ses doigts d'eau. Les marées répandent ses mystères dans la lagune, innervent les canaux tentaculaires du marais.

Le lundi et le jeudi, les habitants ne manquent pas d'accomplir des bains purificateurs. Avant toute immersion, le dévot ramasse un caillou sur lequel il récite cette prière :

O Rivière
si la paix est dans tes eaux

qu'elle m'accompagne toujours,
si le malheur est dans tes eaux,
qu'il parte,
avant que je ne plonge en ton sein !
Que le malheur s'en aille,
je veux me laver en paix !

Et puis il jette le caillou dans l'eau et plonge en profondeur pour se laver en paix.

Sur la devanture de boulangeries, on peut lire : "Mame Geej, pain."

Une île au beau milieu de la lagune offre l'hospitalité aux défunts, embarque les ancêtres. Des croix géantes y poussent, en appellent au ciel ; des baobabs s'enracinent dans le concret de la terre. Le spectacle de ce verger mystique impressionne. Chrétiens et musulmans morts s'y côtoient et s'acceptent. Au crépuscule, à Joal, flotte un lourd parfum de sacré. L'horizon se charge de nuages mais ne tient pas encore ses promesses de pluie. Je ressens plus qu'ailleurs un serein concubinage entre religions. Comme entre les modes de subsistance. Le triple usage de la houe, du filet et du fusil détermine le langage pluriel des humains avec leurs partenaires surnaturels.

— A Lyon, promet Nico, jamais je n'aurais manqué de me rendre les lundi et jeudi aux bords de la Saône pour vénérer les esprits de l'eau. Je leur offrais une libation de lait caillé que j'allais chercher à la campagne. Si je ne le faisais pas, je devenais "bouillant".

Nico est un "djinn". Ses amis l'ont surnommé ainsi à cause de son teint mêlé, de sa fine barbiche, de sa maigreur d'ascète et surtout de sa capacité à brûler de l'énergie. Il bouillonne. Sur la plage, à l'heure du retour des barques, il s'indigne devant des tas de poissons abandonnés :

— Ici, les sardinelles abondent, personne n'en veut. On les pêche et elles s'accumulent dans le sable. Il n'y a pas assez de glacières. Alors, les pêcheurs vont les rejeter au large et les vagues les ramènent. Malgré ce gâchis, pas une seule idée ne jaillit pour les transformer en alimentation pour bétail, en farine de poisson couplée à de la corne de bœuf broyée. Total : 25 millions de CFA balancés à la mer chaque année. Et tous ces coquillages qui s'amoncellent au lieu de servir dans le bâtiment pour les filtres des fosses septiques !...

Nico débite ses projets alternatifs. La tempête souffle en son crâne. Sa plus belle idée : installer un hôtel dans les baobabs (profanes). Une variante sérère du *Baron perché* d'Italo Calvino. Il s'explique :

— Monter des bungalows dans les branches. Donner au tourisme de la hauteur, miser sur l'originalité du séjour...

Nico est un djinn, un voyant qui invite à visiter ses rêves.

La lumière du soir inspire le ciel comme une idée fugace. La nuit tombe vite. La plage est envahie par les commerçantes qui règlent le destin terrestre des poissons. Parfois une barque porte le nom d'une revendeuse. Plus souvent la modernité s'inscrit en lettres vives sur la coque comme sur les ridelles des camions pakistanais ou afghans que nous avons beaucoup fréquentés en d'autres temps : TGV ou Concorde... Les références de vitesse s'accordent sans heurts aux fines peintures d'astres, aux guirlandes florales, aux bouquets de figures géométriques.

Devant l'étalage de poissons, Nico ressasse les données de l'affaire Abou Bakari II, pour en ingérer la logique :

— La nourriture, le point crucial, c'est la nourriture...

— Le texte arabe met en avant cette préoccupation, dis-je : "Eau et vivres en quantité suffisante pour des années", lors de la première expédition. Et pour la seconde tentative, mille pirogues étaient consacrées à l'eau, à l'or, aux vivres. Mais quelles denrées ? Nous n'en savons rien.

Le Docteur Nangadef se souvient que les grandes caravanes sahariennes avaient coutume de se charger de *mbourake*, couscous de mil mélangé à de la pâte d'arachide et à du sucre.

— En effet, ce couscous peut se conserver deux ans, confirme Nico.

— Peut-être les explorateurs craignaient-ils d'aborder sur des rives impropres à la vie, suggère Leuk-V, ou envisageaient-ils initialement de revenir ? Nous n'avons pas de précision non plus sur leur nombre.

Monsieur Lion se hasarde à calculer :

— Si l'on se réfère à un équipage normal de grande pirogue, on peut avancer une estimation de vingt à trente mille partants, à raison de dix à quinze passagers pour chacune des deux mille pirogues. Ne pas oublier que les empereurs aimaient les déploiements. Kankou Moussa a entraîné avec lui soixante mille pèlerins à La Mecque…

La nuit soulève la brise et allège nos déconvenues. Toutes les tentatives de rencontre avec les informateurs recommandés se sont soldées par un échec aujourd'hui. Un capitaine de marine marchande : absent. Un abbé-érudit : souffrant. Un membre de la famille des maîtres de la mer : en déplacement. Nico se veut rassurant : demain, nous obtiendrons tout.

Demain à Fadiouth.

Fadiouth.

Celui qui approche de l'île s'arrête d'un coup. Il ne peut faire autrement. Les mots banals freinent. En une seconde, je passe de l'inattention à la fascination. Non pas que le spectacle soit grandiose, mais extravagant. Il faut s'engager sur un pont en bois long d'environ huit cents mètres. Corridor initiatique. Depuis une trentaine d'années, l'île est reliée au continent par cette chaussée tremblante juste posée au ras de la lagune. Des enfants sérieux sont juchés sur les rambardes. J'imagine une haie de sphinx exigeant au passage le paiement de réponses justes à des questions muettes. L'ambiance ouvre les vannes de l'imaginaire.

Au large, le puissant bélier atlantique se rue et écume contre une jetée de sable qui préserve le calme létal du marais. Nico indique, en direction du banc de sable, l'île des sacrifices. Au bout du pont : l'île de la vie. De loin, on assiste à une mêlée de maisons rivées les unes aux autres ; les demeures de la périphérie s'accrochent pour ne pas passer par-dessus bord. En fait, l'île gagne sur l'eau, elle prend de l'embonpoint. Les habitants déversent coquillages et immondices, et sur cette ceinture de déjections stabilisées, ils bâtissent. Un clocher de béton jaune hisse un Sacré-Cœur rouge par-dessus la nappe des toits de tôles. Du ventre de l'île émerge, comme un second bras, un autre pont de bois qui soude Fadiouth à l'île des ancêtres. Au-delà du cimetière marin planté de baobabs intouchables, commence l'infinitude de la mangrove : des rues, ruelles, avenues d'eau délimitent les quartiers impénétrables de palétuviers. Fadiouth offre une dernière surprise. Comme une planète de fantaisie, l'île est ceinte d'un anneau de petites cabanes végétales, greniers sur pilotis, accessibles aux seules pirogues et ainsi à l'abri des rongeurs et des incendies ravageurs.

Des femmes nous devancent, d'énormes charges sur la tête. Le pas de la traversée est lent, forcément. Dans l'île, un son étonne : le crissement des pas sur le sol de coquillages cassés. Un sol blanc. Les rangs de vieux et de vieilles, assis, adossés aux murs, rétrécissent les ruelles. L'abondance des bonjours fait perdre le fil de la déambulation. On se cogne aussi à une odeur, celle d'un énorme coquillage, une conque que Nico appelle *bisus*, et dont les femmes exposent la chair séchée, coupée en tranches, devant leur porte. Très vite, on ressent l'oppression du labyrinthe. Les regards pesants scrutent les intentions de notre visite. Les maisons sont si proches les unes des autres que leurs parois se touchent, leurs fenêtres communiquent. Parfois, il faut glisser de profil entre deux murs.

Mais, en définitive, notre informateur sur les maîtres de la mer n'est pas rentré.

— Oui, c'est étonnant, nous dit-on, normalement un responsable politique comme lui ne doit pas découcher (c'est-à-dire passer la nuit loin de ses responsabilités municipales). Revenez !

Nous reviendrons.

Le pont à nouveau dans l'autre sens.

On s'accoude au balustre branlant. Nico peuple de figures cachées l'apparence nue du paysage. Il a le don de mettre son auditoire en contact avec le monde invisible. Ses errances oniriques l'ont habitué à franchir des frontières inaccessibles aux autres. Après deux jours avec lui, son excitation et son verbe imprègnent nos réseaux réceptifs. La lagune alanguie perd sa banalité d'eau plate. On a envie de voir comme lui un corps fluide, l'enveloppe d'une entité rôdant autour du quotidien des gens. Entité capable de métamorphoses et de matérialisations pour signaler sa présence et ses directives.

Nous avons déjà, Leuk-V et moi, vécu semblable vertige de la pensée quand nous séjournions longtemps dans les hauts pâturages avec les pasteurs kalash, à la frontière entre l'Afghanistan et le Pakistan. Cet univers de désolation lithique se transformait à la longue, par la grâce de croyances vivantes et de la langue poétique des Kalash, en territoire effectivement féerique. L'écran du vide minéral crevait, et nous finissions par convenir avec nos amis bergers que de jeunes et avenantes fées se baignaient dans les lacs himalayens, que leurs forteresses étincelaient de neiges éternelles, que leurs enclos débordaient de bouquetins sauvages, et que la grêle, l'orage et le vent exprimaient bel et bien leur caractère versatile. On quittait les sommets avec le regret de devoir rejoindre l'étage inférieur de la condition humaine.

Alors, parlons du lamantin.

Un sujet d'obsession féerique depuis le départ, en raison de sa place de choix dans la sphère mythique des marins.

— Ma grand-mère avait coutume de dire…, intervient tout de suite le Docteur Nangadef comme à chaque fois que la conversation verse dans la zoologie ou la botanique. Ma grand-mère m'a appris que le premier lamantin était une femme peule. Un jour qu'elle sortait du bain, la jeune fille fut surprise nue par son beau-père. Honteuse, elle replongea dans la rivière où elle se transforma en lamantin.

— Le lamantin est une des formes que peut revêtir le génie de l'eau quand il apparaît à un humain, reprend Nico. Autrefois à Fadiouth, le vieux Juma (dont le nom signifie "Vendredi") recevait chaque semaine, dans la nuit du jeudi au vendredi, la visite d'un lamantin qui rampait jusqu'à sa demeure, avant de prendre corps de femme. Les habitants prétendaient l'entendre discuter avec elle.

— O toi, homme allaité par un lamantin ! interrompt Leuk-V lyrique qui entonne une louange adressée par un griot à un homme chéri des dieux.

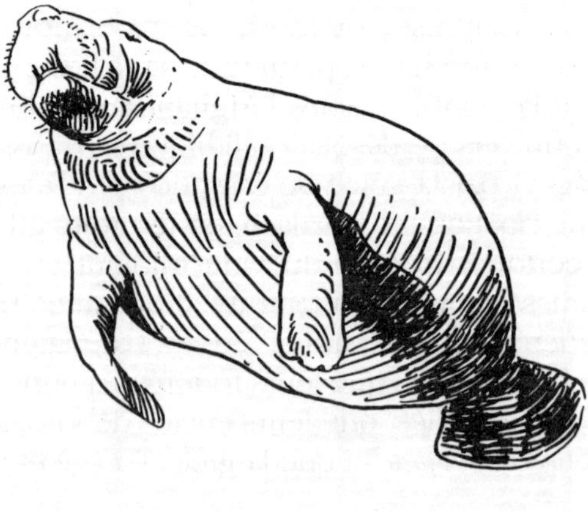

— La position pectorale des mamelles chez la femelle est sans doute à l'origine du mythe des sirènes, énonce doctement Nangadef. Le lamantin, bien qu'il ne chante ni ne se lamente, a prêté sa lourde silhouette vaguement anthropomorphe à l'émergence d'un peuple aquatique nageant dans l'imaginaire des pêcheurs.

— Colomb lui-même entretient la légende, renchérit Leuk-V. Alors qu'il gagnait le fleuve d'Or, il raconte avoir vu trois sirènes sauter hors de l'eau. Mais il est tout dépité, car il ne les trouve pas aussi belles qu'on les dépeint d'habitude ; il admet qu'elles n'ont pas visage humain. C'étaient des lamantins.

"Son existence simultanée sur les deux rives de l'Atlantique tropical doit être soulignée..."

C'est Théodore Monod qui souligne dans *l'Hippopotame et le Philosophe*. Depuis Dakar je traque toutes les citations sur le lamantin. L'étrange mammifère sirénien qui tourne autour des pêcheurs m'obnubile.

"C'est en effet, écrit Monod, un des plus solides arguments en faveur d'une ancienne connexion entre l'Afrique et l'Amérique, puisque le lamantin ne saurait traverser un océan ou s'aventurer loin des prairies littorales ou fluviales où il va paisiblement brouter."

Allait, devrait-on dire maintenant.

"Le lamantin n'a qu'un défaut, mais grave, déplore Théodore Monod, il est comestible."

— Autrefois, quand il y en avait encore ici, on en mangeait, convient Nico.

Il rajoute que les spécialistes de cette chasse appartiennent à la catégorie des hommes doués de pouvoirs. Ceux-là mêmes dont nous essayons de percevoir le champ d'intervention. Les maîtres de la mer. Ils savaient "parler" aux lamantins et les convaincre de rendez-vous. Pour la première fois, j'entends mentionner des "puits d'eau douce" dans l'estuaire, surprenants abreuvoirs où les lamantins aiment à se désaltérer et où les chasseurs les guettent.

— Le chasseur sérère, reprend Nico, demande pardon avant d'égorger ou de harponner la bête. "Dieu pardonne à mon arme !" car il supprime une vie qui ne lui appartient pas. Converti à l'islam, le même chasseur dira "Louange à Dieu !" d'avoir permis un tel acte...

Conséquence d'un tel acte : le *Trichechus senegalensis*, représentant africain de l'espèce, s'étiole. Son nom clignote en rouge au tableau des animaux en voie de disparition.

Nous épuisons notre savoir sur le sujet et rentrons à Joal. Et saluons avec respect l'unique statue de la ville : une sirène justement, cousine africaine de la créature nordique d'Andersen. Mais celle de Joal, représentation libre de Mamiwata, porte les seins hauts, opulents et autoritaires d'une divinité régnante.

Le capitaine de marine, cherché la veille, enfin trouvé, ne croit pas en cette histoire de roi explorateur que nous lui déversons. Il nous reçoit avec courtoisie à l'ombre d'une treille. Une vigne tropicale ! Sur la façade de sa maison, il a fait peindre le modèle du cotre à une voile qu'il a piloté de 1939 à 1945. Le capitaine Charles Ndiaye énonce :

— En quarante-sept ans de navigation dont trente de pilotage en rivière, c'est la première fois que j'entends parler de ce type-là (Abou Bakari II, l'empereur malien). Je n'y crois pas. Ce sont des dires. Ils n'avaient pas les connaissances universelles à cette époque pour réussir une pareille expédition...

Le capitaine est un nostalgique de la marine marchande, de la "grande navigation du temps de la France". C'est un homme rationnel :

— Les pirogues monocoques – *looco* – servaient aux pêcheurs qui tissaient eux-mêmes les voiles en coton, de grands pagnes cousus bande par bande. On pouvait aller n'importe où avec ces pirogues, mais pas en dehors des limites maîtrisées... Autrefois, les anciens franchissaient les passes en faisant des offrandes ; ils versaient du lait caillé à la limite de l'estuaire. Nous, on sait qu'il faut partir à temps, avant les heures de la marée, quand il y a suffisamment d'eau. On a rejeté ces foutaises...

Leuk-V note méticuleusement cette opinion dans la colonne "doute" du carnet d'enquête.

L'abbé-érudit n'honore pas le rendez-vous fixé.

En revanche, un diacre de la cure nous encourage vivement à nous rendre sur-le-champ dans une île de la mangrove où vit un autre prêtre, "historien imparable", chroniqueur des croyances et maîtrises maritimes.

Impossible de prévenir. Nous prenons le risque, louons un taxi et fonçons à travers la savane. L'heure chaude nous a précédés. Pourra-t-on faire l'aller-retour avant la nuit ? Tout dépend de la disponibilité des pirogues.

Le voyage à Marlotch.

Des troupeaux de vaches maigres piétinent la poussière. Pourtant des paysans labourent et sèment. Le bruit court que la pluie arrive. Les feuilles des baobabs repoussent. Le paysage se singularise par une alliance des extrêmes : baobabs obèses et rôniers filiformes. Baobabs solitaires et rôniers grégaires rangés en formations serrées qui à la nuit se transforment en forêts de mâts totémiques.

— Celui qui a besoin de Dieu peut passer la nuit au sommet d'un rônier, conseille la sagesse sérère.

Et puis la piste chavire dans le marais, s'arrête quai des pirogues. Les bateaux-taxis attendent le remplissage. Les heures s'entassent comme les charges de passagers. Nous voici face au monde compliqué de la jungle aérienne des palétuviers, traversée de sentiers liquides qui maigrissent puis enflent à heure fixe. L'univers des piroguiers, des nomades lacustres. Comment la rencontre a-t-elle pu s'opérer entre les Maliens continentaux et ces côtiers, sans griots, tournés vers d'autres gloires ?

— Certainement Abou Bakari II a-t-il été mal compris, estimait Raphaël Ndiaye, notre conseiller sérère de Dakar. Moi qui suis insulaire, je mesure la différence des comportements. Pour nous, marins, caractériser quelqu'un de continental, c'est presque une injure, et réciproquement, pour eux, traiter quelqu'un de marin est une insulte. Ils prétendent que les marins ont l'esprit lourd, qu'ils ne sont pas rapides parce qu'on ne se déplace pas vite sur l'eau. En vertu de ces préjugés, il y a de fortes chances qu'Abou Bakari II n'ait pas été approuvé par son peuple. Il a fallu installer les chantiers de construction navale près de l'Océan, allez faire comprendre ça à un peuple de continentaux, la chose a dû être difficile…

Trois heures d'attente sous un abri de paille à scruter le boulevard de l'eau déserte. Une jeune femme flanquée d'un bébé sans impatience propose sans succès trois citrons verts et quelques sachets d'arachides. Parfois, une pirogue s'élance pour deux heures de route vers une île enfouie dans le marais. L'immobilité contraint à observer les rythmes d'une vie si particulière, puis à retendre ses pensées, à relire et relier ses notes.

Raphaël Ndiaye disait encore des traditions de la mer :

— La mémoire d'Afrique de l'Ouest est garantie par des griots qui n'ont pas l'élément marin comme référence. Les griots chantent la bravoure sur les champs de bataille, quand le pied foule la terre ferme. Et la tradition ne retient que les rois qui ont imprimé leurs conquêtes par des traces frontalières. Alors qu'un voyage en mer sans retour est comme un sillage qui se referme.

Puis Raphaël Ndiaye chanta un poème sérère :

Ils se sont ceint les reins
les jeunes pagayeurs

de la pirogue nommée Diamir
Et me voici arrivé à bon port
au village de Falia.
Ne ménagez point
la puissance de vos bras
car lorsque vous aurez trépassé
les mères oublieraient jusqu'à vos noms.

Le moteur remplace désormais la puissance des bras, et anéantit les raisons de chanter la vigueur des jeunes piroguiers. La poésie des îles acceptait que le héros se louangeât lui-même en l'absence de griot. Ici un champion pouvait s'introniser sans complexe à condition de prendre le soleil vertical pour témoin, car chanter ses propres mérites tôt le matin lorsque le soleil n'est pas encore assez chaud, ou le faire tard le soir quand ses rayons se sont adoucis, n'est pas faire preuve de courage. Il vaut mieux se taire à ces heures et faire entendre sa voix dans l'espace des champs de mil quand le zénith imprime son insupportable épreuve. Les chants sauvent de la mort celui qui toute sa vie durant n'a jamais ménagé ses ambitions généreuses. Son nom hantera les lèvres des mères. Ainsi en est-il des pays sans griots.

Et nous naviguons sur une grande plaine liquide. Avec leurs racines torses, longues jambes emmêlées, les palétuviers semblent sous l'emprise d'une obsession de danse, d'un désir d'acrobatie. Leurs têtes chevelues attirent les hérons, les pélicans, les cormorans et mille oiseaux dont la vision donne du bonheur au citadin. Nous longeons depuis trente minutes l'île de Marlotch, plate et nue. Des charrettes tirées par des ânes font la course. Le Docteur Nangadef chante des chansons coloniales inculquées en colonie de vacances. Le débarcadère troue la haie de palétuviers intraitables. Nous marchons jusqu'à la mission. Les palmes sèches des rôniers tournent comme des pales de ventilateurs usés. Le père historien est fatalement absent, en déplacement. La mère supérieure, navrée, tient à nous dédommager de nos efforts et se substitue à l'informateur manquant. Elle se tait pourtant sur les maîtres de la mer, mais propose d'emblée, comme si cela allait de soi, des éclaircissements sur la religion sérère.

J'apprécie le discours de la mère supérieure, posé mais détonnant. Pur produit de l'entreprise missionnaire, elle ne s'abstient pas de critiquer le zèle déployé par les fondateurs de la mission pour éteindre les croyances locales. Elle parle de "tort" :

— Aujourd'hui, "ils" (pronom laissé indéterminé) se rendent compte de leur erreur, et de la perte des éléments très beaux contenus dans ces pratiques condamnées. Des choses belles et utiles.

Elle nous conseille de rencontrer une autre religieuse à Fadiouth, qui est sociologue. C'est le charme de l'enquête : les personnes recommandées vous recommandent à d'autres personnes qui, elles, sont absentes. Nico, évasif, suggère que les génies retiennent les filets de notre recherche. Mais qu'à cela ne tienne, demain le vent tournera, car les génies sont versatiles. Il y a toujours moyen de commercer avec eux :

— Ecoutez, dit-il…

Et il avale une huître de palétuvier cuite sur le gril.

Monsieur Lion, Leuk-V, Nico et le Docteur Nangadef entourent un brasero de fortune comme des ombres frileuses. De jeunes pêcheurs les initient à un plaisir élégant, une délicatesse : les huîtres chaudes de marais au citron vert. La pirogue du retour est seulement espérée, pas encore attendue. Elle peut tarder. La gourmandise fait s'évanouir toute inquiétude de nuit précoce.

— Mon grand-père libanais, reprend Nico quelques huîtres plus tard, ne s'est jamais installé dans une ville qui ne soit baignée par l'eau. Un jour, sa fille a trouvé de l'or au bord du marais. C'était l'or des génies. Elle s'en est emparée. Elle est devenue folle. Les devins consultés ont dit à mon grand-père qu'ils n'y pouvaient rien, que sa fille était réclamée par les génies. Et que c'était une façon pour eux de lui exprimer sa chance. Alors, quand arriva le bateau suivant, et que furent livrés les nouveaux tissus, mon grand-père préleva un yard sur les douze de chaque coupon. Il fit confectionner des robes pour sa fille avec ces échantillons, l'habilla de toutes ces robes superposées, l'exposa ainsi et annonça l'ouverture du magasin. Il vendit la totalité de la cargaison. Il recommença l'opération à chaque arrivage avec le même succès. C'était sa chance...

Nico annonce donc, optimiste :

— Demain, je ferai chercher le vieux devin malien qui travaille pour les pêcheurs. Avec lui, vous allez apprendre, c'est sûr...

De retour chez notre hôte à la nuit, nous apprenons que le déjeuner de midi, préparé mais non consommé, est resservi le soir, intégralement – un plantureux plat de bœuf à la sauce arachide, *maffé* – avant que ne soit apporté sans avertissement de prudence le dîner tout aussi savoureux et copieux de poissons frits *de la marée*. Ainsi l'exigent les règles de l'hospitalité.

Le parent des maîtres des eaux n'est toujours pas rentré de sa tournée politique. Demain peut-être. L'abbé-érudit ne viendra ni cette nuit ni le lendemain, il nous fait prévenir. Des ennuis de santé.

En revanche, Nico se débrouille au matin suivant pour extirper le devin, *saltigué*, de son antre professionnel et le ramener à la maison. Des vieux comme lui pratiquent la divination à l'aide de calebasses, et fournissent des indications aux patrons pêcheurs. Le poisson est lié à un génie. L'eau dans la calebasse est le miroir de l'océan. Le devin montre un point à la surface du liquide, qui correspond à un point précis de l'Océan : le lieu où pêcher, et la qualité du poisson disponible en cet endroit.

Les mareyeurs allouent un budget spécial aux capitaines de pirogues pour accomplir les sacrifices de bœufs avant les grandes campagnes. Sinon, aucun marin ne s'aventurerait au large. Cela ne les empêche pas de vérifier auprès d'un devin la solidité du pacte avec les génies, au cours de l'année. On dit : après ces rituels de divination et les libations réclamées par les génies, le poisson est virtuellement tué. Il attend, en vie apparente, que les pêcheurs viennent le prendre. Le devin l'a auparavant extorqué à son "propriétaire surnaturel". Mais certaines espèces résistent, car elles sont le siège d'un esprit au plus vaste savoir, et échappent aux filets. Un capitaine s'excusera ainsi de son échec :

— Ce poisson n'est pas mon poisson.

Le *saltigué* malien nous regarde avec méfiance, de ses yeux globuleux. Il garde le silence. Que veulent les toubabs ? Nico sert les boissons. Pour le devin : un litre de rosé à la couleur d'essence ordinaire. L'homme qui lit la surface de l'eau dit qu'il vient à Joal tous les ans. Il reste neuf mois, le temps de la saison en mer.

— Je donne la pêche aux pêcheurs.

Il prévient, dès la première allusion à son don, qu'il ne parlera pas de son travail ni des génies, car ceux-ci l'accompagnent, se trouvent là, dans cette pièce, à écouter. Dispenser ce savoir ne leur plaît pas. Nous l'informons que nous recherchons surtout un roi important de l'Histoire africaine, parti et disparu en mer. Commence le marchandage. Le Docteur Nangadef précise que nous désirons une simple discussion avec lui. Il offre le prix de la cola, 1 000 CFA, pour le dérangement et le respect que nous lui devons :

— Nous ne sommes pas des touristes, plaide Nangadef, ce que nous cherchons, papa, est pour le bien. Nous ne sommes pas des gens à distribuer l'argent que nous n'avons pas. Donne le savoir aux enfants, papa.

Le devin répond :

— La cola est petite !

Pour obtenir le simple droit de poser des questions, il faut que nous-mêmes, les Blancs, rajoutions 1 000 CFA. Le devin avertit que ses génies le protègent des mauvaises intentions. Le *saltigué* navigue déjà sur des flots rosés. Ses mots tombent lourdement après être longtemps restés penchés au balcon de ses lèvres épaisses. La cola en poche, il raconte une histoire sans rapport apparent avec notre question sur le roi marin. Nous écoutons docilement : les détours les plus incongrus mènent parfois au but.

Avancer sur l'eau suppose des pouvoirs hors du commun. Le devin récite alors le voyage d'un roi mandingue des temps animistes, parti à La Mecque avec l'intention de rapporter au Mali les fétiches anciens de la Ka'ba, ceux d'avant l'islam. L'histoire est connue ; elle nous sera servie souvent. Elle illustre les luttes d'influence au Moyen Age entre l'islam conquérant et les féticheurs résistants qui revendiquent pour leurs pouvoirs une origine identique à celle de la religion dominatrice.

Nico flaire la dérive de la conversation et harcèle le devin aviné qui réclame un litre supplémentaire pour entrer dans le vif du sujet. Notre hôte conteste avec véhémence – lui seul peut se le permettre – et dénonce l'insuffisance de la contrepartie. Je ressens une gêne à presser de questions historiques un féticheur. Nous nous trompons de cible. Mais le devin finit par nous gratifier de quelques bribes sur son rôle à Joal. Il dit que les côtiers reconnaissent l'antériorité de la chasse sur la pêche. Les marins font donc appel à un descendant des chasseurs de l'intérieur pour activer leur propre chasse en mer. Le spécialiste continental doit forcément être lié à la grande eau, celle qui prend forme de pluie et de fleuve avant de s'emmêler avec l'Océan. Le devin jure ne jamais consommer de poissons de mer ; il respecte scrupuleusement un adage malien qui prévient : "Il ne faut pas toucher à l'eau de mer !" Sinon le travail avec les fétiches serait gâché.

Puis le vieux *saltigué* s'excuse. La discussion s'arrête là. On dit :

— C'est bien, papa, le cœur est léger.

Au couchant, nous retournons dans l'île bâtie sur les coquillages, tenter notre dernière chance. La mère supérieure de la mission de Fadiouth écoute avec plaisir et surprise la relation de notre préoccupation historique. Elle ne connaît pas Abou Bakari II, mais aussitôt confirme :

— Si ce roi malien désirait une collaboration avec les côtiers, il a dû passer par les maîtres de la mer, les *sathioul*. Les devins, *saltigué*, indiquent, orientent, manipulent les symboles, mais les prêtres de la mer, eux, commandent aux éléments. L'expédition est impensable sans leur appui…

La religieuse enjouée est ravie de nous guider dans l'île où chacun la salue. Nous cherchons l'instituteur. Lui peut en dire plus.

Sur la seule place un peu aérée de Fadiouth, le baobab de l'ancêtre fondateur jouxte un calvaire. La mère supérieure avoue son investissement dans la sauvegarde des croyances locales. L'instituteur fait irruption. Il a été averti de notre venue. Une rapide discussion en sérère suit les salutations. On comprend facilement que l'instituteur rappelle à la religieuse l'obligation de secret autour des maîtres de la mer et de leur tradition. De retour à la langue française, il se réfugie derrière un aveu d'ignorance personnelle sur le sujet ; il déplore la sénilité malencontreuse de l'actuel prêtre, *sathioul*, âgé de quatre-vingt-dix ans, affligé d'irrémédiables troubles de la mémoire. Inutile d'insister : Fadiouth, île-tortue, rétracte ses lois sous sa carapace de tôle et de mystère.

La nuit jette son filet sur l'île. Les lampes tempête répondent aux étoiles. Les alignements de marchandes forment des traînées de lumières scintillantes. Une procession avance soudain, barre le passage. Des matrones en pagnes de fête reviennent du bois sacré. Monsieur Lion, Leuk-V, spectateurs, quittent leur temporalité. Aujourd'hui, les femmes de Fadiouth sont retournées à la source des siècles ; elles ont imploré l'esprit de l'eau pour que les nuages acceptent de se résoudre en pluie. Le rite est interdit aux hommes. Les femmes seules s'arrogent cette connivence avec l'humidité :

— Grand-père Dieu, donne-nous tornade et donne bonheur !

"Une simple marche balancée, décrit Georges Balandier, à pas longs, en agitant des calebasses pleines de cailloux. Le rituel n'exige pas de sacrifice mais des chants."

"Aboyer-Boire" traduit le nom de la cérémonie : *Baw-Nam*.

A Fadiouth, les femmes s'habillent en hommes, s'arment de lances, de harpons ou de vieux fusils. Et dansent. Ont-elles encore inversé l'ordre des sexes aujourd'hui dans le bois sacré pour maintenir l'ordre du monde ? Le Docteur Nangadef se souvient des parentes de son enfance qui émergeaient une fois l'an à Dakar, vêtues de défroques européennes ; par ce dérèglement, elles précipitaient l'exil de la saison sèche.

Ici, les femmes passent, hautaines, un parfum d'onirisme dans leur sillage.

Nico pénètre alors dans une boutique sombre et décroche d'autorité un tableau pendu au mur. Il s'agit d'un article du *Soleil* de juin 1992, déjà jauni mais encadré : l'intronisation du roi de la mer à Fadiouth. C'est-à-dire tout ce que nous poursuivons depuis trois jours, dans une version certes édulcorée pour vaste audience, mais suffisante pour comprendre le rôle de ces "rois, prêtres, maîtres" :

"Génies et prêtres paraphant le décret divin, le *sathioul* doit alors être intronisé. C'est le grand jour pour s'adresser à la communauté, pour lui révéler ce qu'il y a sous l'écume, dans les cieux et les entrailles de la terre…"

Le roi de la mer et ses deux assesseurs "sont les gardiens du temple sérère où ancêtres, vivants et dieux constituent les trois maillons indissociables d'une même chaîne. Ce sont les dépositaires d'un savoir certain, celui de percevoir le surnaturel dans le naturel."

Ils indiquent en effet comment se conduire dans le visible en respectant les exigences de l'invisible.

Nico négocie le droit d'emporter le tableau pour recopier l'article.

Un maître de la mer est responsable devant la communauté des richesses halieutiques pendant son règne.

— Lors de la cérémonie d'intronisation d'un maître des eaux, nous confiait Raphaël Ndiaye à Dakar, la mer a été si poissonneuse que les habitants se sont exclamés : "Le pot-au-feu n'a pas encore bouilli que l'on voit des yeux sur le bouillon." C'était l'annonce très claire de richesses à venir durant son règne. De même, à son décès, en janvier 1959, des harengs sont entrés en si grande quantité dans la lagune de Fadiouth qu'il suffisait de jeter un filet pour en attraper de façon incroyable. Ils étaient dodus et si gras qu'on ne pouvait les sécher. J'étais jeune mais je me souviens que les gens faisaient de la friture sans mettre de l'huile…

Ces maîtres-là doivent pouvoir calmer les eaux, prévoir et conjurer les dangers.

— Je crois, répétait Raphaël Ndiaye pour revenir à notre sujet, que si les maîtres de la mer avaient prédit une fin négative à son projet, Abou Bakari II ne se serait pas aventuré sur l'Océan. Ou alors, il aurait agi en dehors des normes de son époque, principes qui perdurent jusqu'à présent. Nous venons de changer de gouvernement, je suis sûr que certains de nos ministres sont allés consulter des devins pour savoir s'ils devaient entrer dans le gouvernement ou pas. Ou, s'ils y entraient, combien de temps ils y resteraient. Et si le jeu en valait la chandelle. Si nous suivons la logique coutumière au temps de Bakari II, il semble inenvisageable qu'une aventure de cette dimension ait eu lieu sans recourir à la divination, traditionnelle ou maraboutique, et sans que le roi obéisse aux verdicts. Car celui-ci sait très bien que son entourage dispose d'influences pour le sanctionner d'une manière ou d'une autre en cas de non-respect de la déontologie.

— Le silence dans lequel Abou Bakari II est plongé ressemble à une prison, émet Nangadef. A-t-il été sanctionné pour passage illicite de frontières ou manquement à la promesse du retour ?

Il faudrait rester longtemps à Joal et à Fadiouth pour mériter d'en apprendre plus.

La maman de Nico insiste pour que cette nuit ne soit pas la dernière sous son toit. Il ne passe pas tant de monde que ça à Joal, argumente-t-elle, et il est bon de causer. Ses histoires invitent la fraîcheur à descendre dans la cour, à s'immiscer sous les toits. Sa voix grave exhale la sagesse, la veillée profite des étoiles. Les belles-filles écoutent en refaisant leurs tresses, les fils travaillent encore. La boutique restera ouverte tard.

V

COMMENT UN COMÉDIEN NOIR ET SES AMIS BLANCS DOUBLENT LE CAP BOJADOR, PASSENT LA FRONTIÈRE DE LA GAMBIE, PÉNÈTRENT DANS LE PALAIS PRÉSIDENTIEL, RÉCOLTENT UNE "VÉRIDIQUE HISTOIRE DE L'EMPEREUR MARIN" ET CONSTATENT QUE SILENCE VAUT MIEUX QUE PLÉTHORE DE MOTS DANS LA BOUCHE DES GRIOTS.

Le douanier sénégalais demande à Monsieur Lion des nouvelles de son ami François. Devant la mine ahurie de l'interpellé, il précise :

— François des Champs-Elysées !

Monsieur Lion aimerait voir s'abattre le tampon de sortie sur son passeport, mais le fonctionnaire se marre :

— Oui, il doit venir passer ses vacances ici, sa chambre est prête !

Humour noir ou perfide allusion aux tenants du pouvoir qui visitent rarement les étages déshérités de leurs domaines d'influence ?

Au poste voisin, l'humour change de langue. Les forces de police gambiennes placardent leur philosophie :

Courtesy	Courtoisie
Openess	Ouverture
Neutrality	Neutralité
Tact	Tact
Approachability	Accessibilité
Consideration	Considération
Thoughtfulness	Tempérance (Prévenance)

Résolutions de CONTACT propres à rassurer les jeunes gens dont les photos couvrent un autre mur et qui répondent tous au nom de "Wanted !". La légalité toutefois ne se comprime pas dans un uniforme trop cintré : les changeurs de devises au noir opèrent sur le seuil du bureau de douane, liasses en éventail, et pressent l'arrivant jusqu'au comptoir des formalités. CFA contre *dalassis.* Nous sommes en Gambie. Le bâché 404 roule à gauche. Les Sénégalais plaquent sur la personnalité de leurs voisins le manque de finesse que les Français reprochent aux Anglais ; et vice versa, les Gambiens anglophones redoutent la superficialité des Sénégalais.

Personnellement, je redoute l'acte de charité de notre chauffeur qui vient d'abandonner son cric à un collègue en rade. La force de la pensée étant créatrice, nous crevons. Le mode de réparation étant inventif, nous repartons. Mais, conséquence du retard, Monsieur Lion, Leuk-V et le Docteur Nangadef réussiront-ils à rejoindre le bac de treize heures trente qui traverse l'estuaire du fleuve Gambie longtemps avant le suivant ? Ils courent sur le quai de Barra. Le soleil délire. Le longiligne Docteur N., empêtré dans une servile référence à Jules Verne, trimbale une valise bedonnante, peu appropriée à un périple moderne. Monsieur Lion, locuteur impénitent, s'entrave dans ses références, titube et gueule à Leuk-V pour l'encourager que Barra est leur premier rendez-vous avec les souvenirs de Mungo Park. L'explorateur écossais critiquait en 1795 la fâcheuse tendance des gens de Barra à taxer tout ce qui passe et transite par chez eux, et à exiger de l'étranger, sans aucune gêne, tout ce qu'ils convoitent. Mungo *dixit.* A vrai dire, la Gambie peaufine toujours sa réputation de barrière de péage.

Le pont-levis du ferry se relève dans leur dos. Les passagers applaudissent le sprint méritoire. Les toubabs ruissellent. Le bac claironne. Les entrepôts s'éloignent. Vingt kilomètres séparent les rives opposées, minces comme deux coups de crayon estompés par la lumière autoritaire. La direction du large ne se distingue pas de celle de l'amont. Le ferry se présente comme une plate-forme encadrée de deux wagons surélevés pour les piétons. Tout un peuple de petits vendeurs navigue continuellement du nord au sud du pays. Ils crient : *"Boiled eggs !"* ou *"Bissap !"* Le jus d'hibiscus rouge glacé est enfermé dans des sachets en plastique que le buveur incise et suce.

Les eaux charrient une couleur terne. Le paysage est ingrat. Néanmoins, les trois voyageurs savourent la lente avancée sur le couloir présumé de la fuite d'Abou Bakari II. Si départ il y eut, le fleuve Gambie dut servir de rampe de lancement à l'expédition. "La seule ouverture durable que le Mali ait jamais eue sur la mer se trouvait vers l'embouchure de la Gambie", estime Théodore Monod. "Cela dit, écrit-il aussi, c'est par la Méditerranée, l'Egypte, l'Arabie ou Zanzibar que l'on entre en Afrique, qu'on s'appelle graine, souris, langue ou religion. Ce n'est pas par la route occidentale et son océan ténébreux."

Monsieur Lion ressasse toutes les appréciations lues au sujet de l'Océan ténébreux. Il a trente minutes devant lui et se trouve dans l'endroit idéal pour une telle réflexion. Une escadre de contradictions, lui semble-t-il, cabote le long du littoral ouest-africain. Yoro Fall, historien sénégalais et spécialiste de la cartographie ancienne, perce d'un trait lumineux le brouillard couvrant la navigation atlantique médiévale :

"La terreur qu'inspirait la «mer ténébreuse» est susceptible de n'avoir été qu'un mythe obscur de «terriens», d'encyclopédistes et de compilateurs très peu, ou insuffisamment, au fait des connaissances, des pratiques réelles des navigateurs de leur époque. Ou bien une amplification et une réinvention d'un mythe tenace par des panégyristes portugais soucieux de donner une dimension inégalée au «doublement» du cap Bojador."

1434 : les Portugais font savoir au monde qu'ils ont réussi à dépasser le redouté cap Bojador au nord de l'ex-Río de Oro. Bien. On trouve cela dans les livres jusqu'à aujourd'hui.

En effet, dans cette zone resserrée entre les Canaries et le continent, les courants ne ménagent pas leur violence, le vent porte à la côte tout à la fois basse, sablonneuse, brumeuse et bourrée de récifs. Doubler le cap Bojador représente un exploit digne d'orgueil. Revenir du cap Bojador double le mérite ; car, si les courants et les vents favorisent la progression des Européens de l'époque vers le sud le long du littoral de l'Afrique, ils ruinent tout espoir de rebrousser chemin. A moins d'oser une autre voie. Les Portugais revendiquent aussi la primauté de cette audace qui consiste à cingler vers le large pour éviter des zones contraires, à gagner la latitude des vents variables de l'ouest aux environs des Açores, pour enfin courir une bordée vers l'Europe. On appelle cela une volta. C'est le secret majeur des Portugais, nous dit-on, sur lequel ils avaient ordre de garder un silence total.

Silence et secret. Prière de ne pas déranger les chercheurs d'or au seuil de la Renaissance, fébriles à l'idée de la moindre concurrence. C'est déjà pour s'affranchir du monopole arabe sur les convois d'or sahariens que des aventuriers européens se risquent en douce sur les eaux mal famées de l'Atlantique. On ne double pas seulement le cap Bojador, on double surtout ses fournisseurs exclusifs et exigeants.

Monsieur Lion se dit qu'au départ d'une enquête, il y a une disparition, celle du roi malien par exemple, mais qu'en fouillant, on finit inexorablement par tomber sur des embrouilles économiques et des trafics complexes. La filière de l'or en l'occurrence.

Reprenons.

Les Portugais s'affirment en champions de la cachotterie historique. Mais les atlas parlent ; les fameux documents catalans de 1375 et 1413 trahissent l'existence de relations européennes avec la côte africaine, antérieures à 1434. Dans les atlas, le cap Bojador est représenté, les routes maritimes et leurs difficultés exposées, le littoral au sud du cap précisé, et des éléments de bathymétrie (mesure des profondeurs marines) divulgués. Et pourtant, remarque Yoro Fall, dans le demi-siècle qui précède 1375, toutes les cartes manquent. Comme si les commanditaires avaient littéralement fait “main basse” sur les cartes majorquaines de l'époque.

Toujours la même obsession du confidentiel !

Cependant, continue Yoro Fall, “une région ne peut être bien cartographiée que si elle est bien connue et fréquentée par les marins”. Et les marins ne peuvent faire part de leur savoir aux cartographes que s'ils rentrent au pays. Et pour cela, ils doivent eux aussi, avant 1434, emprunter les chemins du large et percer l'astuce de la volta... A moins que l'idée de vents obstinément contraires, toute l'année, le long des côtes occidentales de l'Afrique, ne soit encore tout bonnement erronée. François Bellec, dans sa *Tentation de la haute mer*, balaie les réfutations catégoriques des progressions à contre-vent dans cette zone, car, dit-il, “le régime des vents océaniques n'a aucune signification à proximité des côtes, où ils sont remplacés par des vents locaux variables”.

— Or, les navigateurs de ce temps longeaient bien sûr les côtes, soliloque Monsieur Lion.

Et, comme le suggère justement Pathé Diagne : “La connaissance du régime des vents et des saisons et celle des périodes fastes sont le fruit d'observations qu'on n'invente pas d'emblée.” C'est précisément là qu'ont dû intervenir les pêcheurs autochtones, au centre d'échanges indispensables avec les arrivants du Nord pour expliquer leurs retours.

Mais savoir et or relèvent d'enjeux interdits.

— Voilà où je veux en venir, se dit Monsieur Lion, la chape de silence posée sur les intentions exploratoires des Européens en Afrique de l'Ouest éteint du même coup toute velléité de décrire l'état de la navigation africaine au Moyen Age. D'où, par ignorance, cette facile propension à dénier une quelconque capacité de découvreurs aux côtiers noirs. Pourtant, comme dirait le proverbe si on l'inventait : "Les chercheurs d'or retrouvent à grand bruit et tapage glorieux ce qu'ont trouvé sans le dire les pêcheurs avant eux !"

Reste une différence déterminante entre l'Afrique et l'Europe médiévales, s'accorde Monsieur Lion, c'est l'absence en Afrique d'une bourgeoisie d'affaires désireuse de s'enrichir par le commerce maritime. L'art des pêcheurs de la côte ouest ne servira jamais la cause d'une puissance maritime. "Les empires du Ghana et leurs successeurs ont vécu facilement sur d'énormes richesses, explique Pathé Diagne. L'abondance a condamné le Ghana, le Tekrour, le Mali à négliger l'essor d'une économie maritime et urbaine sur l'Atlantique." La civilisation africaine peu marchande cédera rarement à l'esprit de conquête.

Abou Bakari II apporte une flagrante contradiction.

Mais son rêve exploratoire n'émerge-t-il pas trop tôt, trop seul, à une époque incapable de porter une telle ambition ?

Ou est-ce notre époque, bloquée par le verrou du cap Bojador et la date butoir de 1434, qui préjuge la question ?

D'où l'importance de faire sauter ce "verrou psychologique".

Pour cela, il faut relier les récits épars des Carthaginois, des Arabes, des Majorquains, des Dieppois et des Normands, relatant leurs explorations de la côte africaine avant le XVe siècle, aux connaissances de cette région attestées par les atlas catalans. Le géographe Gabriel Gravier écrit en 1878 : "Les Arabes connaissaient le Río de Oro (le Sénégal) et le signalèrent aux Génois sous le nom de Vedamel. Ces indices prouvent suffisamment qu'ils dépassaient parfois de beaucoup le cap Bojador. Si les géographes arabes qui nous restent disent souvent le contraire, c'est que leurs marins, comme plus tard les marins normands, se gardaient bien de donner des renseignements précis sur les découvertes que leur faisaient faire l'amour du gain, une invincible audace et une grande habileté nautique."

"Au bout du compte, conclut Yoro Fall, cette masse de témoignages historiques et cartométriques, par leur pertinence et leur diversité, ruine de façon décisive les hypothèses des historiens et remet formellement en cause les idées reçues sur le verrou infranchissable jusqu'en 1434 que constituait le cap Bojador."

— Au bout du compte, conclut Monsieur Lion, le projet démesuré d'Abou Bakari II n'a pas germé dans le désert. Sa démarche profite au contraire d'inspirations plurielles ; elle s'inscrit dans l'air du temps, dans un contexte plus ouvert que l'amnésie ultérieure ne permet de l'imaginer.

— La vérité n'a pas d'âge, mes frères, elle n'a même pas de nom !

Proverbe calibré à l'intention de mes compagnons pour les intéresser à mon constat de rétention de l'information. Thème qui gagne une place majeure dans notre enquête. Le Docteur Nangadef, comme à son habitude, lit du théâtre. Leuk-V enregistre les sons d'une traversée du fleuve Gambie en ferry. Le micro est tendu. Monsieur Lion s'interpose avec la voix solennelle des émissions culturelles en langue française :

— Imaginez seulement ! Quand, en 1535, Diego Botelho revient des Indes sur une fuste de 5,50 mètres, le roi du Portugal João III ordonne la disparition du bateau pour ne pas répandre l'idée que le voyage est faisable avec d'aussi faibles moyens… Voilà. On efface le tableau noir et le savoir n'est plus que poussière de craie. Alors pour Abou Bakari II, qu'en est-il ? Ses pirogues ont-elles sombré ou ont-elles été effacées par des chiffons aussi bien intentionnés que dans le cas de la fruste fuste ?

— Tu as tendance à calquer ta pensée sur le dernier qui écrit, s'énerve Leuk-V. Tu évacues trop vite les objections de Mauny par exemple : en l'absence de voiles, pas d'expédition possible ! On ne peut faire l'économie de cette question, et je doute qu'elle reçoive réponse avant longtemps. Par ailleurs, Mauny suspecte les récits, très postérieurs aux faits, qui attribuent aux Dieppois plus d'un demi-siècle d'avance sur les Portugais dans la découverte des côtes occidentales de l'Afrique, jusqu'au fort d'El-Mina. Coup du sort : toutes les archives sur les navigations normandes ont brûlé lors du bombardement de Dieppe en 1694. En l'absence de preuves, parties en fumée, Mauny ne consent à parler que de "prétendues navigations dieppoises" au XIVe siècle. Je veux bien admettre qu'il se range parmi les "panégyristes portugais", comme tu dis, ce qui imprime une direction à sa pensée, mais ce n'est pas une raison pour bloquer le cap de la nôtre…

— Et ce que dit Gravier avant lui ?

— Oui, mais Gravier était normand, donc partisan !

Leuk-V est d'origine suisse, donc prudente.

— Mais ce qu'il affirme sur les navigations arabes est assez probant : comme quoi les Arabes hantaient bien avant les Portugais les parages atlantiques de l'Afrique. Eux maîtrisaient parfaitement la voile, et le roi malien, lui, fréquentait des Arabes. Alors, pour une fois, ne peut-on pas imaginer la puissance financière malienne unie à la technicité arabe pour une entreprise inédite ?

Notre vie commune en voyage est remplie de conversations de ce type. Depuis le départ, la recherche envahit nos ondes. Dans les taxis-brousse, les bacs, les pirogues, partout, on se complaît dans les rôles d'experts maniaques qui fatiguent leurs bouches à polémiquer sur les contradictions de la recherche, sur des détails de la tradition mandingue, ou à supputer leurs chances d'apprentissage auprès du prochain interlocuteur :

— Fade est le riz sans sauce, plat le récit sans mensonges, ennuyeux le monde sans griots, déclame Archibald Nangadef qui annonce le menu de l'étape suivante.

Banjul, capitale de la Gambie, figure le bout de la jetée pour l'épopée mandingue et, pour nous, une porte d'accès aux griots du littoral. Tournent-ils le dos aux remous de la mer comme ceux de l'intérieur, ou prêtent-ils malgré tout une oreille au ressac ?

Pour espérer rencontrer des griots, il faut des recommandations de haute volée. Une seule adresse à Banjul : The National Council of Arts.

Un billet attractif promis au chauffeur de taxi s'il se rue dans la direction souhaitée ! La sueur est en crue. Notre ennemi sournois : le vendredi et son fatidique *closing time*. Mais Banjul a les tripes à l'air. La capitale passe d'un coup de l'ère latéritique à celle du goudron. Les rues sont à vif. La circulation souffre d'occlusion. Les maisons qui bordent notre impatience défilent lentement en pur style colonial ouest-africain : un rez-de-chaussée ingrat avec boutiques ou entrepôts, surmonté d'un étage avec balcon ou véranda, coiffé d'un toit pentu avec pignons à lucarnes. Les murs sont badigeonnés de blanc, la saillie du balcon à colonnade est supportée par d'élégants fers forgés à volutes. Le vent et l'agitation motorisée saupoudrent d'épice ocre cette architecture désuète : Banjul fardée de latérite se drape dans la nostalgie des temps sépia.

Par chance, au National Council of Arts, un chercheur joue les prolongations, un héros des temps modernes, un informaticien irlandais attelé au traitement des enregistrements de la tradition orale en Gambie. Il y a là, dans des caisses, des siècles de mémoire et des kilomètres de bandes magnétiques en danger d'humidité rongeante. Peter Murphy, Sisyphe flegmatique, programme "Bakari", "Abou", "Abu",

"Abouhakri". L'écran de l'ordinateur affiche zéro ou des allusions à l'oncle du Prophète, Abou Bakr. En revanche, Peter Murphy exprime une sereine sympathie pour notre sujet ; il nous obtient des rendez-vous avec des historiens réputés et les recommandations souhaitées pour les griots.

Entrevues édifiantes avec deux griots de Banjul.

Nous cherchons d'abord une maison tapie au cœur de la géométrie rébarbative d'un quartier populaire de Banjul. Les rues et les égouts à ciel ouvert se croisent à angle droit. La rigidité des axes perpendiculaires tranche avec l'aménagement indocile des concessions privées : des façades inachevées en béton vivent une union sauvage avec de vagues clôtures de tôle. Paysage de savane urbaine sans charme.

Notre première rencontre avec un griot restera sans doute la plus belle.

Jély K. K. est un homme bon. Son visage le dit, chaque fois que le sourire perce derrière le masque de la concentration. Visage rond, très noir, lisse. Impressionnante silhouette de sexagénaire que le port de la gandoura flatte. Il nous accepte simplement dans l'intimité de sa chambre. Il déguste des arachides avec une de ses épouses en pleine quiétude d'après-midi. Notre question l'étonne, mais sa réponse nous déroute plus encore :

— Revenez demain, à la même heure, je dois consulter mes livres…

Un homme de l'oralité se replie derrière des livres ! Cherche-t-il à gagner du temps, à préparer des réponses ?

A seize heures, le lendemain, sa plus jeune épouse nous mène directement au salon. Deux rangées de fauteuils en cuir épuisé accaparent la pièce. Les sièges sont volontairement larges, opulents, destinés à la palabre. Une armoire garde la télévision sous vitrine. La photo du maître précise qu'il est joueur de cora.

Les enfants curieux occupent les sièges vacants dans un parfait silence.

Le griot présente ses excuses ; il nous a fait venir pour rien. Il n'a pas retrouvé le livre auquel il pensait, un document hérité de son père. Il ne peut nous répondre. Ses livres : des sacs plastique dans lesquels sont entassées des photocopies de textes en arabe et en anglais. Le Docteur Nangadef insiste doucement, parle de notre démarche. Jély K. K. oppose ses difficultés à s'exprimer en wolof. Il craint les erreurs de compréhension pour les questions délicates. Il invoque aussi sa méconnaissance des réalités de la mer. La conversation glisse alors sur des sujets convenus comme les exploits de Soundjata, le fondateur de l'Empire mandingue.

— Quand il était jeune, Soundjata passait son temps dans la forêt à chasser. Il avait l'habitude, après avoir tué, de dépecer l'animal, d'apporter la viande à sa mère et à ses parents, et de repartir aussitôt le repas terminé. Un jour, on envoya son "ancêtre" le quérir afin qu'il rentre au village résoudre les problèmes qui s'y posaient. L'ancêtre lui parla ainsi : "Tu es un lion en forêt, maintenant sois un lion parmi nous !" Soundjata accepta de mettre sa force et son intelligence au service des hommes.

Le temps tisse la connivence.

— Est-ce qu'à votre avis le roi mandingue parti en mer a existé ?

— Il a existé.

— Connaissez-vous son histoire ?

— Oui, je la connais. Mais je veux vous faire comprendre que ce n'est pas une chose dont on parle. Ecoutez. Si le président de la Gambie embarquait avec une partie de son gouvernement et des milliers de jeunes guerriers et s'il naufrageait en mer, croyez bien que nous ferions tout pour effacer ce tragique souvenir.

Si par exemple ton fils fait une bêtise, tu appelles le griot et tu lui dis : "Tu peux parler de tous ceux de ma lignée, mais en ce qui concerne celui-là, creuse un trou et enterre ses actes."

On dit d'un griot attaché à une famille : il connaît les faits qui l'honorent mais aussi les délits qui l'embarrassent. Ces derniers, il les attache dans un mouchoir de femme, comme on noue un secret.

Mais, continue Jély K. K., je suis conscient que vous êtes venus de loin. On ne laisse pas venir des gens de si loin sans tenter de les satisfaire. Je vous ressens bien. Et vous aussi, vous devez apprendre à me connaître. Je parle un peu aujourd'hui parce que "je suis tombé amoureux de vous". (Nangadef répète l'expression pour nous assurer de la justesse de sa traduction.) En principe, je ne parle qu'après avoir fixé les conditions financières avec mes interlocuteurs. Les gens enregistrent et ils paient. Je ne dis que ce que je sais. Je suis musulman et je crois en Dieu. Mais pour votre question, il y a une limite à ne pas franchir. Si le roi dit : "Là, il y a une ligne", il ne faut plus avancer d'un pas. Dieu m'a donné des maisons et des épouses grâce au savoir. Aucune somme d'argent ne justifie la levée d'un secret. Je n'ai pas besoin de me laisser tenter. La parole peut être un danger pour l'homme autant que le bâton pour l'objet, dit le proverbe.

Vous allez vous rendre au Mali, poursuit le griot, et je serais étonné que quiconque vous en dise plus que moi aujourd'hui. Vous comptez voyager loin. Le chemin de la connaissance est difficile. Je vous conseille de bien attacher vos reins. Et de bien écouter. La parole est nombreuse, mais la parole vraie est rare. Vous rencontrerez des gens qui vous mentiront et d'autres qui vous diront la vérité. Sachez écouter non seulement avec les oreilles mais aussi avec le cœur, comme je vous écoute.

Le conseil est précieux. Nous l'attachons dans un mouchoir de femme, avec les allusions, insinuations, et autres exemples métaphoriques délivrés par Jély K. K. pour vivifier notre perspicacité. Nous offrons, comme il convient, quelques dizaines de *dalassis* aux enfants pour honorer la générosité du père et son attention ; ses paroles retenues valent mieux qu'un plantureux discours.

Ce que le second griot nous force à avaler.

A quelques rues de distance, un griot d'un autre type. F. Kh. est un homme massif au visage lourd, qui laisse tomber sa suffisance du très haut de sa personne. Mais à ce stade des relations, la réserve est de mise. Ne sommes-nous pas des clients potentiels ? Et les questions des Blancs valent plus cher.

— Un roi marin entre Soundjata et Kankou Moussa ? Oui je connais, répond F. Kh. d'emblée dans un anglais correct, il fut tellement puissant que tout le monde avait peur de lui. C'est pour cela que personne ne voulut parler de lui... Il est parti d'Egypte... Mais je vous dirai cela demain en présence de mon traducteur, je ne veux pas qu'il y ait de confusion. Je connais toute l'histoire mandingue. On m'a fait venir quatre fois à Paris, billets payés, pour donner des conférences.

Le téléphone est prisonnier d'un écrin en bois, et cadenassé. Le griot appelle la Présidence. Rendez-vous est pris avec l'attaché de presse du gouvernement qui accepte courtoisement le rôle de traducteur malinké-anglais.

Matin suivant.

Nangadef flirte avec la malaria et s'octroie un arrêt de travail. Monsieur Lion compte jusqu'à dix, mais l'ami reste au tapis, épuisé. Il ne connaîtra pas le palais.

Chez lui, le griot nous attend en gandoura d'apparat, anthracite, un calot sur la tête. Un taxi usé nous trimbale dans des rues usées. Le griot profite de la course pour s'acquitter d'une visite de courtoisie à un ami. A la grille du palais, blanc et victorien, nos noms sont dûment inscrits. F. Kh., flanqué de ses obligés occidentaux, "déploie ses plumes", traverse le jardin comme son propre domaine, parcourt les bureaux, nous présente aux secrétaires de quelque importance. L'attaché de presse est un homme affable. Le café servi, le marchandage commence. Pour 3 500 CFA, nous embarquons sur la mer Rouge, nous dérivons en Antiquité. J'essaie de redresser la barre. Le griot exige un paiement correct pour maintenir le cap. Qu'est-ce qu'un paiement correct ?

— 50 000 CFA ! (1 000 FF à l'époque.)

Je fais mine de me fâcher. Le marchandage est une activité sérieuse et pas une plaisanterie. Le mot *joke* m'échappe. Le ton monte. Mon expression est blessante pour un aîné. Je la retire, mais déplore une réciprocité dans l'irrespect, car nous venons de loin poser une question grave et recueillir une réponse qui concerne l'Afrique et les Africains.

— Le respect n'a d'autre corollaire que le respect ! enseigne le proverbe mandingue que je répète.

L'entente revient naturellement. Notre argent intéresse. La convention adoptée fixe un nombre de questions : 5 pour 5 000 CFA (100 FF). Moteur ! Leuk-V enregistre un brillant numéro d'improvisation, la création d'une histoire sur mesure pour chercheurs étrangers, habilement tricotée à partir des menues indications que nous avons dû lâcher en définissant notre demande. Dans la version qui surgit ainsi, le roi malien prend le nom de Fram Tounkara (chef de clan dans le Ghana ancien) et sa capitale se déplace à Keyla (grand centre actuel des griots du Mandingue).

— Cet empereur voulait parcourir l'Océan pour savoir si d'autres royaumes surpassaient le sien. Il fit construire des flottes, par deux fois.

Bien, le griot se souvient du récit d'Al-Omari que nous avons évoqué (peut-être le connaît-il vraiment ?). Il lui reste fidèle, mais assène des nombres de bateaux avec une précision tellement scrupuleuse qu'elle accroît la suspicion : 111 pirogues pour la première expédition, 2 111 pour la seconde. Nous apprenons même le nom du maître charpentier, Samba Sow, et sa rémunération en esclaves, chevaux et mules. La première flotte construite en kapokier s'avère trop légère et sa formation trop restreinte. En revanche, la seconde tentative regroupe 400 bateaux en avant-garde, 1 600 autres à 5 ou 6 kilomètres en arrière plus 11 pirogues, dont celle du roi, pour fermer la marche.

— Tous ensemble, conclut le griot, ce roi et sa flotte naviguèrent pendant huit ans et neuf mois. Leurs réserves épuisées, ils vécurent de poissons pêchés. C'est alors qu'ils rencontrèrent des êtres mystérieux qu'ils furent incapables d'affronter et ils périrent tous.

L'histoire est terminée, notre compte de questions épuisé. J'aurais voulu savoir comment s'est transmise cette version en l'absence de tout survivant. Trop tard. Nous réglons, traducteur et conteur, et saluons.

— Prenez garde aux Kh. de Gambie, avait averti Lylian Kesteloot à Dakar, ce sont des griots de président, des raconteurs de fariboles. Méfiez-vous des informateurs qui vous mettent sur la paille. Avec ses dollars, Alex Haley, l'auteur de *Racines*, a accéléré la confusion entre enquêtes historiques et intérêts pécuniaires. Belles histoires égalent argent, surtout celles que l'on invente…

Alex Haley passe aujourd'hui en Afrique de l'Ouest pour un grand "fourvoyé", victime des griots. Nous venons de vivre à notre tour le baptême du feu avec sans doute quelque légèreté. L'expérience est à retenir. Mais notre démarche, par essence, est aléatoire. Les griots aiment tisser devant micro de longs pans de la tradition orale, et dévider les fuseaux des généalogies royales sans être interrompus. Ce bel ouvrage qu'ils maîtrisent exige du temps et appelle donc une appréciable rétribution dont nous n'avons de toute façon pas les moyens. Nous, au contraire, nous posons une question unique, précise à l'extrême, sur un personnage coincé dans les généalogies, auteur d'un fait sans précédent, et dont nous répugnons à délivrer l'identité pour garder une possibilité de contrôle. Imposer une telle règle du jeu à un griot tient de la témérité. "Qui veut se faire raser le crâne la nuit dans l'obscurité ne doit pas craindre pour ses oreilles."

Au moins en sommes-nous conscients.

Dans la comptabilité des doutes que Leuk-V tient à jour méticuleusement, il faut inscrire une conversation téléphonique décapante avec une historienne, figure notoire de la scène scientifique gambienne, qui toutefois refuse de nous recevoir. Ma question posée, l'échange se résume à un monologue effervescent, impossible à interrompre. Mon interlocutrice s'avoue hermétique à l'idée du roi marin. Elle ne le connaît pas, mais suppose qu'il s'agit d'une légende destinée à flatter les esprits africains en peine. Elle ne croit pas la navigation de l'époque capable de ce type d'expérience :

— Les gens étaient petits en ces temps, même si leurs exploits semblent le fait de géants. Ce roi et les siens, ironise-t-elle encore, ont pu partir du côté de Banjul où le fleuve paraît être la mer et débarquer à Joal en pensant accoster sur une terre inconnue... Non, je ne dis pas que ça n'a pas existé mais, croyez-moi, méfiez-vous du lyrisme !

Le séjour à Banjul est dense et déroutant. Un griot nous convainc à demi-mot de l'existence d'Abou Bakari II en soulignant le caractère scandaleux de sa conduite, cause du silence qui entoure son nom ; un autre esquisse une épopée marine sur mesure, prête à écrire. Et une historienne exaltée jette l'expédition malienne à l'écume des légendes bonnes à suturer l'âme blessée de l'Afrique.

Un dernier rendez-vous nous retient à la capitale. Notre intention est ensuite de remonter le fleuve Gambie. Les sédiments de la culture mandingue se sont accumulés sur ses rives, et les pirogues d'Abou Bakari II sont censées y avoir été creusées. De plus, son cours traverse une zone de sites mégalithiques que divers auteurs n'hésitent pas à interpréter en fonction de leur thèse personnelle. Ivan Van Sertima, le professeur américain, associe les pierres dressées aux chantiers navals du roi malien. Nous irons donc les voir. Mais pas en bateau. Il y a belle lurette que le trafic fluvial a coulé entre Banjul et l'extrémité de l'index gambien. En fait, comme le note Mungo Park, c'était la traite qui justifiait l'exploitation de comptoirs portugais puis anglais sur le fleuve. Les esclaves, la poudre d'or, l'ivoire, la cire, les cuirs étaient acheminés jusqu'à Banjul, point d'ouverture sur l'Océan, judicieusement choisi selon l'humour britannique de Sir R. Burton, "parce que situé à proximité des marais, des mangues, des miasmes et de la malaria".

Depuis, le fleuve a été rendu aux pêcheurs et aux péniches d'arachides.

Dimanche 20 juin.

L'immobilisme du dimanche se brise dans l'arène. A dix-sept heures, les torpeurs fondent, les passions jaillissent. Le tournoi de lutte commence. Les battes de cricket gisent sur les pelouses désertées. La lutte sénégambienne, sport ancestral, détourne les foules vers London, place de jeu à Sérékunda, la ville la plus importante du pays. La barrière des spectateurs dessine l'arène. Les orchestres de tambours-*djembé* et de sifflets en gravent la circonférence par leurs passages répétés. Un vieillard lépreux traverse la scène de latérite mouillée, avance sur les genoux, poussant son fauteuil roulant. Il accomplit un tour d'honneur, le visage rongé de sourires ; il invite les billets à rejoindre sa poche, puis se range en première ligne pour assister au déploiement des corps superbes.

Champions diolas, mandingues, peuls, sérères, wolofs défilent. En bout de piste, ils lancent leurs jambes vers les spectateurs comme d'experts mannequins. Mais leur tenue se résume à un slip et deux foulards roulés sur les hanches pour offrir une prise au futur adversaire. Les talismans, aux bras, à la hauteur des biceps, au cou, au-dessous des genoux, sont leurs vraies parures, les vêtements protecteurs des génies.

— Deux hommes se querellent, aucun ne terrasse l'autre, fait deviner Nangadef, guéri et inspiré par le mouvement des athlètes. Qui sont-ils ?

Le premier combat s'annonce.

— Les fesses pendant la marche ! s'esclaffe-t-il.

Le combat commence bien avant tout contact. Le champion peul passe les mains sur son visage, les joint pour une courte prière, se frotte les bras, glisse du sable dans son slip. Son adversaire lui touche la tête avec irrespect. Le Peul réagit, s'essuie le crâne, s'asperge d'eau consacrée par un féticheur, chasse la mauvaise intention. Nangadef explique :

— Le défi des gestes signifie : d'abord, je dois te faire tomber en sorcellerie avant de te renverser…

Un autre lutteur fait mine de se trancher la gorge d'une main : sa grimace prouve qu'il réserve ce sort à son adversaire.

— Aïwa ! beugle le haut-parleur.

La prise n'est pas longue. Le Peul envoie l'autre à terre. La latérite marque les omoplates et les épaules du vaincu. Le héros rejoint les musiciens pour s'offrir aux spectateurs, quêter billets et admiration. Il a le regard fixe des guerriers hallucinés, et soumet ses bras à des secousses brusques. L'attrait de la gloire gonfle les muscles des jeunes gens et la poésie entretient leur orgueil. Ils parcourent le pays, avides de cette fièvre.

Quand on est un jeune homme dans la fleur de l'âge, dit-on chez les Sérères, qui plus est un athlète accompli, on peut succomber au succès parce que les champions sont chantés. Et cette poésie est portée aux quatre coins de la contrée. Les esprits légers veulent croire alors que cette période ne passera jamais et que sur la lutte, ils élèveront fortune et vie. Un chant se charge de ramener les insouciants dans les filets de la sagesse :

Bakari, fils de Sini
Bakari, fils de Sini
Prends un filet
Prends un filet
Digne fils du village de Thialane
L'on ne saurait demeurer champion de lutte
Pour bâtir une vie sur ses prouesses.

Un lutteur vieillissant se taille un franc succès grâce à un prologue comique. Il est maigre, nerveux, exhibitionniste. Il s'asperge d'eau, exécute des danses lascives. Le masque fixe de son visage et sa fine moustache lui confèrent des airs de Chaplin. Charlot lutteur équivoque. Sa technique de combat : se laisser soulever par-derrière, attraper le slip de son adversaire, lui saisir les couilles (sans les tordre) et le déséquilibrer au moment où l'autre tente de le jeter à terre. Il finit à cheval sur le vaincu, parachevant son numéro en mimant un coït. La foule hurle de rire.

Un géant barbu impose à son double un long tête à tête. Prise de cou, prise de pagne. Les corps forment un M. Ecriture tendue qui se délie en un éclair.

Un combattant au cou de taureau brandit une corne d'abondance obturée, bourrée de poudres et de graines protectrices. Aucun courage ne répond à son défi. L'heure des calibres lourds sonne, mais aujourd'hui la scène se vide. Faute d'adversaire à leur mesure, les maîtres diolas se contentent de parader, portés par les tambours et les vivats. Ainsi salue "Doubleless", "Sans Egal", résigné à prendre sa retraite sans jamais avoir trouvé son équivalent.

Le soleil touche l'horizon et sonne le gong de fin.

Dernier acte en bord de mer.

Peter Murphy, l'informaticien irlandais, nous accompagne chez un grand historien gambien. Bakari Sidibé, collecteur acharné de l'oralité, ne connaît pas Abou Bakari II, n'en a jamais entendu parler, mais se défend de dire, selon la formule consacrée, qu'il n'a pas existé. Les rapports des Mandingues avec les côtiers n'ont pas été étudiés à ce jour.

— Reconstruire l'histoire de la Sénégambie n'est pas apparu comme une priorité il y a vingt ans. Les responsables n'étaient pas convaincus de l'importance de la tradition orale. La colonisation a chassé l'idée que la culture africaine pouvait être intéressante. De même, les produits indigènes, jus de fruits, alcool de cajou, ont continuellement été dépréciés, négligés, de façon à ne pas concurrencer les exportations européennes.

Les grands griots sont morts pendant ce temps.

Il ajoute laconiquement :

— De toute façon, l'entreprise de ce roi mandingue a raté. Elle n'a pas pu concerner les griots et rester en mémoire. Les griots mentionnent difficilement les désastres. Ils n'en parleront pas, même s'ils savent. Ils gardent le secret. C'est une raison de l'oubli.

Il regrette. Il ne peut nous aider davantage. Il nous confie toutefois le nom d'un vieux qui vit à Kanapé, à l'autre bout du pays, et dont la mémoire l'a toujours frappé. Bien sûr, atteindre son village n'est pas simple.

Une raison supplémentaire de traverser la Gambie d'ouest en est.

VI

A TRAVERS LEQUEL LES EXPLORATEURS REMONTENT LE COURS DU FLEUVE GAMBIE, METTENT LEURS ROUES DANS LES PAS DE MUNGO PARK, SE HEURTENT A DES MÉGALITHES DRESSÉS COMME DES POINTS D'INTERROGATION, ET FONCENT DANS LA BROUSSE POUR VÉRIFIER SI LES BONNES PAROLES REPOSENT BIEN AU FOND DE LA CALEBASSE.

Les vendeuses de mangues jalonnent la route. Mon imagination écrit : elles sont des milliers. Qui achète ? Qui récompense l'attente érosive ? Elles usent le temps et s'usent à survivre. Le bus approche, l'espoir s'éteint aussitôt, l'arrêt est trop bref pour une vente. Le car est un pur parallélépipède roulant, trépidant, abasourdissant. Nangadef, souverain au cœur de la confusion, lit. Ni le tintamarre du moteur, ni la pression des passagers ne le retirent de *Recherches sur l'empire du Mali au Moyen Age*, l'étude de Djibril Tamsir Niane. Une jeune fille monte, un sac à dos à chaque épaule, un fer à repasser dans une main, deux poules dans l'autre. La chaleur devient méchante, excitée par l'orage indécis. La nature stoïque transpire sous le ciment de la sécheresse et sous un voile de latérite. Arbres, oiseaux, toits, cheveux, herbes : rouges. Les baobabs irritent le ciel noir. Les arbres de la savane sont beaux parce qu'ils ont la place d'exister. On vend aussi des fagots de bois le long de la piste. Des panneaux invitent à préférer le gaz : *"Save our forest !"* implorent-ils. Les termitières, "bourgeonnements monstrueux", crèvent la plus absolue platitude ; elles passent pour des points culminants, des pics tourmentés soulevés par les mouvements orogéniques dus au travail des fourmis maçonnes. On pourrait dire aussi : la Sagrada Familia, la cathédrale tellurique de Gaudí à Barcelone, est un plagiat du génie des termites. "En ces régions, la démesure reste ouverte et d'autant plus inquiétante", ressent Georges Balandier dans *Afrique ambiguë*.

Nous nous rendons à Dankuku, point infime sur la carte dans un coude du fleuve, étape du général mandingue Tira Maghan, cousin de Soundjata, lors de sa conquête de la Gambie au XIIIe siècle : ce village malinké en fin de piste mérite bien d'être atteint, même en pleine nuit, car incidemment nous avons perdu notre chauffeur de car pendant des heures à un arrêt.

En 1235, le Mali unifié répond aux ordres de Soundjata le fédérateur. Mais à l'ouest, le roi du Djolof (Wolof) ose confisquer les chevaux commandés par le nouvel empereur. Injure suprême ! Le preux général Tira Maghan revendique l'honneur de châtier l'affront. Ainsi commence la conquête de l'Ouest. Tira Maghan triomphe et lave son épée dans l'Océan au nom de Soundjata qui, d'un geste impérial, lui alloue les terres qu'il a lui-même conquises : "Ainsi agrandira-t-il le domaine des Malinkés dont les terres n'auront de limite que la mer immense !"

Au cœur du Mali, l'épopée célèbre toujours l'entente cordiale entre Soundjata et son valeureux cousin Tira Maghan à qui, semble-t-il, le jeune *mansa* doit la plupart de ses victoires.

En Gambie, la relation des mêmes faits donne naissance à d'autres chants. Certaines voix suggèrent la jalousie de l'empereur et l'exil forcé à l'Ouest du trop brillant général, ou encore la retraite délibérée de Tira Maghan, réfractaire à l'islam devenu religion officielle de la cour du Mali.

Voilà comment se plie l'Histoire selon les intérêts que défendent les différents griots. L'avancée des Mandingues vers les eaux du couchant se perd sous des nappes de brume : ce sont les intempéries du secret.

A Dankuku, nous n'apprendrons rien de plus. Le chef du village est absent pour plusieurs jours, nous restons donc sur le seuil des relations sociales. La *Rest-House* est à moitié abandonnée, les ressources alimentaires sont précaires, mais le village, inscrit dans la savane, accorde au passant la vision superficielle d'une harmonie intemporelle. Chaque quartier vit sous la surveillance d'un fromager, géant protecteur aux ailes de feuillage. L'estrade des palabres se case entre les cloisons des racines. Les vieux, assis sur une natte de chaume, reçoivent directement l'inspiration du vent par la ramure et le tronc. Les enfants défilent devant eux, en uniforme bleu ; ils partent à l'école du savoir distribué. Dankuku attend la pluie. Les hommes tressent des palmes de rônier et refont les toits. Des palissades végétales délimitent l'influence des patriarches et le périmètre des cours. Les maisons en briques de terre résistent aux tornades du temps.

Des jeunes séjournent au village, affectés à la construction de digues et de canalisations pour la riziculture. Eux sont avides d'élans vers le monde. La théière fume. Ils nous hèlent pour partager les trois “normaux”. Nangadef décline son identité. L'un d'eux gémit :

— Oh toi, pourquoi t'ai-je rencontré aujourd'hui ! Rien de pire ne pouvait m'arriver. Tout ce que j'ai accumulé va s'envoler. Misère !

De telles salutations ont de quoi surprendre. Il faut savoir que son clan et celui de Nangadef vivent sous la loi d'une relation à plaisanterie. Rien de plus jouissif que d'assister à ces provocations théâtralisées, fortes en insultes, mais qui se résolvent obligatoirement dans le rire. Cette agressivité ludique intervient entre des clans qui, en général, ne contractent pas mariage. En revanche, un devoir d'entraide réciproque les lie. Ce système, magnifique et complexe, permet le transfert des émotions et tensions suscitées par les véritables alliés matrimoniaux que l'on ne peut, eux, injurier sans prendre le risque de déclencher ruptures et conflits violents. Les partenaires à plaisanterie ont bon dos. Ils servent de boucliers à la rancœur. Combien de fois assisterons-nous à ces joutes entre Nangadef et un inconnu qui soudain se traitent mutuellement d'esclave et se balancent des ordres apparemment absurdes.

— Pour les jeunes qui vivent ici, déclare le faiseur de thé, la pleine réalisation passe par la connaissance de l'Europe.

— Attention, être sans emploi dans une grande ville équivaut à l'enfer !

Je développe un discours préfabriqué sur la désillusion.

Le Docteur Nangadef approuve ; il explique que les jeunes Dakarois refusent de le croire quand il leur rabâche les épreuves de l'Europe :

— Si vivre mal en Europe, c'est être sapé comme tu l'es, alors on préfère vivre mal en Europe !

Un des jeunes employés interroge Nangadef avec une admiration non feinte :

— Toi, tu vis en France ?

— Oui.

— Tu es marié à une Blanche ?

— Non, à une Africaine, une Peule du Fouta-Djalon, Diallo.

— Je m'appelle aussi Diallo.

— On est beaux-frères, Diallo !

On expose les raisons de notre voyage, l'histoire du roi qui nous passionne. Ils disent que c'est bon de rencontrer des "intellectuels comme nous". On se quitte à regret :

— Il y a de fortes chances que l'on ne se revoie pas.

Le lendemain dérape sur une peau de banane culturelle.

Le bus que dix informateurs la veille ont promis à sept heures trente nous file sous le nez à six heures trente. Et avec lui, la seule chance du jour de rejoindre le fleuve, le bac et la piste des mégalithes. Il y a des moments où l'humour vous tombe des bras comme des bagages d'une tonne. Et où de sombres nuages injurieux s'accumulent entre les sourcils comme dans une bulle de bande dessinée. Nous avons le malheur, Leuk-V et moi, d'insinuer qu'en vingt ans de bourlingue à travers le monde, nous avons connu toute la gamme des retards et des épreuves d'attente, mais jamais le piège du départ prématuré d'un transport en commun. Le Docteur Nangadef cherche la catharsis dans la polémique agressive dépourvue de tout recours à la plaisanterie : comme si dénoncer le comportement un tantinet aberrant du chauffeur mettait en accusation l'Afrique entière. Nous autres, Blancs, nous ne comprenons décidément rien à l'Afrique et au temps. Ici la montre est à jeter au marigot ; il convient de se fier au soleil. Ce que j'admets volontiers pour un paysan décidé à repiquer son riz, mais moins pour un chauffeur lié au service public. Le ton monte et le débit des arguments s'accélère comme dans une comédie à l'italienne. L'infirmier sonne la fin de l'acte en proposant de nous transporter en ambulance. Solution chère mais cocasse qui ramène l'humour. Le Docteur N. clôt notre première altercation par sa morale préférée, tout en poussant la Land Rover à croix rouge pour aider au démarrage :

— "Premier con n'est pas con, c'est deuxième con qu'est con !"

Ce qui, traduit du français de Moussa, langue de la rue d'Abidjan, veut dire : Imbécile qui se fait prendre deux fois !

Le fleuve Gambie dissimule son cours. Ses rives n'ont aucune franchise. Trop de joncs, de racines aériennes, de plantations de palmiers inondées, de canaux marécageux. Les embarcadères sont les seules brèches officielles.

Le piroguier exige cinquante passagers et cinquante balles de marchandise pour appareiller. Nous mesurons l'impressionnante capacité d'accueil d'une pirogue à bords montés. Des femmes peules attendent sans mouvement. Leurs lourdes boucles d'oreilles sont des croissants de lune dorés et torsadés qui se lèvent sur la nuit de leurs épaules nues. Une vieille nous fait des avances et la révérence ; elle nous déclare "son papa" et "sa maman" et par cette filiation impromptue, nous charge d'un devoir : lui offrir le passage. Son pagne est en triste état mais son sourire radieux. Elle cherche sa chance, nous sommes sa chance. La vieille se cale contre Leuk-V, "sa maman".

La pirogue glisse. Rien d'autre ne trouble le fleuve. Sauf le Docteur Nangadef qui pérore sur la notion de potlatch chez les Indiens de la Colombie-Britannique, je ne sais plus pourquoi. Le rempart végétal est troué d'arches et de couloirs peu engageants, passages vers d'autres corps du fleuve ou caches d'hippopotames. Mungo Park en croisa beaucoup il y a deux siècles. Aujourd'hui, on a peu de chances d'en apercevoir sur une ligne régulière de pirogues, ou alors seulement entre les lignes d'un poème nègre du prince dada, Tristan Tzara, mais cela n'a rien à voir avec l'histoire :

> Les hippopotames mangent les feuilles de citrouille. Les taupes mangent les feuilles de patate. L'hippopotame est l'enfant des multitudes, il plonge dans les eaux profondes. Le sable trompeur quand il se promène en nageant.

Nous débarquons à Kaur par un jour de marché et de chaleur hystérique. Sur une charrette tirée par un âne, le trio voyageur et sa vieille enfant adoptive parcourent une interminable digue entre les rizières, pleines d'oiseaux blancs et de brisures de soleil. Le taxi ensuite se moque de midi et des trépignements de la température. Il part quand il est plein et nous lâche à Wasu, carrefour réputé pour d'intéressants mégalithes, village au milieu de rien. Pas d'hébergement, plus de véhicule, un marché désert. Ultime recours : une sieste sous un toit de palmes, couchés sur un étal vide mais imprégné du souvenir olfactif de la viande exposée la veille.

Un bruit de canne, un raclement de gorge : une femme borgne nous salue. Elle offre la discrétion de sa cabane pour que nous prenions une douche. Une douche ? La suggestion arrondit nos sourcils. Elle dévide d'un souffle le fil de sa vie. Elle est Baï Fall, fidèle de la secte mouride. Ses enfants vivent à l'étranger. Elle pense que si elle secourt un voyageur dans le besoin, Dieu la verra et aidera ses fils en retour. Elle a passé quatre mois à Dakar pour tenter de sauver son œil. Elle l'a perdu. Elle est arrivée dans ce village, réduite à l'état de mendiante. Mais, à force de ténacité, elle a obtenu l'accès à un puits et installé un commerce d'eau. Elle fait des réserves, les vend le jour du marché. Sa richesse : un bidon de ferraille.

Une douche insolite, douce comme un miracle, dans une hutte de paille. Puis deux kilomètres de marche, cognés par le soleil. Je pense aux jeunes Mandingues qui traversent la haie des aînés sous leurs coups éducatifs, un jour d'initiation. Une seule idée : s'asseoir sous l'unique baobab et, entre ses racines, interroger les cercles de pierres jusqu'au cessez-le-feu. Et jouir de ce moment d'étonnement et d'hébétude. La chaleur n'arrête pas de nous “pincer les côtes”, comme disent les griots d'un questionneur ardent qui vous chauffe les oreilles. Mais qu'importe. Devant nous : le sol blanc, un ciel de poussière et des cromlechs ! Une demi-douzaine d'enceintes circulaires de pierres levées, taillées dans la latérite. Nous sommes ici suants, abasourdis et curieux à cause de quatre lignes du livre d'Ivan Van Sertima, *They Came Before Columbus*. Au chapitre consacré à l'empereur marin, le professeur américain se prend à écrire : “Tandis que la construction des bateaux progressait, un nombre de mégalithes furent dressés, observatoires de pierres brutes, tels que les anciennes nations marines en érigeaient pour leurs calculs astronomiques ; leurs ruines, visibles aujourd'hui, nous offrent des indications sur l'état de la science à cette époque, et sur des activités de cet endroit."

Nous avons décidé de suivre sur le terrain les indices décelés au cours de la préparation de l'enquête, et de vérifier leur lien avec notre sujet. Voilà pourquoi nous sommes là ce 24 juin à Wasu.

Remarque préliminaire : le site n'est pas unique. Il en existe 1 487 autres. Au total, 12 868 monuments répertoriés. Fort d'un nombre pareil, on parle de civilisation mégalithique et d'aire de dispersion. La zone des mégalithes chevauche le cours du fleuve Gambie, s'étend jusqu'à la rive sud du fleuve Saloum et cogne la rive nord du fleuve Casamance. Elle est riveraine de fleuves qui lui ouvrent l'accès à l'Océan ; et elle remonte leur cours jusqu'à la limite de navigabilité.

La plus ancienne datation d'un site sénégambien situe son entrée en usage au premier siècle de l'ère chrétienne. Donc, quand les Mandingues investissent la région au XIIIe siècle, et quand Abou Bakari II se pique d'exploration maritime, il y a bien longtemps que les pierres émergent de ces terrains alluviaux, inondables et cultivables, propices au développement économique. Donc, réduire en quatre lignes toute une culture aux seuls besoins de calculs astronomiques d'un roi navigateur revient à rajouter un wagon vide à un train d'arguments roulant sur les rails d'une hypothèse qui mérite mieux.

Bon, mais puisque nous sommes là, autant en apprendre plus.

Devant nous, la taille des monuments varie. Certaines pierres pointent le ciel comme des doigts de deux mètres. D'autres cromlechs, composés de blocs larges n'excédant pas un mètre de haut, évoquent les sièges bas d'une assemblée d'invisibles notables. Des monolithes en retrait surpassent l'ensemble. Plantés sur un axe est-ouest traversant le centre du cromlech, ils indiquent, d'après les spécialistes, une fonction de calendérisation exercée par les sites.

Ces pierres ont encore peu parlé. Elles ne sont généreuses ni en signes ni en formes identifiables. En revanche, au Mali, dans la vallée du Niger, à Tondidarou près de Niafounké, centre de sanctuaires clairement dédiés à des cultes de fécondité, des monolithes présentent une morphologie phallique évidente avec le gland bien dessiné ; ou arborent le losange vulvaire ; ou exposent la protubérance symbolique d'un gros ombilic. Second point notable : le mégalithisme en Afrique est un phénomène dispersé aux quatre coins du continent : de l'Algérie orientale au sud de l'Ethiopie, de l'Egypte au Mali et en Gambie...

En Sénégambie, le sous-sol des sites a livré plus d'indications que les colonnes granuleuses et silencieuses. Des morts sont couchés sous certains cercles pavés que délimitent les cromlechs, mais à des étages différents. Au plus profond du puits, gisent des défunts inhumés avec grand respect. D'autres morts semblent avoir été balancés par la suite sur le pourtour de la cavité. L'enchevêtrement des squelettes dénonce le désordre sacrificiel qui a précipité leur destin. Ces sites avouent une fonction funéraire, mais les hécatombes sacrificielles en font des sanctuaires où la protection et l'aide des forces surnaturelles étaient échangées contre des victimes humaines. "Des sanctuaires rayonnants", dit-on en ethnologie.

Subsiste la question principale : qui furent les dresseurs de pierres ? Les occupants ultérieurs du territoire ne livrent pas la clef. Ils ont incorporé les sites dans leurs pratiques, sans se référer à une origine. Seul l'islam s'autorise à déprécier les cultes anciens : chaque pierre représenterait un infidèle pétrifié par Dieu en raison de son hostilité à la révélation de Mahomet.

Le mégalithisme restait il y a peu encore une des pierres d'achoppement entre partisans et adversaires du diffusionnisme. Les conclusions récentes, proches de la position des seconds, incitent à penser que "beaucoup de cultures traversent une période mégalithique au cours de leur histoire".

Mais, en l'occurrence, quelle culture ici en Sénégambie ?

L'ethnologue Jean Girard, dans son étude intitulée *l'Or du Bambouk*, dénie à la population paléonégritique, qui parcourait cette vaste contrée au premier millénaire de notre ère, la capacité de répondre au développement atteint par une telle culture ; tant sur les plans économique, technique que conceptuel. Elle vivait, dit-il, de ponctions. De ce fait, Girard ouvre la porte de l'Océan à un "kyste culturel étranger", à des importateurs d'influences descendant le long des côtes de l'Afrique et remontant les fleuves. Les Carthaginois, les Celtes figurent en première ligne des "diffuseurs", en raison du commerce de l'or et de leurs pratiques mégalithiques. Pour faire avancer les bateaux qui l'intéressent, l'auteur défonce aussi le verrou du cap Bojador et expose l'ancienneté des échanges à la muette sur les côtes africaines comme sur les rives du fleuve Gambie, entre autochtones et étrangers, et ce de l'Antiquité au Moyen Age.

Mais l'audace de ces suppositions ne permet pas davantage l'identification des squelettes négroïdes qui reposent sous les pierres dressées de Sénégambie.

— L'un cherche à faire débarquer les Celtes en Afrique de l'Ouest pour expliquer la présence de mégalithes en Gambie, commente Leuk-V entre deux prises de vue, d'autres voient des Mandingues sortir d'Afrique et accoster au Mexique pour donner un sens aux statues négroïdes monumentales qui défient l'entendement depuis des siècles. La recherche est à la traîne ; nous ne sommes pas au bout de nos peines.

La lumière s'évade. Leuk-V photographie. Les pierres de latérite dressent des interrogations et allongent leur ombre. La marchande d'eau attend notre retour avec les bagages et l'assurance d'un gain providentiel en ce lieu abandonné. Avec l'espoir aussi que l'on passe la nuit chez elle si la chance nous abandonne au bord de la route déserte. Le rêve fou d'un homme du passé guide notre voyage, mais la beauté du chemin, comme toujours, tient à l'éclat de rencontres fortuites.

Et l'orage obéit à la vitalité du jour. Tombe affolée la première pluie de la saison qui porte son nom. L'eau et la chaleur sont nécessaires au mil croissant comme la bonne parole à l'homme. La pluie a du retard cette année ; on nous promet toujours la bonne parole pour le lendemain. Nous avançons vers l'est de la Gambie, vers le vieux dont on nous a vanté les mots justes, plus loin encore. La piste du nord plonge dans le fleuve, et nous faisons étape à Georgetown en l'île de MacCarthy. J'imaginais comme à Fadiouth une île au contour modelé par l'habitat et des ponts lancés vers les rives, sans doute parce que Georgetown est flanquée du titre de "capitale du centre". Au contraire, la forêt confisque le périmètre de l'île, enclôt la ville ; on ne la discerne pas du bord opposé. Le fleuve Gambie a la peau verte et sauvage. Un vieux bac muni d'une tourelle de commande en bois transporte les véhicules parfois. Les insignes du comptoir colonial – esclaveries, entrepôts, embarcadères – prennent l'eau, et l'eau les emporte. Elle abroge le souvenir d'une logique.

— On a vu jusqu'à trois navires mouiller au port du temps des Anglais, prétend un vieux que l'on sollicite pour nous apprendre le passé.

Il accepte, mais après la prière du vendredi.

La chapelle portugaise au portail gothique est un bureau de poste. La résidence du gouverneur n'attend plus que le tournage d'un film de James Ivory, qui témoignerait d'une époque de principes et de cruauté. Les maisons de la rue principale abritent la corporation des couturiers qui piquent sous des auvents ; on entendrait un blues de Taj Mahal disputer sa part de nostalgie aux cliquetis de machines hors d'âge. Nattes végétales, palissades de tôle tracent la géométrie des concessions et des rues. Les rues croisent leur sable. Elles mènent toutes à la brousse.

Le vieux s'attarde à la mosquée.

Sa fille nous reçoit sans aménité dans la cour. Elle mâchouille une mangue et extorque sans vergogne des *dalassis* à Nangadef. Elle a les cheveux décrêpés, les seins nus, la peau décapée à coups de pommade blanchissante qui laisse des traces sombres comme de la crasse oubliée. Nangadef grogne qu'elle fait partie de la génération des décolorées, des jeunes sans honneur. Elle n'hésite pas à interrompre la discussion avec son père pour réclamer "la cola", alors que le vieux avait accepté de bavarder sans préalable.

— Je ne connais que mon temps, pas autre chose, s'excuse-t-il.

Mais il parle volontiers de l'île quand un nom indigène plus juste la désignait : "Jangjangbure", le refuge. Un exemple. La Maison des Esclaves, après l'abolition, servit de refuge aux populations qui fuyaient les guerres religieuses et les musulmans déterminés à réduire les animistes. Tous ceux qui parvenaient à traverser le fleuve gagnaient la protection des fusils anglais. Mais, ironie de l'Histoire, ils étaient logés dans le phare de la servitude à peine éteinte.

De Georgetown, il dit : la ville disposait de sept comptoirs. Les Anglais échangeaient arachides et huile de palme contre des tissus, surtout avec les Akus.

Les Akus ? Leur histoire vaut tous les romans. Ce sont des esclaves anglophones affranchis après 1772 et rapatriés vers la terre d'Afrique sans égard pour leur lieu d'origine. En s'installant à Banjul et à Georgetown entre 1832 et 1838, ces Londoniens noirs dotés du nom de leurs anciens métiers ou maîtres retrouvèrent un "simulacre d'Angleterre". Ils y importèrent un savoir-faire, tout en garantissant une "présence britannique" souhaitée par l'administration coloniale.

Les duretés de la colonisation, notre interlocuteur les compare aux affres du présent. On meurt plus aujourd'hui, croit-il, parce que les gens vivent le stress, celui de la compétition des uns contre les autres. Le stress en Afrique, c'est la pression qu'exercent la société et le pouvoir traditionnel sur la liberté individuelle. Un poids que le visiteur occidental a du mal à concevoir dans une ville sans voitures, qu'il croit exempte des folies du modernisme.

Le temps présent, pour l'homme de Georgetown, c'est la salinisation de l'eau qui remonte toujours plus haut en amont du fleuve, jusqu'à Kaur. C'est la disparition des animaux de son enfance. Je demande par fidélité obsessionnelle :

— Les lamantins ?

Il dit : effectivement. Les gens les guettaient munis d'un harpon. Le chasseur victorieux coupait les seins des femelles et les parties génitales, avant de se rendre au marché, parce que la ressemblance avec les humains était trop flagrante. Présenter la dépouille entière aurait rebuté l'acquéreur. Lui-même a acheté une fois de la viande de lamantin pensant que c'était du bœuf. Son voisin l'a prévenu, il s'est abstenu. Il persiste à croire que les lamantins sont des êtres humains frappés de malédiction.

Il se demande pourquoi, sur terre, disparaît ce qui a été créé :

— C'est une époque qui s'éteint, une autre va naître.

Le jour s'éteint. Et l'électricité aussi dans la ville. La nuit est aussi sombre qu'une authentique Guinness. Des enfants en profitent pour envahir la rue et danser. Sa Majesté l'arbre accroche et traduit les rumeurs du fleuve. Sur le seuil de notre case de passage, nous discutons en pleine opacité avec un officier de marine marchande en retraite anticipée. Il a sillonné tous les océans avant que sa mère ne le rappelle sur terre à l'aide de philtres magiques et ne le fixe près d'elle. Nous ne croisons pas un marin sans lui soumettre le cas d'Abou Bakari II. L'homme de mer n'éprouve aucune surprise ; il vante les vertus des pirogues monocoques, leur rapidité, leur sûreté :

— Ces bateaux circulaient du golfe de Guinée jusqu'en Mauritanie où les courants atteignent de rares violences. Au cœur de l'Atlantique, les éléments ne sont pas pires que ceux que l'on affronte le long des côtes. Plutôt moindres.

L'électricité ne revient pas. Nous ne connaîtrons jamais son visage.

Non loin de Georgetown, au comptoir de Pisania, exactement et en 1795, Mungo Park préparait sa percée en solitaire vers le Niger. Il passa six mois à s'acclimater en prenant le paludisme et en apprenant le mandingue. Puis il s'élança et partit.

26 juin 1993. Nous nous élançons pour nous rapprocher du Mandingue.

Monsieur Lion et le Docteur Nangadef tirent avec zèle un filin d'acier. Le bac de la rive sud se meut à l'énergie humaine. L'exercice s'apparente au jeu de corde que deux équipes adverses se disputent. La photo est floue, le rire fait bouger.

Un arrêt à Bassang sur la route de Bassé. On nous a signalé un lettré qui doit à coup sûr nous satisfaire. Le lettré âgé écoute notre requête l'air préoccupé, se caresse la tête. Très vite, il allègue le fait qu'il rentre tout juste de La Mecque, que la saison des pluies démarre, qu'il surveille le chantier d'une nouvelle maison, pour ne pas répondre à nos questions. Il demande qu'on lui pardonne. Toutefois, sur le seuil de sa porte, il admet qu'il connaît l'existence d'Abou Bakari II. Il a lu le texte d'Al-Omari. Nous sommes à nouveau sur la route, guère plus avancés. Ainsi va l'enquête.

Bassé Santa Su possède les qualités romanesques d'une ville terminus pour un aventurier rétamé, fauché, impaludé : son nom d'abord qui sent le sang, la sueur et la poudre ; son hôtel du centre ensuite, beau et délabré, où le héros d'un remake du *Salaire de la peur* s'incrusterait. La caméra le suit : il passe sous le balcon colonial à colonnes métalliques. Il évite l'étalage de *bazins*, ces tissus cirés dont les couleurs incendient les yeux. Il gravit l'escalier extérieur, fredonne un refrain obsessionnel qui vire dans sa mémoire en 78 tours : "Lorsque j'entends ta voiiiix..." Dans sa tête, la bande-son pleure. Le scénario de ses derniers jours éprouvants défile en noir et blanc. Il caresse les plantes vertes, des palmiers nains. A l'étage, pas de gramophone à pavillon, mais un ventilateur qui a perdu rythme et conviction. Des jeunes filles légères aux formes lourdes alanguies sur des canapés dans un grand hall. C'est inévitable. La couleur des murs, turquoise très déprimée, a été retapée à coups de tampons encreurs. Les chambres sont béantes, les lits accablés. Une pancarte le fascine au-dessus de la porte du balcon : *Cyclist ind*. Son attention y revient sans cesse. L'air pèse sur sa poitrine, et la radio zézaie comme une mouche agaçante.

Le restaurant du coin, qu'un panneau invite à considérer comme tel, s'appelle *Noflie*. Une traduction hâtive livrerait : “Restaurant sans mouches”. En fait, du wolof en français et après adaptation, cela donne : “Auberge de la famille Bidochon !”

Mieux vaut miser quelques *dalassis* de plus sur un gigot dans une “débiterie”. La viande pend à la fenêtre d'une guérite ouverte sur la grand-rue. Le voyageur assiste aux préparatifs. On a tiré pour lui un sommier de bambou à même la chaussée. Les camions crachent des jurons de poussière. Débiterie implique débiter, hacher, écraser les épices, malaxer les oignons dans le vinaigre, faire griller, plier le tout dans un sac de farine.

— On m'a donné du riz. Avant que j'y goûte, un enfant effronté y a goûté. Devinette apéritive ! lance Nangadef.

Il faut répondre : la mouche, et déguster avant elle. C'est fameux et recommandable : Débiterie, route nationale, Bassé Santa Su.

Bassé Santa Su, c'est-à-dire : “Carpette Maison Haute”. Carpette rappelle la natte sur laquelle le fondateur de la ville a posé son fondement : Tira Maghan, général mandingue déjà rencontré dans ce carnet, cousin de Soundjata et conquérant de la Gambie. Maison Haute s'oppose à Quartier Bas (Duma Su), délaissé par l'Histoire et harcelé par les crues. Deux raisons qui mènent à la ruine. Au port, des entrepôts anglais fermés dressent leurs orgueilleux étages de métal et de pierre parmi les kapokiers. Des barges s'emplissent le ventre de tonnes d'arachide. Et un bac propose la destination de la rive nord, de l'ancien royaume du Wouli. C'est là que nous voulons aller, à Kanapé, le village du griot recommandé à Banjul, accroché à la frontière avec le Sénégal et desservi par aucun transport.

— Les bonnes paroles sont toujours au fin fond de la calebasse ! murmure Nangadef.

L'enquête sur Abou Bakari II enrôle avec naturel Moussa Djakité, agent de maintenance, TGV, gare de Lyon, accent parisien, marié à une Gambienne, en visite chez sa femme comme tous les deux ans, à cheval sur une moto de trial. Il marchande la location d'un taxi pour nous. Cela donne :

— Il faut comprendre : cet homme (Nangadef) qui est avec ces gens-là (les toubabs), il vit chez eux. Ils lui rendent des services. Aujourd'hui, il est venu avec eux dans notre pays, et même moi qui vous parle, je vis chez eux. Si on les fatigue, si on ne leur rend pas service, la même chose pourrait nous arriver quand on sera chez eux. Ils sont venus ensemble parce qu'il veut leur montrer son pays, comme ils lui ont montré leur pays. Pour leur rendre la monnaie de leur gentillesse.

Les arguments sensibles et moralisateurs de Moussa, destinés au patron du syndicat, d'aîné à aîné, évitent seulement à la location de grimper au-delà de 300 FF. Il n'y a pas si souvent de bonnes affaires à traiter dans le district du Nord. 300 FF pour entendre un oui ou un non en réponse à une question !

La goélette Renault n'a plus d'essuie-glace. Tant pis pour la saison des pluies. L'eau a déjà rencontré la terre. Le parfum de la collision monte avec la première chaleur. Les hommes labourent. Les femmes sèment les arachides à l'aide d'un piochon. Deux coups en terre, une graine. Les villages doivent leur grâce aux palissades tressées, aux cases rondes en terre couvertes de palmes. "Si le village est beau, il le doit à la brousse." Le proverbe résume l'alchimique transformation du désordonné, la brousse inquiétante, en harmonie rassurante, le village propre et ordonné. Villages peuls, villages mandingues.

A Kanapé, Boukari Sousso, chef des griots du Wouli, nous reçoit sous la voûte d'une case seulement meublée de deux lits voilés de moustiquaires. L'homme cache sous des allures sévères la fierté d'être le but d'un aussi long déplacement et la conscience de sa réputation. Il ne parle que malinké. Un autre griot traduit en wolof, Nangadef restitue en français. Les palabres sont longues, la politesse prend son temps ; notre question est concise, la réponse courte :

— Ce que je sais de la mer, c'est que deux rois ont eu des incidents avec la mer. Noé et Moïse. Mais ils n'étaient pas *mansa* ; ils étaient avant le monde.

A Banjul, on nous a déjà détournés vers la mer Rouge. Aujourd'hui, on nous offre la Bible. Retour vers l'Atlantique ; nous louvoyons. L'Océan évoque au griot le souvenir de la conquête mandingue du XIIIe siècle : Tira Maghan poursuivant le traître roi du Djolof jusqu'aux vagues. De roi mandingue disparu, il ne peut citer que Soumaoro Kanté, le forgeron magicien, s'enfonçant à jamais dans une grotte après sa défaite face à Soundjata. A ce jour, oui, le lieu de sa disparition près de Koulikoro au Mali est entouré de secret.

Boukari Sousso se pose en honnête homme. Il n'a pas d'emblée mêlé l'argent aux confidences. Mais, à notre goût, ses confidences s'écartent du sujet. Nous y revenons avec précaution :

— Que s'est-il passé entre le règne de Soundjata et celui de Kankou Moussa ?

Une manière de sonder l'espace brumeux entre les deux piliers glorieux de l'histoire mandingue où l'aventure d'Abou Bakari II est censée trouver sa place. La surprise est de taille : le maître de la parole du Wouli ne sait rien de Kankou Moussa. Son nom comme son fabuleux pèlerinage à La Mecque lui sont parfaitement inconnus. Instructive ignorance. Elle signifie que la prodigalité de Kankou Moussa et sa marche légendaire vers la reconnaissance internationale, qui ont tant fasciné les Arabes, ne figurent pas forcément au catalogue des prouesses reconnues par les griots. Les griots oublient donc ce qu'ils veulent. C'est une confirmation. Si l'exhibitionnisme de Kankou Moussa est frappé d'ostracisme, comment les manœuvres réprouvées d'Abou Bakari II ne le seraient-elles pas ?

Le griot regrette que notre intérêt ne porte pas davantage sur la tradition du Wouli. Si cela avait été le cas, sa parole aurait débordé et inondé plusieurs journées. Et "la cola" eût été plus prospère. La nôtre n'est pas jugée grosse – comme toujours – mais il s'agit d'une première rencontre. Qui sait ? Dieu en réserve peut-être une autre.

Il y a deux siècles, le bienveillant roi du Wouli priait également Dieu d'accorder le retour à Mungo Park. Seule la faveur divine, pensait-il, pouvait détourner du jeune Ecossais les lames des intentions perfides s'il persistait à s'enfoncer vers l'est. Il persista.

Nous passons la frontière. La douane pousse au milieu des champs d'arachide. Deux panneaux signalent la ligne de partage : *"Here is Gambia !"* "Bienvenue au Sénégal !" Leuk-V sur sa lancée lance un tonitruant *"How are you ?"* au douanier sénégalais.

— Nous sommes francophones ici ! réplique-t-il avec suffisance, brandissant *les Misérables* de Victor Hugo, Garnier-Flammarion, tome III, comme un maoïste de l'époque bleue des cols droits aurait levé le livre rouge.

Nangadef disserte avec diplomatie et emphase sur l'intérêt que portent les Sénégalais à Jean Valjean. Sans rancune, le tampon s'abat.

Welcome to Tambacounda !

VII

OÙ L'ATTENTE D'UN TRAIN A TAMBACOUNDA PERMET D'ASSISTER AU CARNAVAL DU NOUVEL AN, PUIS DE RENCONTRER UN JEUNE GRIOT DISERT SUR SON APPRENTISSAGE ET PORTEUR D'UNE INTERPRÉTATION TOUTE PERSONNELLE DE LA TRADITION ; OÙ LA RAME DAKAR-NIGER TIENT SA PROMESSE D'ÉPREUVE ROULANTE ET LA VILLE DE KAYES CELLE D'ANOMALIE CANICULAIRE.

"Ton cheval sait courir !" s'entend reprocher le visiteur s'il arrive juste au moment où les mains s'apprêtent à célébrer les noces du riz et du poisson.

Tambacounda, 28 juin. Monsieur Lion, Leuk-V et le Docteur N. sautent de calèche. Leur cheval a bien couru depuis la gare routière ; aussi, quand ils frappent chez Habib, l'oncle de Nangadef, celui-ci répond :

— Je suis penché sur le nez. Et si ce que je mange vous plaît, alors entrez et partageons.

Habib déborde d'une jovialité qui arrondit tous les angles de la vie. Son rire ne s'imagine qu'en éclats. Il exulte parce que le prochain train pour le Mali ne passe que dans deux jours. Nous sommes à la merci de son hospitalité, et l'idée lui plaît. Les enfants n'auront qu'à se serrer. Une belle ligne d'enfants. Deux jours à patienter dans une cour d'enfants en Afrique, à butiner le sens de la vie en observant leur indépendance, leur cohésion et leur responsabilité précoce en flagrante opposition avec l'éducation frileuse dispensée dans les cellules familiales européennes, qui produit des surprotégés geignards et égocentriques.

— L'enfant est comme une motte d'argile, donne-lui forme, il la gardera en séchant, énonce Nangadef inspiré par la sagesse bambara.

Il retrouve une famille proche, éloignée par vingt ans de voyages.

Habib, dit "Mingus" en vertu de sa passion pour Charlie et le jazz, commande aux magnétophones de la radio régionale. Le quartier de sa villa HLM se blottit sous la flèche de l'antenne comme un ksar sous le minaret. C'est précisément là que nous devons rencontrer un jeune griot, recommandé à Kanapé et présenté comme un brillant dispensateur de l'histoire mandingue sur les ondes. Le destin conduit bien la calèche ! Le directeur de la station, intellectuel distingué, fixe le rendez-vous. Notre irruption, dit-il, secoue l'esprit provincial qui profite au sommeil de Tambacounda, l'Orientale délaissée. Il connaît le dossier Abou Bakari II, et appelle de ses vœux une urgente collaboration entre griots et radios pour fonder une audiothèque indispensable à la relecture de l'Histoire. On n'imagine pas une carte de géographie sans son couple de repères, latitudes et longitudes, explique-t-il. Or, à force d'être attachés à la mémoire exclusive de nobles lignées, qu'ils ne cessent de monter et descendre, les griots perpétuent une connaissance rectiligne, rangée sur des méridiens rarement traversés par des parallèles. Et les griots modernes, plutôt que d'avouer des carences, préfèrent inventer des histoires qu'ils monnaient. Ces approximations s'écrivent, se publient comme vérités, et tout s'embrouille. Le directeur répète que la radio devrait s'appliquer à traverser les méridiens de l'Histoire grâce à ses ondes parallèles.

Il fait nuit. Ce soir ne ressemble pas aux autres. Une rumeur de fête court sur les lèvres des enfants. L'année change pendant la parade des étoiles.

"Tajabon ! Tajabon !" répètent les petits pour nous préparer à la joie. Leurs yeux écarquillés prétendent qu'ils resteront éveillés jusqu'à l'irruption du carnaval. C'est la fête de *Tajabon.*

En attendant, après les grands airs du cinéma hindou, la radio déverse les succès de la soul music des années soixante. Archibald Nangadef applaudit cette musique qu'il associe à l'émergence des Noirs américains sur la scène politique et sur le ring de boxe :

— Les années de fierté d'une négritude non senghorienne...

Habib et Nangadef, l'oncle et le neveu, le premier plus jeune que le second, s'amusent au jeu de Perec : je me souviens des présentateurs de radio qui s'appliquaient au *r* français et aux préciosités de syntaxe. Je me souviens que Senghor écoutait assidûment la radio et intervenait, tel l'ange exterminateur, si un journaliste assassinait la langue française. Je me souviens des efforts du même président pour imposer à l'Académie de Paris les néologismes dynamiques de la rue dakaroise : "essencerie" plutôt que "station-service", trop technique et inféodé à l'*American way of life.*

Silence soudain et regroupement familial autour de la télé.

Senghor au secours, Aretha Franklin, Otis Redding, rois de la soul, à l'aide, James Baldwin, dignité, poésie au secours ! La télévision made in Dakar plagie la crapulerie texane et la niaiserie des studios hindous : elle mijote un *Dallas* sauce arachide. Le quartier dans un ensemble absolu lèche l'écran. La ville ne moufte plus. Phénomène social sous nos yeux !

Lui est bigame, très gros, très riche et musulman. Elle est servante chez lui, très pauvre, accorte et catholique. Ils font l'acte irréparable, eux que tout sépare. Attention grossesse, le scénario va-t-il oser ? Il ose et la cohorte de conséquences avec : le débarquement de la belle-mère pique-sou, le discours veule de la bienséance bourgeoise, le chantage à la troisième épouse... Alerte, à suivre !

Nous sommes sauvés par le couscous de mil, produit génial du Sénégal. Le chef de famille soulève le plat et formule des vœux pour chacun. On dit aussi que, ce soir, Dieu décide de ceux qui partiront dans l'année et de ceux qui resteront.

La télé éteinte, la parole se rallume. Nangadef jure que, de son temps, c'était le jeu théâtral qui accaparait les nuits. Il raconte avec délectation le jeu de "la parasite, du chien et des enfants". La scène favorite.

Dans la cour, des enfants assis en cercle. L'un, à l'écart, joue le chien de garde accroupi près d'un feu imaginaire. Un autre volontaire se met dans la peau de la vieille Koumba, laide et profiteuse. Elle est sortie, on l'entend appeler au loin, le chœur répond. La vieille entre dans la cour, contrefaite, claudicante. Chaque enfant à son tour essaie le rôle, exprime sa propre personnalité en renouvelant les tics et mimiques du personnage grotesque. La bonne femme approche ; elle appelle le père, la mère, chaque parent par son nom : sont-ils là ou pas ? Le chœur crie : "Non !" Le texte conventionnel incruste les degrés de parenté dans les jeunes esprits. La profiteuse grogne de contentement : pas d'adultes à la maison pour l'empêcher de réclamer des cadeaux. Elle veut du mil, du maïs, du riz. Mais les enfants responsables repoussent ses exigences. A force d'échecs, elle finit par implorer une prise de tabac, qu'un enfant lui concède. Alors la parasite demande ce que personne en Afrique ne demande : du feu. Quand on en a besoin, on le prend. Les enfants lui rappellent la règle et l'invitent à se servir. C'est alors que se réveille le chien, gardien du foyer ; il défend les braises, jappe, mord, bave et poursuit la mendiante avec force culbutes et gambades. La scène est attendue. La vieille accentue l'outrance de sa fuite. L'assistance jubile. Nangadef se vante d'avoir été un des "chiens" les plus ovationnés de son quartier :

— Mes premiers frissons d'acteur. Naissance d'une vocation de comédien !

Le vent soudain soulève le linge. La cour est la proie d'un esprit de nuit qui vient danser sans honte, en agitant des habits de sable. La rafale annonce l'heure du tintamarre, des tambours. La porte claque. Des petits "génies" font irruption, sauvages et barbouillés de blanc. Ils tapent sur des cuvettes. Celles qui lèvent leurs jupes impudiquement partent d'un rire de garçon. Ceux qui se déhanchent comme des mâles obscènes partent d'un rire de fille. Eux portent foulards et boubous, ils frappent des seaux. Elles font assaut d'élégance en gandoura et bottes de caoutchouc. Tous chantent des vœux pour la maisonnée et quêtent des pièces ou du riz. Il en va ainsi de tous les carnavals. L'année nouvelle réclame l'ordre, mais pour qu'il puisse prospérer sans dommages, mieux vaut simuler le dérèglement et le limiter au premier jour. Cette nuit, les enfants travestis vont de maison en maison. Un groupe chasse l'autre. Le rire rassure la vie.

Le jour suivant, Habib se lève. Il ne franchit le seuil de sa maison qu'après l'avoir arrosé. Les esprits protecteurs ne supportent pas l'inattention. Le griot est déjà là. Nous buvons du *quinquélibat*, tisane locale. Habib mène les négociations avec la même ferveur que Nico à Joal ; il vante nos intentions et précise les limites de nos ressources. Le griot A. Kh. accepte l'échange et l'invitation au repas. Il n'a pas quarante ans. Un roi mandingue disparu en mer ? Il dit : "Oui je sais", si bien que nous branchons le magnétophone.

— Je parle en tant que griot. Je n'ai jamais fait l'école française. J'ai appris l'histoire avec mon maître Kélé Monson Diabaté de Kita. Ce dernier est maître de la parole du Mandingue. Il est décédé.

Le griot parle longtemps. Une matinée. Le maître dont il se réclame est une des bouches les plus éloquentes de ce siècle. Nous sommes tout espoir. A. Kh. s'exprime en français avec grand mérite et truculence. Il a réponse à tout : Abou Bakari II n'est pas un homme de pouvoir politique mais de puissance magique. Ce que lui, griot, peut dire à son sujet ne provient que de questions éparses posées à son maître. Il prévient : "Abou Bakari, je ne me suis pas tellement intéressé à son histoire. Je n'ai pas appris de chanson à son sujet." Sa véritable connaissance porte sur la fondation de l'Empire mandingue. Il nous gratifie d'une version de la naissance de Soundjata, proche de celle officialisée par Kélé Monson Diabaté à Kita, une de nos prochaines étapes au Mali. Là, son verbe se délie, sa parole se clarifie. Puis s'obscurcit à nouveau quand il affirme que Soundjata représente le dernier *mansa* du Mandingue, alors que toutes les autres sources s'accordent sur son rôle de fondateur d'empire. Incohérence qui déclenche une profonde polémique entre le Docteur Nangadef et Monsieur Lion, le premier séduit par l'originalité de ces propos novateurs et provocateurs, le second agacé par ce qu'il considère comme de plaisantes broderies destinées à couvrir des lacunes. La chicane durera bien deux jours, c'est dire la passion des enquêteurs. Sherlock et Watson se boudent au nom de l'émergence du Mandingue.

— Abou Bakari II, nous les griots, on l'appelle Bakari. L'histoire mandingue est très profonde ; Bakari n'est pas le seul à avoir disparu parmi les *mansa* du Mandingue. Les griots disent que Soumaoro Kanté (le roi défait par Soundjata) a disparu ; il est entré dans une colline. J'ai demandé à mon maître : "Vivait-il vraiment dans la colline, parce qu'il est humain enfin, ce n'est pas un diable ?" J'entends par là : "Quand il part, il s'envole dans le vent, est-ce vrai cela ?" On a trouvé que cela est vrai. Le maître m'a répondu : "Il n'est plus dans la colline, il est allé en Amérique, comme Bakari." Bakari est un homme créé par Dieu. Il a toutes les connaissances dans sa tête. D'autres disent que Bakari se trouve dans la mer jusqu'à nos jours. Bakari est capable de pénétrer dans le sol, de s'envoler, d'entrer dans la mer sans qu'on le voie. Si on me dit : "Abou Bakari a disparu", il n'est pas mort, je peux le croire.

Avant les Blancs, comment vivions-nous, comment voyagions-nous ? Nous avions des fabrications locales, pas seulement des chevaux, des ânes, des véhicules, on avait des pouvoirs plus rapides que tout ça ; certains en Afrique les ont conservés.

Avec Bakari, il y a un peu de marabout mélangé là-dedans. D'autres disent : "Est-ce un roi ou un marabout ?" D'après ce que j'ai appris de mon maître, il a la connaissance du Coran et la connaissance des fétiches. Il fait des choses qu'on ne croirait pas. S'il entre dans l'eau, il va où il veut. On dit qu'il a fabriqué des bateaux pour voyager, mais s'il veut aller en France, il te dit seulement : "Fermez les yeux !" et il y est. Par exemple, moi je suis là côte à côte avec toi, tu fermes les yeux, avant que tu les ouvres, j'ai disparu. Si tu as le téléphone, tu téléphones à Paris, je vais te répondre en France. C'est incroyable. Tout ce qu'on raconte de son histoire, moi je peux dire que c'est vrai, c'est ainsi qu'il était.

Si on dit que l'histoire de l'Afrique est très bizarre ou difficile à connaître c'est parce qu'on raconte beaucoup de choses. Je peux raconter à ma manière et un autre différemment. Qui a la vérité ?

Judicieuse précaution oratoire. Je pense à Leiris et à ses rages intérieures contre les insaisissables propos de ses informateurs de *l'Afrique fantôme.* J'écoute, l'homme est plaisant, mais je n'ai aucune foi dans ses explications embrouillées. Pour moi, il habille son ignorance afin de ne pas laisser échapper une rétribution. Comme dans un taxi, à partir du moment où le magnétophone tourne, le compteur tourne.

Nangadef lui fait confiance. L'ouverture sur la dimension magique lui convient. Il taxe d'imprudents les jugements hâtifs. Ma logique dubitative l'irrite. Leuk-V observe, amusée.

A. Kh. le griot délivre une nouvelle version du premier voyage d'un souverain mandingue à La Mecque, conforme à celle du devin de Joal. On retrouve le thème de la mission du héros royal décidé à sauver les fétiches païens de la Ka'ba, menacés par le zèle islamique, à les retirer et à les transférer à Kangaba, centre du savoir occulte au Mali. En revanche, le griot, qui se vante d'être historien, avoue, comme son parent de Kanapé, ne rien connaître de Kankou Moussa, de son pèlerinage à La Mecque et de son esbroufe au Caire. Ignorance surprenante car tous les enfants scolarisés récitent les exploits de l'empereur dévot.

— Comment êtes-vous devenu griot ? lui demande Monsieur Lion alors que le riz, l'oignon, le manioc, le chou, les carottes, la sauce tomate, la sauce poisson et le poisson lui-même, doré à l'huile, suivent ensemble la pente d'un somptueux souvenir de *cep bu jen*.

Le jeune griot bourre de tabac l'étroite gueule d'un long fume-cigarette.

— Je suis né griot, de père griot et de mère griotte. Ma maman, je l'ai vue en personne, mon père je ne le connais même pas. J'ai grandi dans la main de mon oncle maternel. C'est un grand griot. Quand je commence à grandir, je voyage avec lui, moi je porte la cora. Je lui ai posé la question : "Mon oncle, toi, comment tu es devenu griot ?" Il dit : "Je suis né griot, j'ai trouvé mon père en train de faire le griot et ma maman aussi, j'ai appris avec eux." J'ai répondu : "Quant à moi, j'ai envie d'être griot. Tu dis que ma maman était une griotte, moi-même je l'ai vue chanter. Mon père était un grand griot à ce qu'il paraît."

J'ai joué de la cora, mais je ne l'ai pas tellement connue. Je l'ai laissée.

J'ai pris le violon, je l'ai connu un peu et je l'ai laissé.

Les fils de mon oncle allaient chercher de l'argent. Moi, ils m'obligeaient à traîner, à cultiver. Ils ne faisaient rien pour moi. J'ai fui. J'ai demandé : "Qui est le griot qui bat tous les griots actuels ?" On me dit qu'il y en a un seul, Kélé Monson Diabaté. Je suis allé le voir, je lui ai dit : "Je n'ai ni père ni mère, mais je suis venu en tant que griot pour apprendre l'histoire de l'Afrique." Il m'a dit : "Soyez le bienvenu !" Je suis resté neuf ans avec lui. Il m'a beaucoup parlé : les histoires du Mandingue, des Peuls, des Sarakolés. Lui connaît tout, les Baoulés, les Gabonais. J'ai regardé tout ça ; étant jeune, je peux retenir. Les anciens préparent des plantes pour développer la mémoire. Ils fabriquent des gris-gris. On te donne, tu bois, et tout ce qu'on te raconte, il faut que ça rentre.

J'ai appris jusqu'à ce que le maître dise : "Tu as toute ma connaissance, tu as terminé." Le maître ne réclame pas de paiement. Il m'apprend, me nourrit, m'habille. Je ne fais rien pour lui pendant neuf ans. Mais quand tu le quittes, il faut chercher quelque chose à lui donner pour la *baraka*, la chance. Je suis parti en tournée, de famille en famille. Quand le griot arrive, il entre avec de bonnes paroles de félicitations. Le chef de famille sort et dit : "Ah, mon griot est arrivé, soyez le bienvenu !" Tu dis : "Je suis venu te voir, saluer tes parents, te montrer mon métier." C'est un grand bonheur de rappeler ses ancêtres, ce qu'ils ont fait dans les batailles. Un griot est respecté. Si je fais bien mon métier, toi tu me donnes un taureau, un autre des vaches, des chèvres, un cheval. On donne tout au griot.

Je transforme les vaches en argent. On n'amène que l'argent au maître. C'est à toi de savoir combien tu vas lui donner. Il ne dit jamais : "Tu me dois telle somme."

Moi aussi, j'ai eu des élèves. Ils ont appris avec moi. Ils sont partis. Mais ce que j'ai fait pour mon maître, eux ne l'ont pas fait pour moi. Les temps changent. La nouvelle génération est attirée par l'argent, on n'apprend plus l'histoire, on se met dans la musique, les chansons. Dans le temps, les chansons, c'était pour les femmes, les hommes racontaient l'Histoire. Aujourd'hui, la femme chante, l'homme chante. Nous, les historiens, nous ne voulons pas de ça.

La journée tout entière dans la cour, à l'ombre du manguier, se passe sous le regard courroucé d'un cinocéphale domestique, frustré d'attentions. Le griot remonte au déluge. L'oralité africaine revisite les épisodes les plus célèbres de la Bible, repeint à sa couleur la vision du monde imposée par les monothéismes. Il était une fois un marin, Noé, et sa grande pirogue... Leuk-V enregistre une version noire de l'antique croisière.

Il arrive un moment où tous les enfants du quartier courent derrière la calèche qui nous conduit à la gare.

De Tambacounda, Monsieur Lion retient le visage d'un homme, au dernier moment. Le train rapplique de Dakar avec trois heures de retard. Son œil de cyclope fouille le quai. La nuit grouille de vendeurs d'eau et de jus d'hibiscus. Monsieur Lion rafle les trois œufs durs d'un vieux marchand qui ressemble à un saint homme. Il ne vend pas des œufs, non, il donne à penser. Sa façon soucieuse de plier plus de poivre que nécessaire dans un papier grand comme un timbre, et de s'assurer de la monnaie, le rend immatériel, comme ces êtres des mythologies placés au bord du chemin pour le bénéfice d'une expérience spirituelle et qui ont disparu le temps de se retourner. Perdure l'écho de son sourire.

Le *Dakar-Niger* est un train de légende. Il convoie la démesure. Excessifs : ses retards et la chaleur. Les wagons de première ont perdu toute classe. Les fauteuils ont supporté trop de corps mal à l'aise, les corps ont enduré trop de fournaises. Les trente-six heures théoriques qui séparent Dakar de Bamako comptent parmi les épreuves initiatiques que les voyageurs emphatiques et blancs se vantent d'avoir traversées. Ils en parlent entre eux comme d'un rite de passage au rang de bourlingueur.

— Jeanne, sommes-nous loin de Montmartre ? soupirerait en s'épongeant l'auteur des *Petits contes nègres* et de *la Prose du Transsibérien.*

Le train traverse la frontière qu'une lumière de pleine lune dessine. Je cherche des yeux dans la savane bleutée la silhouette de deux arbres, le *neté* et le *karité*, dont les fruits personnalisent la cuisine locale, et qui par conséquent fixent une limite significative à l'identité malienne. Au-delà du dernier *karité*, un Mandingue ressent l'exil. Nous entrons au pays de Soundjata, de Soumaoro Kanté, d'Abou Bakari et de Kankou Moussa. L'aube du 1er juillet nous jette hors des rails à Kayes. Nous sommes trois à soupirer de concert :

— Un vent berce encore nos illusions de chaleur supportable.

Leiris a dû débarquer à pareille heure le 28 juin 1931 pour écrire : “Kayes-Plateau est décidément un endroit sympathique, pas trop banlieusard et tout de même moins étouffant que nous ne nous y attendions.”

Dès dix heures, l'encre du stylo refuse ce mensonge. Kayes collectionne les appellations contrôlées qui font de cette ville sur le fleuve Sénégal un cru mondial de la haute température : “le chaudron”, “la cocotte-minute”. L'observation populaire atteste que les margouillats, prudents lézards, refusent de traverser les rues à quatorze heures de peur que leur ventre n'éclate. La nuit, dans une chambre en béton, il est impossible de coudre le linceul du sommeil.

Notre espoir réside dans l'obtention rapide d'un moyen de transport pour le Bambouk, pays de l'or. Pour remonter à la source de la richesse des empereurs mandingues. La piste part de Kayes. Mais depuis toujours, la zone aurifère est enclavée, son existence quasiment clandestine. Les véhicules sont rares comme des pépites. Il faut tamiser son impatience.

— Kayes doit son importance à sa situation en aval des chutes du Félou, le premier obstacle que rencontre la navigation en remontant le Sénégal, avertit Leuk-V qui trimbale partout des fiches. La note consacrée à Kayes exhale l'odeur de paternalisme qui colle aux encyclopédies coloniales à reliure de cuir et à caractères typographiques.

Le quartier français, où l'on comptait en 1910 près de deux cent cinquante Européens, dont une quarantaine de femmes, est construit sur la rive gauche du fleuve. En août et septembre, une activité fiévreuse règne sur les quais. Nuit et jour, des milliers de Noirs déchargent les vapeurs venus directement de Bordeaux. Il faut qu'à tout prix le travail soit terminé avant la baisse des eaux. Terminus de la navigation fluviale, Kayes a été longtemps tête de ligne du chemin de fer qui relie le fleuve Sénégal au Niger. C'était la gare de transbordement, la halte obligée pour tous les voyageurs qui gagnaient l'intérieur du Soudan.

A l'heure où le soleil sort son train d'atterrissage, nous transitons entre les murs en banco des rues. Kayes, cité du Sahel. La présence de nombreux militaires irrite le souvenir à vif de la dictature défunte de Moussa Traoré. Et rappelle au Docteur Nangadef ses excentricités de jeunesse. En 1968, raconte-t-il, les Sénégalais branchés levaient le poing avec volupté contre toutes les Babylones, un médaillon du Che accroché au béret, et s'habillaient en militaires de pacotille, mi-treillis, mi-Sergent Peppers. C'est ainsi accoutré que le jeune Nangadef débarqua à Kayes en ces temps de contestation au Sénégal et de répression au Mali. Un militaire authentique lui fit remarquer que sa tenue était illicite et réservée aux forces qui défendent la nation. Notre ami, avec l'arrogance qu'il accorde aux Sénégalais, doublée de l'esprit frondeur de l'époque, l'assura de son franc mépris par un mot moins mièvre que “foutaise”.

Pour Nangadef, Kayes ressemble aussi à un mitard, l'espace de vingt-quatre heures.

Au bout des rues banco et surélevées, le fleuve Sénégal coule dans un lit aux montants de falaises. Des roches noires et polies dispersent des illusions d'hippopotames, têtes fourrées dans la vase. Un archipel d'îles herbues, que les pasteurs moissonnent, s'organise avec la grâce d'un jardin japonais. Une digue de six cents mètres, monument emblématique de la ville, traverse le fleuve aux eaux basses. Les habitants célèbrent la fraîcheur. Les enfants se baignent, les femmes lavent. Des jeunes filles, comme le veut le poncif de la littérature francophone, tendent les mangues fermes de leurs seins nus. Des bouviers lancent à travers la chaussée leurs troupeaux de buffles aux cornes dignes de supporter le disque solaire. Les véhicules se garent, les autochtones s'écartent, prêts à plonger dans l'eau. Un monstrueux mâle encorne le phare d'un taxi. Le simple défilé de ces bovins domestiqués laisse augurer la sauvagerie du buffle de brousse, adversaire redouté du chasseur, plus encore que le lion.

Le soleil descend sur la balance du jour tandis que la lune monte sur l'autre plateau. Des Maures et des Peuls rivalisent de bleu, de tissus indigo et de verbes orgueilleux pour vanter leurs moutons gras à languettes pendantes sous la gorge. Des pirogues à contre-jour tracent une ligne de méditation sur l'horizon du fleuve.

Conclusion d'une journée dans le “chaudron”.

VIII

A TRAVERS LEQUEL LES TROIS CHERCHEURS SE RUENT VERS L'OR DU BAMBOUK, SOURCE DE FINANCEMENT DES PROJETS FOUS DES EMPEREURS MANDINGUES, ET EN VIENNENT A PENSER AU ROMAN DE CALDWELL, LE PETIT ARPENT DU BON DIEU, *EN CROISANT LE SERPENT SAMAMA, SYMBOLE DE FILON ET DE CHANCE, MAIS AUSSI INSTILLATEUR VENIMEUX DE LA FIÈVRE DE L'OR.*

L'énorme camion fonce vers le sud ; nous sommes dans la cabine. Ivan conduit. Un convoi de coopérants moscovites rejoint le camp d'assistance technique de Kéniéba au centre de la zone aurifère. Effet de la perestroïka, ils ont accepté de s'encombrer de nos destins. La remorque charrie une baraque de chantier. L'engin écrase les inégalités de la piste avec l'insolente désinvolture d'un monstre de rallye. Bambouk "le sud" s'oppose à Sahel "le nord". Nous fuyons les vents secs. Le paysage renaît de la dernière pluie. Le souvenir du vert jaillit d'une amnésie longue de huit mois. La route suit une direction franche : véritable sagaie lancée du nord vers la Guinée. La rivière Falémé doublée de la frontière avec le Sénégal prévient les déviations vers l'ouest. Les falaises de Tambaoura, chaîne sans faille de Kayes au massif du Fouta-Djalon, dissuadent les incartades vers l'est. Ainsi maintenu dans un fourreau naturel, le pays de l'or a-t-il pu échapper pendant des siècles aux mainmises.

Peu après la lisière de Kayes, la savane lève une armée d'arbres. Pas tout à fait une forêt, mais une brousse bondée. Le roi baobab se fait bousculer par des essences hétéroclites, caïlcédrats, acacias, kapokiers, karités... Quel malheur de ne pas être botaniste, de ne pas savoir parler le russe ! Nous longeons trois cents kilomètres de murailles rouges tachées d'humidité noirâtre, semblables à des fortifications mogholes tombées en ruine d'un livre de Kipling. Les villages ont profité de l'enclavement pour choyer l'harmonie des formes. De gracieuses cases rondes à toit de chaume pointu fréquentent des cases carrées en banco, fidèles par la terrasse, la porte en ogive, les décorations géométriques et ajourées, au style soudanais qui rayonne dans la boucle du Niger. Beaucoup d'enfants crient leur surprise, agitent les mains, des francolins s'envolent, le camion passe.

Nous nous ruons vers l'or, avec pour principale ambition de fouler le sol qui a fourni "matière" aux projets démesurés des maîtres du Mandingue : l'exploration atlantique d'Abou Bakari II et l'expédition stratégique de Kankou Moussa vers l'Egypte et l'Arabie.

— N'oubliez pas que le pouvoir de l'or provient du grand serpent Bida ! rappelle Archibald Nangadef qui croque une cola pour tromper la soif.

Quand le funeste héros de l'antique Ghana assassina le Wagadou-Bida pour éviter de livrer sa fiancée à la boulimie du serpent-totem, la tête tranchée du reptile vola jusqu'au Bouré, l'autre zone aurifère du Mali, et sa queue alla choir au Bambouk, en se tordant. Voilà comment la richesse passa du Ghana au Mali et pourquoi les filons aurifères sont assimilés aux convulsions de l'animal blessé.

En 1324, le monde prend conscience de la richesse du Mali grâce au voyage de Kankou Moussa. Cependant, si l'empereur exhibe son or, jamais il n'en déclare l'origine. Non seulement les Maliens rejettent les lieux d'extraction de l'or vers un Sud indéfini, mais ils sèment le trouble sur la nature même du produit. En effet, le bruit court que "l'on fait dans le sable des plantations d'or comme on plante les carottes" ; "on fait la récolte à la pointe du jour". La mystification remonte à l'époque du Ghana ; les premiers voyageurs arabes du Xe siècle rapportent cette croyance et la répandent sans sourciller. Au Caire, Kankou Moussa se garde bien de détromper ses interlocuteurs surtout quand c'est le fils de l'*amir* d'Egypte en personne qui l'interroge sur "ces plantes de l'or". L'empereur lui assure que l'une d'elles "apparaît au printemps et pousse dans le désert à la suite des pluies". Elle a des feuilles qui ressemblent à celles de la plante à chameau, et ses racines sont l'or natif, affirme-t-il, péremptoire.

L'esprit critique de Leuk-V refleurit :

— Cette duperie grossière sur la "culture de l'or" incite à se méfier des déclarations de Kankou Moussa…

— Même si l'on peut comprendre sa prudente volonté de maintenir le minerai convoité sous le contrôle de la légende…

— D'accord, mais tu ne m'ôteras pas de la tête que l'empereur du Mali a pu raconter de semblables fantaisies sur son prédécesseur Abou Bakari II, et inventer de toutes pièces son aventure marine dans le but d'impressionner les Egyptiens.

— Dans ce cas, l'histoire d'Abou Bakari II s'arrête là, s'excite Monsieur Lion, bonne à classer au rayon des esbroufes politiques, des stratégies joliment machiavéliques. Stop, on arrête le camion, on descend. Ce n'était même pas la peine de partir.

Nangadef intervient, docte, placide et conciliant :

— Il est sûr qu'isolées, les paroles de Kankou Moussa sur l'expédition d'Abou Bakari II sont perméables au doute. Toutefois, s'il est aisé aux détracteurs de les taxer subjectivement de vantardises, il est difficile d'en prouver l'inanité. C'est pourquoi il faut les intégrer dans le questionnement plus vaste sur d'éventuels mouvements africains hors du continent avant le débarquement des Blancs en Afrique...

— Donc ne perdons pas de vue Kankou Moussa, principal témoin dans la disparition d'Abou Bakari II.

— Et principal intéressé par sa disparition, insinue Leuk-V, les yeux plissés par la suspicion. N'a-t-il pas parlé d'héritage ?

Ivan ne comprend rien à nos échanges passionnés, mais joue parfaitement son rôle de chauffeur galvanisé par l'idée de poursuivre un suspect. Le Bambouk, région vers laquelle notre camion fonce comme buffle qui charge, doit à Kankou Moussa l'exploitation intensive de son or.

Kankou Moussa, immortel pèlerin dans le souvenir des Arabes, serait volontiers "enterré" par les griots. Pour certains, c'est déjà fait, ils ne le (re)connaissent pas. Mais d'autres, comme le grand Wâ Kamissoko, s'appliquent à écorner sa réputation : ce dernier reproche au futur *mansa* son comportement de jeunesse, l'accuse d'inceste, conteste ses méthodes d'accès au pouvoir, invalide ses différentes intronisations, et réprouve ses violents actes de répression contre les opposants. Wâ Kamissoko veut voir en fait dans son pèlerinage à La Mecque une tentative de rachat de ses fautes ! Cependant, sa contrition coûte cher au pays. L'empereur "repentant" ne vide pas seulement les réserves d'or, il expatrie l'"or-fétiche" ; il joue avec la "fortune" du pays. Nombreux sont les griots qui associent la mégalomanie de Kankou Moussa avec le début du déclin de l'Empire mandingue. "Ce bâtard !" l'entend-on parfois appeler au Mali.

En 1976, au congrès de Bamako consacré à la grande geste du Mali, Wâ Kamissoko laisse s'évader d'autres allusions, fort curieuses :

— La manière de narrer l'histoire de Kankou Moussa diffère selon les chroniqueurs. Il y eut deux Kankou Moussa. Quand nous arriverons à ce chapitre, je dirai pourquoi chacun des deux Kankou Moussa quitta le Manden et comment ; je dirai également comment Kankou Moussa II, citoyen malinké, devenu *mansa*, fit ses pèlerinages à La Mecque…

Que cache ce dédoublement ? Qui est cet autre Kankou Moussa, premier du nom, parti également du Mandingue pour une destination que le griot ne libère jamais ? A-t-il été contraint à l'exil comme le suggèrent les allusions à l'accession brutale de Kankou Moussa (II) au trône ? Cet exil (d'un Kankou Moussa I) aurait-il un rapport avec le départ en mer d'Abou Bakari II, le prédécesseur ? Et que signifie la marque du pluriel accordée aux pèlerinages de Kankou Moussa à La Mecque ?

— Pour l'instant, je donne ma langue au sphinx !

Leuk-V use de l'expression quand Nangadef pimente la conversation de charades locales et insolubles. J'éprouve à ce moment le sentiment d'être la proie de lianes abusives barrant le passage d'un explorateur aux mains nues.

Le phare de la pleine lune balaie les montagnes tabulaires. La lumière décape le réel. Les villages aux toits pointus poussent au pied des falaises comme des champignons de contes merveilleux. La nuit vire doucement au fantastique. Soudain, un véhicule non balisé force Ivan à un écart. La remorque heurte violemment un caïlcédrat. Une branche maîtresse s'effondre. La baraque de chantier est cruellement éperonnée. Ivan siffle quelques jurons en cyrillique. Et, les dents serrées, accélère de plus belle. Plus question qu'il nous conduise à Kéniéba, la ville. Nous passerons une nuit russe dans un camp de prospecteurs coopérants. Nos idées toutes faites de base secrète tombent comme barbelés et miradors après la guerre froide. On nous ouvre la baraque des invités. Le chef de chantier en personne multiplie les marques d'accueil et nous honore, délicatesse surréaliste, de grenadine glacée. Au milieu de la meute des camions, des chasseurs dépècent un phacochère pour les expatriés chrétiens. Un cercle de mâles en short assiste au découpage avec des mines barbares. La lune énorme est hilare, la nuit ivre de fantaisie. Un chasseur emphatique prend Monsieur Lion à témoin :

— L'or, il y en a trop ici ! Nous sommes debout sur de l'or. Demain tu creuses à l'endroit où nous sommes, tu tamises, tu trouves des grains d'or. Les chercheurs récoltent des kilos !

Monsieur Lion hoche la tête.

C'est ainsi, pense-t-il, qu'on exploite le filon de la naïveté chez les nouveaux venus.

L'hospitalité russe déborde le cadre de la nuit. Les ingénieurs nous installent pour les jours suivants dans leur case de passage à Kéniéba avec cuisinier et intendant, et nous proposent une tournée de placers isolés. Ainsi encadrés et dûment recommandés, nous pénétrons au pays des hommes-taupes. Les géologues maliens, anciens étudiants à Moscou, jonglent négligemment avec le russe, le bambara et le français. Docteur Nangadef et Monsieur Lion tiennent une conférence sur Abou Bakari II, debout sur le plateau du pick-up, comme cela arrive souvent dans les bus ou les villages, mais ici ils bénéficient d'une traduction simultanée en russe. Les auditeurs internationaux s'enflamment pour le mobile de leur enquête.

Le rêve aidant, Kéniéba passe aisément pour une capitale de Far West : une rue en longueur avec tous les bâtiments institutionnels rangés des deux côtés, plus un bar aux allures de saloon, même s'il dédie son enseigne à Mandela. Le saloon est tenu par deux figures de légendes : le doux Jo, bâti comme Battling Siking, le premier champion du monde africain des poids lourds, et sa compagne ghanéenne, une "décolorée". C'est au bar *Mandela* que les fonctionnaires, maîtres de la pluie et du beau temps, boivent à la vacuité de la vie provinciale. Les intrigantes falaises de Tambaoura cernent la ville ; leur forme tabulaire renforce le décor de western, en dépit des manguiers et des hameaux aux toits pointus.

Le véhicule russe s'arrête à l'orée d'un village sous l'abrupt mont Sanougou – *Sanou*, l'or – au sommet duquel, par temps clair, l'œil espion plonge dans les vallées guinéennes. Les ruelles tournent autour des cases, les cases nous serrent de près ; l'environnement parle de l'héritage des temps anciens. Nous marchons en silence. Une colonne d'étrangers, précédée par la rumeur d'aide technique, suscite la méfiance au pays des mineurs habitués à creuser seuls la galerie de leur destin. On est allé quérir le chef du village. Les enjeux de l'assistance demandent réflexion. La zone des placers éluvionnaires commence à un jet de pierre des maisons. Ici, l'exploitation se fait discrète. Les arbres camouflent les accidents de terrain ; on ne les a pas encore tous abattus comme ailleurs pour creuser partout. Entre les bosquets, on discerne les cratères artificiels, certains rebouchés, cuvettes envahies d'herbes, et d'autres, puits béants en activité, signalés par un tronc couché en travers et une corde qui pend.

Un jeune orpailleur du nom de Tounkara soumet ses puits à l'expertise. Il croit en sa chance, mais la technique ne nuit pas :

— L'or, il y en a. Le problème c'est l'eau. On la trouve à vingt mètres et nous n'avons pas de pompes pour l'évacuer. A la saison des pluies, les ruissellements inondent les puits. La chance, c'est de récolter à trois mètres quand d'autres sont obligés de descendre à vingt mètres pour la même qualité. L'or est là, répète-t-il, mais les techniques traditionnelles sont sous-développées.

Tounkara se veut chercheur moderne.

— Ici, on m'appelle Marlon, décline-t-il en nous broyant les mains.

De fait, Marlon a la gueule et la carrure d'un héros nommé Désir pour un *remake black* du *Tramway* de

Kazan. Heureusement, pas le caractère de Brando. Il porte avec naturel un maillot où Madonna imprimée se comprime les seins. Marlon a un charisme de star. Sa parole est d'or. A son tour, séduit par l'histoire d'Abou Bakari II, roi malien et mineur d'horizons, il promet du thé et des paroles pour nous expliquer la région, les mentalités et les lois de la chance.

Les experts maliens râlent en russe que la saison des pluies ne freine pas les mineurs. Elle n'assèche pas leur ardeur. Ils creusent même quand l'eau fait couler la boue et la mort, effondre les puits. Nangadef, Lion et Leuk-V, penchés au-dessus d'une sombre bouche carrée, écoutent respirer la terre. Un boisage de rondins, qui s'entrecroisent à chaque angle, soutient les parois sur vingt mètres.

Les trois enquêteurs entendent dire que le précédent gouvernement, avec sa poigne militaire, a réussi à remettre les orpailleurs aux champs, au moins pendant l'hivernage. Maintenant le laxisme dévoie la liberté. Pour l'or s'entend. Enfin, cela fait deux mille ans que cette folie dure. Poussé depuis les profondeurs du magma par des remontées de matériau cristallin, l'or affleure sous forme de filons que l'érosion désagrège, mais c'est dans la tête que l'or affleure, poussé par les remontées de matériau mythique. L'illusion érode toute la vie, désagrège le bon sens. Les champs sont maltraités même si chacun sait que l'or est ingrat. Le combat avec la chance excite plus que celui du soc avec le sillon. Les enfants sont contaminés en naissant. Il faut voir ceux qui nous accompagnent tourner autour des cavités, flairer les pierres, soupçonner des éclats : ils cassent, jaugent, plissent les yeux, lèchent, soufflent, grattent. Professionnels à dix ans, ils ont la fièvre comme Ty Ty de Géorgie, le vieil entêté du roman de Caldwell, *Le Petit Arpent du bon Dieu.*

— Par le plus-que-parfait des enfers ! jure Ty Ty, si t'avais la fièvre, tu n'trouverais pas de temps pour autre chose. Ça vous tient un homme, tout comme la boisson ou les femmes. Dès qu'on y a pris goût, on n'a pas de paix qu'on en ait davantage. Ça continue comme ça en augmentant toujours.

Ty Ty en oublie de récolter le coton qu'il n'a d'ailleurs pas pris la peine de semer. La seule chose qu'il n'omet pas, Ty Ty, c'est de déplacer sans cesse le petit arpent du bon Dieu, vu qu'il a promis d'en partager les bénéfices avec l'Eglise. Passe pour les grains de maïs, raisonne-t-il, mais les grains d'or, est-ce que le bon Dieu en a besoin ?

Ailleurs, dans la circonscription de Kéniéba, la fièvre a ravagé la terre, l'a pelée, rasée, raclée, trouée aussi méthodiquement que le jardin de Ty Ty. Il n'y aurait même plus de place pour un petit arpent. C'est le sol lunaire du côté de la grande aire des cratères. Trois ou quatre mètres séparent deux puits, pas plus. Le chercheur qui a raté le bon filon n'a qu'une ressource : le rattraper en creusant une galerie horizontale quelque part dans les profondeurs. Une vie de taupe !

— Le génie de l'or s'appelle *Samama*, complète Marlon. Il est perçu comme un gigantesque serpent long de plusieurs kilomètres, à l'image des filons qui serpentent sous terre. D'ailleurs, certains féticheurs refilent des micas aux orpailleurs et leur font croire à des écailles du *Samama*.

Avec Marlon, les informations arrivent sans avoir à les demander. Nous retrouvons avec le *Samama* le culte du reptile, répandu dans toute l'Afrique de l'Ouest. Le *Yéêw* des Wolofs, le *Tyamaba* des Peuls, le *Ninki-Nanka* des Mandingues et le *Bida* du Ghana dont la queue tranchée s'envola pour choir ici au Bambouk et s'enfoncer dans les entrailles de la terre. Le serpent mutilé aurait alors proféré en cours de vol cette phrase qu'un voyageur étranger pourrait aisément soupirer en traversant le Mandingue hermétique : "Ah qu'il est difficile de connaître et de comprendre le monde !"

Marlon ajoute que le serpent *Samama* reste le plus souvent immobile. Mais quand il se meut, l'événement est connu par une soudaine multiplication des tiques sur les chiens, et jusque dans les lits. Marlon affirme qu'il a découvert des galeries rondes laissées par le passage du serpent.

— Des papillons, dit-il, accompagnent ses mouvements.

Au bout des comptes, après des millions d'heures obscures à gratter les entrailles de la terre avec des éclats de calebasse, après des millions de gestes de cette chaîne humaine sans âge adonnée au treuillage, triage, rinçage, tamisage, lavage, au bout de la liste des victimes englouties, il ne reste que quelques CFA journaliers de peu de poids dans la main des mineurs, et trois tonnes seulement dans la colonne officielle de la production annuelle du Mali. Trois tonnes en moyenne arrachées par des mains "incontrôlées" au cours de ce siècle ; quatre tonnes peut-être à l'époque d'Abou Bakari II et de Kankou Moussa, quand la production n'était pas aussi désordonnée. Et quatre tonnes au Moyen Age suffisaient pour faire du Mali un grand producteur qui, paradoxalement, ne frappait pas monnaie.

— Aujourd'hui, quiconque peut s'improviser chercheur d'or et creuser, explique un géologue malien, mais du temps de Kankou Moussa existait une caste d'orpailleurs dont le travail était surveillé. Les nobles Keita dirigeaient les chantiers, le clan des Cissokho fournissait les contremaîtres, et les mineurs se recrutaient parmi les petits hommes de la forêt, les gens du cru.

Les trois enquêteurs se laissent prendre par le roman de l'or, assis sur les rebords d'un cratère rebouché, amphithéâtre naturel pour un cours de sciences. Le géologue crache dans une parenthèse, qu'il referme aussitôt, son ressentiment envers Kankou Moussa ("ce bâtard dont le père n'était pas un Keita !").

— Curieux, cette insistance qu'ont les Maliens à dénoncer l'origine indigne de Kankou Moussa, souffle

Monsieur Lion en aparté. Il semble bien que la clef de notre affaire tourne autour de son accession au pouvoir. Kankou Moussa aurait-il profité des projets d'Abou Bakari II et d'une régence inattendue pour s'emparer d'un pouvoir qui ne lui revenait pas ? On comprendrait mieux pourquoi Abou Bakari II est passé à la trappe : d'une part pour n'être pas rentré d'expédition et d'autre part pour avoir provoqué en partant la crise politique qui a poussé Kankou Moussa vers le trône.

Leuk-V et le Docteur Nangadef approuvent cette hypothèse, mais le cours privilégié continue. Les enfants écoutent. Ils s'usent les ongles et la langue sur des pierres.

Les maîtres du Mandingue, comme ceux du Ghana avant eux, n'ont jamais songé à s'emparer des champs d'or, à occuper la région. Ils se contentèrent d'organiser l'extraction, de contrôler la production, de rafler les pépites pour leur commerce extérieur, et d'abandonner la poussière d'or aux récoltants. Car toute pression sur les autochtones, voire une oppression religieuse, aurait risqué de déclencher la fuite de l'or en raison du pacte qui liait les premiers occupants aux génies du sol. Ainsi s'explique la persistance d'un "paganisme" propre aux enclaves aurifères, serti dans les anneaux de l'islam. Les orpailleurs étaient réduits à une condition proche de l'esclavage, certes, mais leur région n'était pas assujettie. Les mines restaient la propriété de l'exploitant ; en revanche, à l'air libre, l'or appartenait à celui qui avait pouvoir sur les gens : l'empereur du Mandingue. Subtile nuance !

En fin de tournée, les géologues nous déposent à la villa russe, à l'orée de Kéniéba. Havre pour celui qui a beaucoup marché. Devant nous, au premier plan, un repas *à l'occidental* préparé par Kanté, cuisinier et descendant du roi forgeron, Soumaoro Kanté le magicien. A quelques pas, une cour fleurie. Au-delà de l'enceinte, une allée de manguiers, la colonne bruissante des lavandières en marche vers le marigot, un troupeau de buffles en paix. Et, dans le fond du décor, le cirque des falaises avec, suspendue, la promesse du plateau, terre invisible, donc désirable comme un autre pays aux mœurs différentes.

— Les gens du plateau descendent parfois à Kéniéba, prévient Kanté.

Kanté a une tête en lame de coupe-coupe.

Il dit des Keita, les descendants de Soundjata, les ennemis de son ancêtre, les vrais, ceux du clan d'origine, il dit qu'ils ont le pouvoir de se transformer en lion. Si on tue un lion dans la brousse, un Keita meurt au village.

Kanté, ancien cuisinier d'ambassades, de camps de prospection, canadien puis russe, ne sort pas étourdi par la fréquentation du monde logique ; il évoque la croyance du "double animal" et les correspondances secrètes de la nature, comme il expose sa passion pour les timbres, avec la même évidence.

Deux jours à Kéniéba suffisent à nous inscrire dans la ville. Nous trônons comme des notables sur le seuil du bar dans des fauteuils cannés, toujours trop larges, prévus pour d'orgueilleux séants. Le bar *Mandela* fonctionne comme un club. Les jeunes fonctionnaires des douanes nous sollicitent pour des échanges de bières et des commérages de frontières. Nous les sauvons momentanément de l'ennui, du poids de l'exil. Ils se rappellent vaguement l'expédition du roi malien lue dans l'hebdomadaire *Jeune Afrique*. Mais le fait que nous nous soyons mis en marche pour tenter de vérifier l'hypothèse de l'article assoit notre prestige. La magie du sujet opère. Nous mesurons une fois de plus le pouvoir de séduction d'Abou Bakari II. Depuis le départ, notre enquête suscite un fort effet de surprise sur tous les publics, suivi d'un intérêt spontané. Nous bénéficions d'un état de grâce et jouissons de rencontres d'une rare qualité. Un officier des douanes guinéen, en visite chez son homologue malien, découvre ainsi les vertus du “voyage à thème”. Jamais, déplore-t-il avec un brin d’envie, il n’éprouve un tel sentiment d’enrichissement au cours de ses déplacements.

A peine exprime-t-on le désir de découvrir un site aurifère de grande envergure que nous roulons déjà sur la piste, avec chauffeur privé et Marlon pour escorte.

A nouveau les falaises de Tambaoura posées sur le socle de la montagne comme une ligne de molaires monstrueuses sur des gencives vertes.

Tabakoto a longtemps été capitale de “la fièvre”. Le village a compté jusqu’à vingt mille bras. Ils ont même creusé la piste. Le véhicule exécute un slalom entre deux cratères. Sur le bas-côté, des hommes pilonnent dans des mortiers métalliques et tamisent la terre avant le lavage. Les regards perçoivent des Blancs. Les mains les saluent parce qu’ils ressemblent à des officiels. Mais le pays soupçonne d’emblée les étrangers. Connaît-on jamais leurs intentions ? Le pays ne se plaint pas des épreuves qu’inflige son accès aux étrangers. Leuk-V et Monsieur Lion jouissent d’être là après avoir tant arpenté dans les livres les bosses, les plis, les gouffres et les mythes de cette terre sculptée par la frénésie des hommes. Même le Docteur Nangadef, plus blasé, accuse un frisson d’excitation. Le Bambouk se penche tête la première sur ses secrets et tourne résolument le dos au monde. Les acharnés qui viennent s’y ancrer jouent leur vie ; ils n’ont pas besoin de spectateurs. Marlon Tounkara est originaire de Kita. Un jour, l’envie de l’or le prit. Il était camionneur ; mais son volant ne lui servait plus à rien pour rejoindre Kéniéba. Au contraire, il fallait qu’il le lâche. Les devins ont décrispé ses doigts, ont prescrit sept sacrifices, lui ont ouvert la voie. Marlon ne voulait pas lâcher la proie pour l’ombre. Après l’exécution des rituels, il était libre de quitter Kita.

Tabakoto, village sous influence. Les cases rondes aux toits pointus se bousculent comme dans toute cité pionnière construite par afflux successifs. Marlon Tounkara a tenté de repérer une bonne place sur le filon. Mais le pressentiment n'est qu'un petit outil. Les génies restent souverains du métal. Les devins aident ; ils rassurent ou dissuadent. Marlon a prélevé une pincée de terre et l'a portée à lire.

— Un filon est comme une rivière à poissons, dit-il, elle n'est pas poissonneuse partout.

Le poulet du sacrifice est rouge. Rouge le taureau, rouge le bouc si les devins l'ordonnent. Les hommes mâchent des colas rouges sur le lieu du sacrifice. L'or exige cette couleur.

— Il y a des placers qui ont besoin de gens ! C'est ce que l'on dit quand des orpailleurs meurent au fond d'un puits.

C'est aussi ce que l'on pense quand du jour au lendemain des êtres glissent de la normalité à la folie. Ils ont été dédiés aux génies. Quelqu'un a sacrifié leur santé mentale, et ils sont subitement devenus la proie des forces du sol. La démence des uns garantit les autres contre l'effondrement, l'inondation. En revanche, la mort dans la mine peut tarir la vitalité de l'or si le cadavre n'est pas retrouvé, arraché à la terre, éloigné du filon. L'or est mobile, les hommes craignent ses caprices. Autrefois, un orpailleur englouti n'a pu être retrouvé pendant trois ans. Ces années-là, l'or a diminué. Marlon l'assure. L'ordre s'est rétabli quand son squelette a pu être dégagé, puis inhumé loin du village.

Le tam-tam avertit d'un deuil. Les mineurs suspendent aussitôt toute activité.

Le marché de Tabakoto regorge d'étoffes, de cassettes, de produits tentateurs qui sortent plus efficacement les CFA des poches que les mains n'extraient les paillettes du puits. Le bar s'appelle *Justices*. Le marché sent la contrebande, le désir facile. Les experts fulminent : les orpailleurs gaspillent, ils dilapident leur revenu, ils ne le placent pas en banque, ils se marient trois fois, ils achètent des bœufs, ils paradent et retournent jouer au fond du puits leur fragile destin.

L'acheteur d'or est là, toujours, sous l'auvent d'une boutique. Si ce n'est pas celui-ci, immobile sur son tabouret, face à sa précieuse balance et à ses poids infimes pour peser le duvet, le souffle, l'illusion, c'est-à-dire les grains d'or, ce sera demain cet autre venu de Bamako pour le compte de grands commerçants. Les magnats anonymes fournissent la mobylette et la balance. Les acheteurs attendent. Leur talent est la patience.

On nous conduit au placer principal. L'accumulation de la population au mètre carré ferait grimper la courbe des densités africaines comme une corde de fakir sous l'effet du hautbois. Creuseurs, déblayeurs s'agglutinent autour des fosses. Quelques arbres s'enracinent dans les intervalles. A l'écart, des femmes tamisent et lavent avec une obstination alimentée par la rumeur qui charrie la découverte d'une pépite, la chance d'un voisin. Cette société d'exploitants individualistes confie son contrôle à des responsables de l'ordre et à un conseil d'anciens, pas tant pour régler des affaires de vol que pour maîtriser les relations humaines soumises à la pression du surnombre. Autrefois, personne n'aurait songé à dérober même un gramme d'or. La jalousie comme le vol heurtent les génies, compromettent la chance mais aussi la vie. On ne triche pas avec les génies. On respecte sans faute le repos du lundi. Ce jour-là, le placer connaît le vide absolu. Le territoire des génies se restaure, recouvre sa pureté.

L'accueil est amène, mais les regards drainent des soupçons. Le véhicule est trop officiel. Monsieur Lion décline son patronyme ; ses propos sur les souverains du Mandingue détendent l'atmosphère. Le chef de chantier complaît à sa fièvre d'Histoire : il lui livre le poids de la cargaison emportée par Kankou Moussa à La Mecque : neuf tonnes d'or. Il tient ce chiffre du griot local, le vieux et respecté Djely Mamadou Cissokho. Il nous confie cette information massive et deux pierres aurifères où l'on voit briller à l'œil nu un grain d'or. Ce serait comme un cadeau d'adieux empressés.

Les gens du Bambouk n'ont jamais aimé voir les étrangers rôder trop près des sources de l'or.

IX

OÙ L'ENQUÊTE MENÉE BON TRAIN ENTRE EN GARE DE KITA, VILLE CÉLÈBRE POUR SON BALAFON SACRÉ, SES FALAISES, SON BOUCHER, SON LIEUTENANT, SON COIFFEUR, SON ÉCRIVAIN ; ET COMMENT LES ENQUÊTEURS RECUEILLENT UNE IMPORTANTE RÉVÉLATION : "LA SOLUTION DE L'ÉNIGME EST TOUJOURS A LA PROCHAINE ÉTAPE."

Le Bambouk est une impasse. Il faut rallier le Nord pour en sortir. Les trois chercheurs de paroles doivent replonger dans le chaudron de Kayes afin d'attraper un train pour Kita puis Bamako. Ce retour défie l'endurance. Attendre un jour entier la lente addition des passagers. Rouler dix heures dans un bâché bâté comme un âne quand la patience est élimée. Crever à l'instant où la nuit tombe en piqué. Pas de cric, pas de roue de secours. La fatigue donne son congé au calme détachement. La rancœur bourdonne comme une mouche ; on lâche des mots agacés comme on lance des gestes désordonnés contre l'infect insecte.

Leuk-V *(ton rogue)* :

— Pourquoi les passagers acceptent-ils d'être transportés de la sorte sans ménagement à un tarif exorbitant ? Tant que les Africains ne se révolteront pas, les choses stagneront.

Archibald Nangadef *(ton froid)* :

— Que signifie cette généralité, "les Africains" ? Ça sent le racisme !

Leuk-V *(ton sec)* :

— Ça sent rien du tout. Je dis que l'absence d'anticipation se retourne contre les Africains eux-mêmes...

A. Nangadef *(ton vif)* :

— L'absence d'anticipation est due au manque de moyens. Toute pièce étant hors de prix, on attend la dernière limite pour la changer, en espérant toujours un sursis de la chance. Et puis, il n'y a pas si longtemps, la plupart des paysans marchaient des jours entiers pour se rendre d'un point à un autre. Aujourd'hui, l'automobile les projette dans la vitesse, même s'il faut attendre le remplissage des taxis ou patienter le temps d'une panne...

Un ciel grandiloquent couvre la soirée-débat : tel nuage se déguise en Divinité Suprême de la chapelle Sixtine tendant le doigt à l'Adam de Michel-Ange ; tel autre obèse se prend pour l'ogre Cronos dévorant ses enfants selon Goya.

Dernière épreuve du parcours quand on croit toucher les lumières de la ville : un contrôle policier. Instructive confrontation entre des agents quinteux et tatillons, et des paysans pour qui carte d'identité et livret de famille sont aussi étrangers que Queneau et Prévert pour la plupart des militaires. En définitive, c'est la poésie qui l'emporte sur la rigueur. Voici comment. La jolie Fanta n'a pas ses papiers. Œillades et arguments n'y peuvent rien. Fanta doit déposer 1 000 CFA dans la main incorruptible. S'exécutant, elle demande au fonctionnaire intransigeant de lui indiquer la maison d'un certain policier à Kayes :

— Qu'est-ce que vous lui voulez ? s'enquiert-il inquiet.

— Je dois loger chez lui, c'est mon frère (par alliance), réplique Fantou.

— C'est moi, rit jaune le flic verbaliseur qui se retrouve illico flanqué de sa jolie parente inconnue, à lui porter sa valise après l'avoir copieusement tancée et taxée.

Joie et surprise de la famille élargie en Afrique.

Première nuit aimable à Kayes sur le toit de l'hôtel complet, à dénombrer les diamants dans la mine du ciel, à bénéficier des contorsions de l'air qui annoncent la pluie. Le Docteur Nangadef mal luné claque la porte au ciel et va s'enrhumer dans un hôtel climatisé. Bulletin de santé : tour à tour, les membres de l'équipe subissent les frissons du doute, si la récolte d'informations sur le roi disparu s'avère trop maigre, trop lente, si la découverte d'un élément nouveau chahute des convictions. S'ensuivent des sautes d'humeur individuelles affectant le trio de tensions sporadiques, généralement circonscrites par les promesses de la future étape.

Aujourd'hui 6 juillet : objectif Kita, haut lieu de la mémoire mandingue, patrie de griots talentueux, dont le célèbre Kélé Monson Diabaté évoqué à Tambacounda. Marlon Tounkara nous a recommandé de visiter l'actuel maître des griots : Lasamana Diabaté. Et les yeux agrandis par la certitude, il a proféré le souhait habituel :

— Lui, il vous dira !

La vie ce matin nous propulse sur le ring dès cinq heures trente. L'accès à la billetterie de la gare est interdit, défendu par de jeunes voyous qui campent devant depuis la veille. L'invective est inutile. Se passer de leur intermédiaire équivaut à rester sur le quai. Tous chômeurs, ils doivent leur survie aux modiques bénéfices de ce racket à ciel ouvert et à guichet fermé.

— Rien ne marche, soupire en souriant le poinçonneur. Chez vous, vous avez déjà tout réparé. Vous êtes les enfants du bon Dieu.

Mon ange intérieur en charge des analyses économiques et financières se signe à l'énoncé de cette confiance énorme, car il est en fureur devant les agissements des enfants du bon Dieu en Afrique, et il y a de quoi ! Monsieur Lion vient de se faire refiler dans une gargote à même le trottoir un petit déjeuner à base de

Nescafé, lait *Gloria*, baguette *française* et *mayonnaise américaine* ! Comme si cela ne suffisait pas de la tyrannie "cocalesque" pour détruire les papilles et la tapisserie stomacale, les enfants du bon Dieu imposent la modernité frelatée de la mayonnaise aux Maliens, à leurs tubes digestifs et à leur colonne d'importations.

L'humeur dans la zone rouge, le nez dans le paysage, les pieds entravés dans ses bagages, Monsieur Lion s'apprête à franchir cent trente-cinq kilomètres en sept heures dans la cohue d'un couloir. Le Docteur Nangadef s'endort recroquevillé sur la tablette d'un compartiment et teste la résistance des matériaux. La chaleur accélère. Le train suit les méandres du fleuve Sénégal qui creuse son destin au pied de grandes tables rocheuses, de paquebots pétrifiés, de ziggourats naturelles. Quand les falaises s'effacent, la savane excessive et les plaines d'arbres patients s'approprient l'horizon.

Dans les gares, les sédentaires accueillent les nomades bras tendus. Des enfants, seaux sur la tête, vendent l'eau pour vingt centimes le gobelet. Le poisson braisé passe à la hauteur des fenêtres. Toutes les bouches sucent la chair pimentée. L'eau, les arêtes, le riz souillent le wagon. Le soleil clandestin voyage sur le toit, écrase la tôle. Les corps des passagers cherchent des positions fœtales sur les banquettes ; les sourires s'égarent ; on fraternise par les soupirs.

Le train nous abandonne dans un décor de collines sauvages. La gare, un immense entrepôt colonial : Kita. Pas de taxis, pratiquement pas de véhicules dans un bourg que les routes desservent mal. Une dizaine de bagagistes chassent les arrivants sur le quai, poussant un chariot à deux roues. Seule adresse : *L'Auberge du Chat Rouge*, belle enseigne pour un roman de pirates ou un film de psychose. En fait, un hôtel disco en banco qui s'éveille au crépuscule et dont nous sommes les seuls clients. Qui s'arrête encore à Kita ?

Une fois "lessivés", nous partons au marché à la recherche du vieux Baba Cissé qui est censé nous aider à approcher le maître des griots. Assesseur au tribunal, conseiller coutumier, président de l'association des musulmans de Kita, Baba Cissé est marchand de colas de son état.

La ville bénéficie d'un calme provincial. Des vieux que l'on salue longuement nous remercient même d'être venus jusqu'ici, visiter leur lieu de vie. Les rues larges, en terre et silence, se cognent aux collines. A Kita, où que l'on soit, l'œil repart voler en direction des collines, comme un oiseau de proie, avant que l'imaginaire ne fonde sur leurs formes de sauriens, d'ours, voire de crânes. Deux mosquées ajoutent à l'étrange ; elles conjuguent les styles soudanais et mégalithique. Leurs minarets se lèvent comme des menhirs.

Le vieux Cissé nous accueille dans la cour de sa concession. Un homme dont la corpulence renforce la prestance. Son visage rond et jovial est couronné par un chèche et prolongé par une fine barbe. La conversation ne démarre pas avant que nous ne soyons assis :

— Alors ça va ? commence-t-il.

— Ça va bien.

— La santé, ça va ?

— Ça va très bien, et vous ça va ?

— Merci, ça va bien, et à Kéniéba (d'où nous arrivons) ça va ?

— Très bien, ça va, admet Nangadef. Papa, tu as un fils à Kéniéba que nous avons rencontré et qui nous a dit : "Si vous allez à Kita, passez saluer le vieux Cissé de la part de Marlon Tounkara."

— Ah Marlon, ah oui, on faisait un petit commerce d'arachides ensemble. C'est comme un fils, il est de l'âge de mon aîné qui joue à la pétanque devant le Cercle des jeunes. Alors ça va ? Qu'est-ce que vous avez à me demander ?

— Oui, ça va. Moi je suis Nangadef de Dakar, et voici mes amis. On vit en France. On voyage pour voir l'Afrique, pour connaître un peu l'histoire, alors on s'est dit que le vieux Cissé pouvait nous dire des choses.

Baba Cissé ne se fait pas prier. Volontairement, nous reléguons l'affaire Bakari II au second contact. Baba Cissé parle de Kita, de son nom donné par le colonisateur. Explication classique d'une étymologie par perception erronée d'une réponse. Les autochtones auraient demandé prudemment aux nouveaux arrivants :

— *Il kita mouna ?* (Que venez-vous faire ici ?)

Et les Français de répondre en s'incrustant :

— Ah bon ici Kita !

Les Français ont voulu installer la ville coloniale sur les hauteurs comme à Dakar ou à Bamako, pour des raisons défensives, mais les génies des collines ne l'ont jamais autorisé.

Les collines, à Kita, les mots y conduisent aussitôt.

A l'époque de Soundjata Keita, elles étaient désertes. Le futur empereur venait y chasser. C'est lui qui a découvert les grottes. L'une d'elles peut contenir la population entière de Kita, mais son emplacement reste secret. On l'appelle "la montagne où dort le lac aux eaux bénites". Le vieux marchand de colas déploie les appâts du mystère. Il suppose que tous les toubabs en sont friands. La ville sait cela depuis le passage de l'expédition muséographique dirigée par Marcel Griaule en 1931. Michel Leiris, avec sa sincérité admirable, relate dans *l'Afrique fantôme* à la fois les caprices de Griaule qui exige la conquête (du secret) des grottes comme on commande la prise d'un bastion ; et la résistance des indigènes qui rusent pour protéger leur patrimoine symbolique, peuplent la montagne de "diables dangereux et sinistres", multiplient les dissuasions. Rien n'y fait, les membres expéditionnaires furètent, même après avoir appris que des notables y sont inhumés et que le respect exigerait de garder ses distances.

Spontanément, à Kéniéba, Marlon Tounkara nous avait abreuvés de merveilleux à propos des collines de Kita, sa ville ; et son envie de transmettre rendait sa conviction encore plus poétique. Au début de la saison des pluies, disait-il, au tournant de juin à juillet, un phénomène, que la raison désignerait comme atmosphérique, apparaît au-dessus des collines, visible de tous. Une sorte de vapeur, que les habitants appellent *boubou*, reste en suspension une semaine avant de diminuer et de disparaître. On dit aussi "le grand signe est sorti". Si le boubou est blanc, la saison sera bonne, s'il est plutôt mauve, mieux vaut chercher son argent ailleurs...

Des collines, il dit encore : "Celui qui s'y promène et ressent soudain la faim, aussitôt sa pensée exprimée, trouvera de quoi manger, un fruit. A peine l'aura-t-il dégusté, s'il poursuit son chemin et se retourne, la plante généreuse aura disparu."

— En fait, déclare Baba Cissé, le vrai nom de Kita est Genoukrou, "la colline de l'arbre *genou*", celui qui sert à fabriquer les balafons.

Autrefois, explique-t-il, la ville abritait le balafon sacré de Soumaoro Kanté, le roi magicien vaincu par Soundjata. A chaque décès du doyen des griots, le balafon voyageait entre Kita et Nakasolé, autre sanctuaire en Guinée, car il devait toujours résider auprès du maître le plus âgé d'entre ces deux collèges. Mais, au lendemain des indépendances, Sékou Touré s'est opposé au retour du balafon au Mali. Depuis cette décision arbitraire, le contentieux dure entre les deux pays.

Mais le discours du vieux notable est sans cesse interrompu par des demandeurs de conseils qui défilent dans sa cour. Il nous invite à repasser le lendemain, à n'importe quelle heure, quand il tient commerce de colas, devant chez lui.

Ah, une cola blanche, dodue et fendue comme un sourire de jeune fille pubère ! Voici le fruit qui ferait se damner un amateur en manque après un repas de viande boucanée et de boulettes de mil. Irremplaçable amertume qui jute dans la bouche et fait tanguer de plaisir les pensées. Le sel vient du désert, la cola apporte les vertus des forêts du Sud. Ces deux bienfaits de la terre se croisent dans les bâts des caravanes à la hauteur du Sahel. Les dieux du Sud n'accepteraient pas d'être propitiés sans sel. Les rites sacrés des zones sèches ne s'envisageraient pas sans noix de cola, symbole prometteur d'humidité. Visites de politesse, démarches d'alliances, aucune négociation ne saurait débuter sans le don préalable de colas à la personne sollicitée.

La cola est une merveille.

Pour vendre, Baba Cissé, ancien respecté, est assis devant sa porte dans un large fauteuil de rotin, en compagnie de deux vieux griots, l'un tout maigre, le regard dissimulé derrière des lunettes noires, l'autre revendiquant la totalité de son siège. Ils nous réservent un accueil chaleureux. Assis, nous prolongeons la ligne des notables. Et plongeons dans le vif du sujet. Le marchand de colas écoute. Il hoche la tête, approuve chaque donnée en ouvrant les paumes et en balançant les mains en avant comme pour dire :

— Et voilà ! Bien entendu.

Ce faisant, il ne perd pas un détail de tout ce qui se passe autour de lui sur la place. Sa réponse tombe franche : il ne connaît pas Abou Bakari II. Mais son sentiment sur la question est clair : un roi parti de la sorte, personne n'est là pour le chanter, il est oublié, sorti des mémoires, cela coule de source.

L'hypothèse du complot du silence confortée par le simple bon sens.

C'est alors que le vieux griot à lunettes sort de sa réserve et annonce qu'il se souvient de cette histoire. En effet, peu de temps avant sa mort, Massa Makan Diabaté lui en aurait parlé. Monsieur Lion, Leuk-V et le Docteur Nangadef tressaillent. Massa Makan Diabaté est une référence qui compte. Ce fils de Kita, membre de la caste griotique, est sans conteste un des grands écrivains du continent. Tous trois lui vouent un culte littéraire depuis la lecture de sa fameuse trilogie : *Le Lieutenant*, *Le Boucher*, *Le Coiffeur de Kouta* (Kouta pour Kita). Rarement auteur a su comme lui palper un tissu social jusqu'aux ourlets de l'âme. Son impertinence tient de la haute voltige, et n'a d'égale que la liberté de son style. Avec lui, la langue française rigole, s'encanaille, se régale de trouvailles. M. M. Diabaté est un sage gourmand, un être dont on respecte la quête du sacré, car il tient l'érotisme pour vertu. Mais il est aussi un créateur implacable qui observe avec jubilation ses personnages s'embourber dans le marigot de la bassesse humaine et qui ne consent à les en retirer qu'in extremis, pour un épilogue de grandeur. Comme dans son roman beau et acide : *L'Assemblée des djinns*. Lui seul a pu se permettre de décrire ainsi la condition contemporaine du griot : "Les griots des soleils des indépendances ont troqué l'or contre le cuivre. Ce ne sont plus que des animateurs publics qui déploient les broderies de leur éloquence pour quelques pièces de monnaie. La tradition dit : «Dès qu'un griot entend le grondement du tonnerre, il doit regagner son village et cultiver, car l'aumône, si elle permet de vivre, ne construit pas un foyer.» Cela, ils l'ont oublié. Et voilà pourquoi ils jouissent d'un préjugé défavorable alors qu'autrefois ils détenaient la force vitale du pays malinké."

Le vieux griot à lunettes noires révèle donc que l'expérience océane de l'empereur malien a intéressé Massa Makan Diabaté dans les dernières années de sa vie, qu'il avait prévu d'écrire à ce sujet, et émis – ô surprise – l'hypothèse de sa disparition dans le triangle des Bermudes !

Boutade d'auteur facétieux ou allusion d'un parent de griot bien informé ? La remarque rallie nonobstant notre inventaire.

Baba Cissé nous octroie sa recommandation pour le chef des griots, tout en présumant son ignorance sur ce sujet. Il fait quérir un jeune interprète qui a déjà assisté un musicien japonais pendant son apprentissage de la cora et du balafon à Kita. Soudain, s'avisant de notre condition de piétons, il nous déconseille vivement de parcourir à pied les trois kilomètres qui séparent Kita du village du maître. Il nous suggère de louer un véhicule afin de jouir de la considération du griot. Un toubab perd son prestige à marcher en Afrique.

Le parc automobile de Kita se résume à quelques spécimens. Une Land Rover nous est proposée à 300 FF pour six kilomètres et l'attente. Le prix baisse de moitié quand le propriétaire apprend sa parenté avec Nangadef. Mais l'irruption d'un coopérant au volant d'un pick-up clôt le marchandage. Miracle des voyages : il s'avère qu'il est lyonnais et qu'il vient de passer sa thèse sous la direction d'un de nos amis. Notre affaire l'intrigue. Nous roulons.

La concession du maître de la parole est remplie de femmes. Le vieux dort. On nous introduit dans sa chambre. Il nous reçoit couché comme dans un boudoir. Il allume une cigarette. C'est un vieillard maigre et sans sourire. Après les politesses d'usage, le traducteur malinké, très motivé par notre recherche, l'expose avec empressement. Je scrute l'effet de l'annonce sur le visage du griot : aucun. Il ne connaît pas d'empereur mandingue parti en mer, n'en a pas entendu parler. Une telle entreprise lui suscite-t-elle un sentiment ? Tout peut arriver, répond-il sèchement, Samory Touré, le résistant à l'invasion française, a bien fait des voyages extraordinaires. Mutisme indéchiffrable, entretien terminé. Le proverbe affirme : "Il est difficile de dire non, mais après on a la paix." Le griot, lui, n'a aucune difficulté à préserver sa paix. Notre approche rapide et directe trahit une incompatibilité avec la retenue qui inspire les confidences. Nous restons sur le seuil du vestibule des siècles. Aujourd'hui, nous le sentons bien. La seule alternative suppose un séjour de plusieurs mois. Et encore ! Le vieux Lasamana Diabaté semble faire partie de ces griots inflexibles comme l'était Kélé Monson Diabaté, le maître des décennies précédentes. Du caractère de Kélé Monson, son neveu, l'écrivain Massa Makan Diabaté, écrit : "Au Mali, chercheurs et hommes politiques se plaignaient de son intransigeance à toute épreuve et de sa fierté sans borne : au beau milieu de son récit, il était capable de se lever pour prendre congé, disant : «Je suis fatigué. Je suis désobligeant. Je ne suis pas patient. Et voilà pourquoi je n'ai jamais su me lier à un grand.» Il n'a jamais eu d'élèves ; et tous ceux qui ont essayé de s'instruire à ses côtés ont dû le quitter, car Kélé Monson, jamais, ne partageait. «Partager n'est pas bon», disait-il à qui voulait l'entendre."

Kélé Monson n'a jamais eu d'élèves : preuve alors que le jeune griot de Tambacounda a menti, pour se valoriser à nos yeux, en se vantant d'avoir fréquenté pendant neuf ans le maître de Kita.

— Le mensonge a de longues jambes, cite Monsieur Lion qui a lu Massa Makan Diabaté, il pourrait bien courir pendant des années que la vérité le rattraperait en une journée.

Nous nous en retournons, le pas lourd.

— Le doute a de longues jambes, dédramatise Nangadef ; il pourrait bien courir pendant des années que la curiosité le rattraperait en une journée.

— A Kangaba, soyez sûrs, on vous dira ! ironise Leuk-V à l'instar des bons prophètes croisés en chemin, et qui nous prédisent la lumière à l'étape suivante. Notamment à Kangaba, centre fameux du savoir mandingue.

Nous quittons Kita à quatre heures du matin, à la sauvette, sur le porte-bagages d'une mobylette-taxi anémiée et sans phare, nos lampes frontales braquées par-dessus l'épaule du pilote pour éclairer la route jusqu'à la gare. Un wagon dort à quai ; nous nous glissons parmi des ombres. Le train s'éveille à cinq heures et démarre aussitôt. Quand le jour se lève, ma voisine a les gencives bleues. Beauté peule. Sa fille porte une coiffe extraordinaire, patchwork de ronds de napperons rehaussés de perles nacrées semblables aux boules d'argent des paquets de dragées. Sur sa nuque tombent des galons. L'effet est des plus attrayants. Les yeux y reviennent sans cesse.

Beaucoup de madones aux épaules nues, de mères aux seins lourds de lait.

— Deux personnes se promènent, il n'y a pas trace de la seconde ? interroge Nangadef. Qui sont-elles ?

La solution : une femme enceinte.

Beaucoup de femmes enceintes dans le compartiment.

Dans les gares, les femmes peules, longues, minces, proposent du lait dans des bouteilles en plastique récupérées. Leurs lèvres sont bleues. Leur menton parfois tatoué. Des fillettes crient sur le quai : *"Tiviane !* (Eau !)" Le convoi attend longtemps le croisement avec l'express en provenance de Bamako. Monsieur Lion se mêle aux employés des Chemins de fer :

— Américain ? Français ? s'enquiert l'un d'eux.

— Français.
— Depuis quand au Mali ?
— Dix jours.
— Quel était le nom ancien du Mali ?
— L'Empire mandingue, répond studieusement Monsieur Lion.
— Non, le Soudan français, rectifie le cheminot.
— Moi, je veux parler du grand Mali, le Mali de Soundjata, revendique l'inspecteur Lion.
— Soundjata, il n'a rien fait ! dédaigne son interlocuteur.
— Comment ça, rien fait ? s'indigne le Français.
— C'est son père qui a tout fait. Soundjata n'a fait qu'hériter. Il était trop aimé des griots.
— Toi, tu es un Kanté, de la famille de Soumaoro, l'ennemi de Soundjata ? soupçonne Monsieur Lion.
— Non, je suis peul. Un qui était grand, c'est Sakoura.
— Mais les griots ne parlent pas de Sakoura, argumente Monsieur Lion, ébahi par une conversation aussi érudite sur un quai de gare.
— Non, ils n'en parlent pas parce que Sakoura était un esclave (devenu empereur du Mandingue).
— Connaissez-vous Abou Bakari II ? tente Monsieur Lion.
C'est un autre employé qui répond :
— Oui, c'est l'Africain qui le premier est allé sur la mer, avant les Européens, Christophe Colomb, tout ça.
— Comment tu sais ça ?
— C'est Ibrahima Baba Kaké, l'historien, qui l'a écrit dans *Histoire d'un continent*, révèle l'homme de la rue.
Malheureusement, l'express entre en gare et siffle la fin du chapitre.

X

OÙ LE DOCTEUR NANGADEF ET SES AMIS VONT AU THÉÂTRE A BAMAKO, ASSISTENT SUR SCÈNE A L'ARRIVÉE DU ROI EXPLORATEUR EN AMÉRIQUE, EN PROFITENT POUR VISITER LES COULISSES DE LA DÉMOCRATIE, TOMBENT SUR UN ALPHABET SECRET ET UN CURIEUX "DRUMOLOGUE" QUI LEUR DIT TOUT SUR LE ROI QU'ILS CHERCHENT ; CE QUI LES INCITE NATURELLEMENT A CONTINUER LEUR CHEMIN.

Comment le Docteur Nangadef et ses amis Lion et Leuk-V parviennent-ils à la mission maronite ? C'est le fait du hasard qui drague sur les quais de gare. C'est à cause d'un rabatteur qui travaille au profit de l'insolite. A Bamako, la mission libanaise n'existe plus. Et pourtant, ils s'y trouvent désormais. La chapelle est fermée. Le clocher porte haut l'enseigne massive d'une croix de béton. Tout est peint en blanc. Une enceinte encadre un jardin qui recouvre sa liberté. C'est bien. Au cœur de la ville. Deux chambres, un lavoir et beaucoup d'espace pour de belles étoiles. Il n'y a qu'une âme qui vive. Georges Francis, un Libanais dont le visage rond indique la trentaine et guette leurs intentions dans l'entrebâillement du portail. Ils lui disent sous un soleil picador qu'ils font des recherches en histoire, qu'ils ont besoin d'un lieu calme pour échapper aux pressions de la ville et pour enquêter en toute discrétion sur la disparition d'un roi malien. De leur présentation, Georges Francis ne retient que le mot histoire. L'accueil n'est pas encore conclu qu'il leur demande vivement de lui raconter les Croisades. Celle de Godefroi de Bouillon ou une autre, enfin celle qui planta en terre d'Orient des noms français. Car trouver aujourd'hui des Francis au Liban, ça veut bien dire que la graine française y a germé, n'est-ce pas ?

— Vive la France ! tonitrue-t-il par-dessus leur vague assentiment.

Ainsi s'ouvre une porte et naît une amitié. 8 juillet.

Georges le baroudeur hâbleur au grand cœur, le familier des ambassadeurs, le locuteur haoussa, le boxeur de night-clubs au Nigeria, le poseur de charpentes métalliques au Sahara, l'entrepreneur en ferronnerie, le guetteur d'amitié, le veilleur à demeure dans cette mission sans heures, Georges est pour eux le héros d'un séjour heureux à Bamako. Il réveille pourtant le jour en chantant dès l'aube la déchirure lamentable du Liban. La pluie accable le matin, c'est la joie du mil, le jardin s'ébroue, les larmes d'eau douce glissent sur les feuilles cirées. Georges les distrait du Mandingue. Pendant la dernière guerre, dit-il, des tirailleurs sénégalais périrent dans la neige, proies d'une nuit glacée sur les pentes de la plus haute montagne du Liban. On les a retrouvés statufiés par le gel, sculptés par la mort blanche. Combien de villes ont élevé un monument : "Aux tirailleurs sénégalais, la France reconnaissante" ? Peu, on s'en doute. Vive la France !

A Bamako, le Docteur Nangadef, comédien et metteur en scène de son état, entraîne ses amis au théâtre : Abou Bakari II y traverse l'Atlantique sur la grande scène de la fiction.

Quand le spectacle commence, l'empereur a déjà rompu avec le pouvoir, il a largué les amarres, il navigue, il cingle vers l'horizon du savoir. Gaoussou Diawara, président de l'Union des écrivains du Mali, lui a consacré une pièce : *Abubakari II.* L'écrivain fait du monarque-amiral un idéal de courage politique et d'humanisme ; il s'en sert pour rappeler qu'avant l'islam des intolérances, il y eut l'islam des sciences. Abou Bakari II écoute savants arabes et féticheurs africains ; il fait appel au talent des scribes mais confirme sa fidélité à l'oralité :

ABOU BAKARI. – Chaque voix est une conscience. Une conscience n'en tue pas une autre.

Sur le plateau du théâtre, les comédiens souquent ferme. La flotte mandingue est prise entre deux colères. Dans cette savane nue et agitée, l'empereur impavide affronte la révolte des flots caractériels et du ciel vindicatif ; mais il essuie aussi celle de son équipage, saisi par la haine envers un projet qui déracine le chasseur, terrorise une épouse habituée aux cajoleries de la cour, change les louanges en venin dans la bouche du griot.

LE GRIOT. – Certains monarques s'accrochent désespérément à leur trône et vous, vous jetez le vôtre en pâture pour partir à l'aventure…

Gaoussou Diawara, l'auteur, souligne :

— Quand je vois en Afrique ces chefs d'Etat s'accrocher au pouvoir, tirer sur le peuple, je me dis qu'Abou Bakari II a une signification contemporaine. Il est la mauvaise conscience de ces dirigeants qui refusent l'ouverture et confisquent la liberté…

— Le roi qui fréquente les sages a de bonnes chances d'être un bon roi ; mais le sage qui fréquente trop les rois ne peut manquer de perdre sa sagesse, énonce le Docteur Nangadef, sentencieusement.

Et voilà qu'au Mali, en 1991, la révolution écarte un tyran et porte un homme de science à la tête de l'Etat ; elle arrache Alpha Konaré l'historien à la fréquentation des sages pour le jeter dans l'arène des rois. Du savoir au pouvoir : la route opposée à celle du roi démissionnaire est tout autant bordée d'épineux.

— Abou Bakari II est un mythe moderne à l'usage des présidents d'Afrique et de tous les dirigeants du monde, profère Gaoussou Diawara. Une figure de prophète dans la tourmente, celui qui, mû par un idéal, choisit l'intégrité au mépris de l'impopularité.

LE GRIOT *(menaçant)*. – Demain Prince, l'imaginaire populaire te fera porter toutes sortes de visages, du dément à l'illuminé. Les griots se tairont sur ton passage au trône…

ABOU BAKARI. – Malheureux le peuple qui n'a qu'un seul espoir incarné en un seul modèle… Voilà que l'orage reprend.

A Bamako, Monsieur Lion, Leuk-V et Archibald Nagadef visitent aussi les coulisses de l'expérience démocratique. Théâtre d'événements violents. Ils entendent des répliques cinglantes :

— Quatre cents étudiants tués au cours de la révolution de mars 1991.

— Les jeunes ont pris conscience de leur force. Ils sont cent mille.

— Ils sont sortis du feu, la démocratie dans les bras.

— La mort ne leur fait plus peur.

— Ils veulent que les promesses soient tenues. Ils refusent que tant de barons du régime Traoré, invétérés tourneurs de vestes, soient encore aux commandes de postes clefs et verrouillent le changement.

— Ils ne craignent pas les excès.

— L'exécution sommaire des collaborateurs trop compromis avec le despote déchu reçoit une appellation contrôlée : "l'Article 320 du Code Pénal Accéléré", 300 CFA le litre d'essence plus 20 CFA la boîte d'allumettes.

Gaoussou Diawara l'écrivain déplore :

— J'aurais voulu que les intellectuels africains s'interrogent, descendent en eux-mêmes pour sauver l'Afrique par la science et non par des luttes politiques.

Sur scène, la vigie finit par crier : "Terre ! Au loin la terre !"

C'est la fin du spectacle. Il est trop tard, la mutinerie a semé la mort à bord des bateaux mandingues. Jéli Mady le griot a trahi, il a instillé la révolte parmi les matelots. L'écrivain en fait un esprit reclus.

LE GRIOT. – J'ai tout essayé pour aimer la mer. Mais je n'y trouve pas mon inspiration. Pauvre griot qui ne sait comment changer sa vision du monde…

Abou Bakari agonise alors qu'un vol d'oiseaux, ambassadeurs des rivages du Brésil, passe devant ses paupières alourdies. Les mutins ont jeté par-dessus bord les cartes, les plans de navigation, le journal de route : ainsi le poète-créateur efface-t-il l'espoir de retour et explique-t-il le naufrage de l'expédition malienne dans la mer obscure de l'oubli.

— La mort d'Abou Bakari, c'est quoi ? interroge Gaoussou Diawara. Abou Bakari a vu l'Amérique, cette terre lointaine, sans y mettre les pieds ; cette terre lointaine, c'est la démocratie, et nous, Africains, risquons de ne jamais y poser les pieds. En tant qu'écrivain, mon rôle est de rendre à ma société sa conscience politique. Je n'apporte pas de preuves tangibles de l'exploit d'Abou Bakari II, mais je voudrais que cette pièce aide le peuple africain à redevenir grand, parce que l'image de ce monarque est belle ; son nom et son œuvre doivent nous servir à édifier une vie nouvelle et démocratique.

Abou Bakari II, auréolé, salue le public. Applaudissements.

A Bamako, sa réhabilitation s'affiche. Dépassés les timbres de Dakar, le nom du royal explorateur s'étale sur des maillots, des autocollants. Il y a un club Abou Bakari II fondé par des étudiants qui naviguent dans le sillage de Gaoussou Diawara. Monsieur Lion, Leuk-V et le Docteur Nangadef se sentent happés par la spirale du mythe. Ils accordent un entretien à la radio, une antenne alternative baptisée *Kaira*, bonheur ; leur enquête est divulguée dans la presse écrite.

Gaoussou Diawara stimule leur démarche pour amplifier la propagation de son rêve. C'est un poète engagé, son enthousiasme est brûlant ; il voudrait embraser le cœur de tous les Maliens, et toucher aussi celui des frères africains d'Amérique. Il dit : Cette histoire gratifiante pourrait hâter les retrouvailles entre les deux communautés noires séparées, qui aspirent à recoudre le beau pagne déchiré du passé africain. Afrique, continent alité, au chevet duquel Diawara le militant appelle les pèlerins noirs d'outre-Atlantique à venir déposer un soutien matériel en échange d'une garantie de mémoire. Son projet n'est pas dénué de réalisme économique. Il voit le Mandingue devenir l'enjeu de préoccupations touristiques ambitieuses. Il imagine des circuits culturels organisés autour des monuments de l'oralité : faire des lieux où se dispensent les épopées malinkés, les objectifs de périples guidés ; faire des villages de brousse où vivent les virtuoses de la cora, de la guitare-*ngoni* et du balafon, les capitales de rencontres rares.

Mais le portrait littéraire n'est-il pas trop beau ? Et si la réalité était tout autre ? A Bamako, Monsieur Lion, Leuk-V et Archibald Nangadef, traqueurs de mythes en exercice, flairent la piste de la mégalomanie. Ils y croisent d'ailleurs l'ombre légendaire d'Alexandre le Grand. Que vient faire le champion des expansionnistes sous ces latitudes ? Depuis toujours, expliquent leurs interlocuteurs de l'Institut des sciences humaines, les Arabes ont colporté sa réputation ; son œuvre sert de référence, de "maître-étalon", à la démesure d'une conquête. Les empereurs du Mali le connaissaient bien. Or, tout homme malinké, doté de pouvoir, naît et vit hanté par le devoir de dépasser ses prédécesseurs.

"Il y a trois sortes d'enfants, recense l'écrivain Massa Makan Diabaté, celui qui n'atteint pas la valeur de son père, celui qui se hausse au niveau de son père, et celui qui dépasse son père." Et si les louangeurs professionnels tiennent compte du courage et de la fidélité dans les actes des nobles, ils attisent plutôt par leurs harangues l'obligation de surpassement. Or, comment espérer être chanté par les griots quand on suit de si près, dans la lignée des rois, Soundjata Keita, fondateur de l'Empire mandingue, lui-même comparé à Djouloukara Nani, Alexandre le Grand ? Quelle autre frontière tailler en brèche quand l'empire se heurte déjà à l'impitoyable muraille de l'Océan, qui fit reculer le Macédonien en Orient et arrêta Soundjata face au couchant ? Aucune, sinon l'Océan, sinon le couchant ! Voilà bien le défi que le double orgueilleux d'Abou Bakari l'humaniste a pu prétendre relever. Il n'avait pas le choix s'il voulait se hausser au-dessus de ses ancêtres, mériter sa part de chants et susciter une épopée sans précédent.

— Alors, Abou Bakari II fut-il un monarque éclairé ou un fou de gloire, tenté par l'aventure hégémonique, prêt aux pires extravagances pour se hisser jusqu'au sommet qui exclut tout rival ? se demandent en chœur les trois enquêteurs.

La réponse, ils le pressentent, repose sous le chaume des cases traditionnelles, dans les villages de griots du Vieux Mandingue, plus au sud, de part et d'autre de la frontière avec la Guinée. Ils vont s'y rendre, résolus, mais sans trop d'illusions désormais. Le sort d'un perdant excentrique n'intéresse pas les griots qui, pendant sept cents ans, n'ont cessé de faire l'apologie des vainqueurs et des chasseurs-guerriers. Abou Bakari II le navigateur est un contresens au regard de la tradition.

A Bamako néanmoins, ils restaurent leur courage. Le directeur du Musée national, Samuel Sidibé, loue leur entreprise :

— J'en attends beaucoup, leur confie-t-il, le Mali n'a pas encore fait le tapage nécessaire sur cette question.

Samuel Sidibé, archéologue aux allures de jeune homme, élancé, souriant, courtois et attentif, cesse toute activité pour les recevoir, pourtant à l'improviste. Commissaire adjoint de la somptueuse exposition sur les fouilles dans la vallée du Niger, promise à un long voyage entre l'Afrique et la France, de 1993 à 1996, il sait l'importance pour le présent de dégager l'héritage enfoui du passé. Et d'en tirer, quand il y a lieu, une légitime fierté :

— Soulever la question de l'expédition d'Abou Bakari II, ce n'est pas opposer un discours contradictoire aux courants établis par goût de la polémique, c'est poser l'Histoire autrement.

Toutefois, prévient-il encore, tous ceux qui voudront donner corps et substance à cette hypothèse buteront contre deux murs : celui des tenants de l'oralité africaine et celui de la dérision occidentale. Toutes les tentatives de revalorisation de l'Afrique se sont heurtées à cette dernière paroi, élevée à l'époque coloniale, et qui bloque les intellectuels, les force à la soumission. Quelle secousse pour le monde occidental si l'on parvenait à établir qu'un Africain ait pu atteindre l'Amérique avant Colomb ! Je suis impatient qu'on en fasse la preuve.

A Bamako, un homme se targue de détenir des preuves, mais il se garde bien de les divulguer avant d'avoir trouvé éditeur. Il se contente d'en faire miroiter l'existence à la face du public concerné, crispé par ses atermoiements. Il s'agit du mystérieux griot M. K. dont le Docteur Nangadef et ses associés s'efforcent de suivre les déplacements depuis Dakar. Ils ont obtenu par une filière compliquée un rendez-vous avec lui. L'entretien est prévu à l'Institut des sciences humaines le lundi suivant, soit vingt-quatre heures après le match Mali-Malawi comptant pour les quarts de finale de la Coupe d'Afrique. C'est dire l'aisance de la circulation dans les rues, en ce dimanche après-midi.

— Son nom de Football dans Bamako désert, décrit Monsieur Lion, plagiant Duras.
— Viendra ou viendra pas ? s'obsède Leuk-V en pensant au griot.
— L'incertitude fait partie du jeu, rappelle Nangadef goguenard.

A défaut d'obtenir des billets pour le match, ils s'offrent la visite du remarquable musée d'ethnographie. Pendant ce temps, le pays dans son ensemble retient son souffle et bout dans le chaudron du stade. Seul le guide du musée assume avec résignation ses fonctions ; il tient, lové dans sa paume, un mini-transistor que Monsieur Lion confond d'abord avec un émetteur-récepteur pour la sécurité.

Une case-cuisine a été reconstituée dans le jardin :
— Sanctuaire de la féminité, clame le guide, avec le foyer dont les trois pierres rappellent les devoirs pluriels de l'épouse envers le mari : amour, fidélité, respect...

En contrepartie, s'empresse-t-il d'ajouter, le tabouret est interdit aux hommes. Avec ses quatre colonnes périphériques, synonymes des petites et grandes lèvres, et son pilier central, il indique que la femme est le support de la maison.

Le groupe de visiteurs est majoritairement composé d'Européennes ; les efforts que déploie le guide pour enrober ses informations de précautions féministes attisent un effet comique. A l'entrée de la case, le mortier et le pilon, vagin et phallus, convoquent les détails de la nuit nuptiale :
— Si la fille a goûté le miel avant le mariage, le mortier est renversé et le pilon gît à terre.

A chaque changement de salle, le guide porte discrètement son appareil à l'oreille pour le rabaisser aussitôt devant le masque dogon suivant :
— J'ai été témoin d'une circoncision par substitution, révèle-t-il. Un forgeron coupe une feuille en nommant un garçon. Au moment précis où il tranche

la feuille, le prépuce du garçon tombe. Le circoncis porte les mains à son sexe qui saigne, et montre sa bravoure par son silence ou sa faiblesse par ses gémissements…

C'est alors que les mots du guide se bloquent, sa parole tranchée. Sa face se fige. Son discours jusque-là méritoirement cohérent, malgré les interférences sportives, part en vacance : le Malawi vient d'égaliser ! Le commentateur culturel est défait. Avec humour toutefois, il justifie son intérêt, non pour le foot mais pour le résultat du match, par la crainte des conséquences d'une défaite sur les bâtiments institutionnels comme le sien. Il évoque la menace de la casse cathartique. Un quart d'heure plus tard, la visite s'achève sans prolongations. Monsieur Lion glisse un billet dans sa main. Jamais il n'a vu quelqu'un frappé de reconnaissance sauter en l'air aussi haut. En fait, sa générosité n'y est pour rien. Le Mali a marqué le but qualificateur à la quatre-vingt-dixième minute. La ville est en chaleur, les supporters en rut. C'est la feria des mobylettes. Les montures de fer supportent toutes au moins trois cavaliers en extase ; ils frôlent des amazones qui montent à cru de vieilles Peugeot bleues et sauvages. La joie pollue la capitale, elle sent le gaz et le délire aveugle. La horde ne connaît ni chaussée ni trottoirs, elle déferle et sème des impressions de razzia ou d'exode. Des ululements d'ambulances volent par-dessus le barrissement des moteurs. Le dimanche suivant, la victoire du Mali contre l'Egypte fauchera plusieurs vies ivres de bonheur.

Grain de folie sur la ville : bourrasque violente et de courte durée. Les trois détectives s'écartent et lui laissent le passage. Le hasard, qui n'est pas dénué d'un grain de fantaisie, les achemine vers le quartier dit "des footballeurs" pour une paisible soirée dans un *grain*. Bamako, "ville du *grain*" : mot d'origine bambara, donc peu susceptible de s'orthographier comme le fruit des graminées, mais peu importe. *Grain* se traduirait par “club”, lieu de réunion pour des hommes ou des femmes – séparément – qui se sont choisis dès leur jeunesse ou plus tard, en vertu d’un lien professionnel. Le *grain* peut se tenir sous un arbre, dans un terrain vague ou retiré, dans un bar ou une maison aménagée à dessein, avec toutes les commodités : pour la soif, la faim ou d’autres nécessités horizontales. Au *grain*, les amis se retrouvent pour jouer, échanger des confidences. C’est l’espace où survit l’organisation des classes d’âge, héritée du mode de vie rural, et grâce à laquelle l’individu avance, encadré et soutenu sur son chemin initiatique. Le *grain* prolonge la palabre en milieu urbain ; il sert de conseil à des citadins parfois privés de l’expérience des anciens. Chacun de ses membres y soumet ses difficultés d’existence. Le *grain* fait fructifier un esprit de solidarité qui œuvre pour la protection ou la promotion de ses sociétaires. C’est là que se fomentent des prises de pouvoir, se bâtissent des ascensions politiques, s’arrangent les tractations pour un remariage, se débattent les problèmes d’alliance, bref se calculent les meilleurs choix quand un homme est confronté au doute. Aucune épouse ne se risquerait à faire une scandaleuse irruption dans le *grain* de son conjoint. Car l’institution, derrière sa façade traditionnelle, camoufle des transpositions urbaines que personne n’ignore : grâce au *grain*, le mari dispose d’un *deuxième bureau*, “office” où se traitent les “dossiers d’adultère”. L’homme finit par y passer le plus clair de son temps aux dépens de sa famille et de l’éducation de ses enfants ; il y fuit ses responsabilités.

— Et le pire, leur explique-t-on, c’est que la répétition quotidienne de ces réunions entraîne un assèchement des conversations. Au *grain*, il n’est question que de ragots, de rumeurs, de commentaires paroissiaux. Pas de projet culturel. Juste l’obsessionnelle poursuite du discours…

Mais tous les *grains* ne sont pas du même calibre. Ce dimanche soir, Monsieur Lion, Leuk-V et Archibald Nangadef boivent les trois thés dans un *grain* de musiciens, entre deux murs en chantier. Les usagers du club ont juché les fauteuils au sommet d'un tas de sable. De l'autre côté de la route : une station de lavage pour voitures, un stade, le quartier des footballeurs. Le *grain* comprend aussi une cour ombragée délimitée par une cuisine et des chambres, mais c'est dans ce couloir mal foutu en prise directe sur la rue que les jeunes joueurs de guitare-*ngoni* ou de tambour-*djembé* aiment à s'affronter aux dames ou à parler métier. Ils se retrouvent là autour de Toumani Diabaté, virtuose de la cora, célèbre dans le monde depuis l'âge de vingt-deux ans, grâce à son premier album *Kaira*, "Bonheur".

En fait, *Kaira* désigne autre chose que bonheur : c'est le nom d'un mouvement populaire, né spontanément dans la région de Kita, un soulèvement musical doucement subversif qui inspira les indépendantistes dans les années cinquante.

— Les membres du *Kaira* ne tuaient personne, raconte Toumani Diabaté, ils se sont mis en marche avec leurs instruments de musique pour encourager les jeunes à bien cultiver, à faire de bonnes récoltes, à refuser l'émigration. Ils suggéraient de rester sur place et d'inventer : "Vous pouvez construire votre pays vous-mêmes." Ils voyageaient de village en village, de champ en champ. Ils combattaient la peur de l'occupant. Leur réputation s'est répandue dans les cinq pays mandingues. Aussi, le commandant blanc a-t-il voulu les arrêter : il a fait emprisonner le chef du mouvement. Tous les membres se sont aussitôt constitués prisonniers. Les femmes ont commencé à battre des mains, à danser, tout le monde a suivi. Le commandant a vu qu'il n'avait pas affaire à des bandits. Il a cédé. Mon père est le premier à avoir joué ce rythme *Kaira* à la cora.

Toumani sait de qui tenir. Sidiki Diabaté, son père, est considéré comme un des plus brillants instrumentistes de ce siècle. Un homme de savoir aussi. Or, la veille de notre arrivée à Bamako, Sidiki Diabaté a déclaré dans une conférence publique, en réponse à une question sur Abou Bakari II :

— Ce personnage ne fait pas partie de notre tradition !

Verdict sans appel.

Toumani lui-même ne connaît pas le roi marin. Les autres musiciens écoutent le récit que Monsieur Lion fait de leur enquête comme des enfants attentifs à un beau conte.

— Vous faites ce que nous Africains devrions faire, dit l'un.

— Mais nous n'en avons pas les moyens, oppose un autre.

— Aujourd'hui, beaucoup d'intellectuels africains s'intéressent à la question, objecte Monsieur Lion.

— Oui, mais il y a divorce entre les historiens africains et les griots. Les intellectuels des villes dédaignent les griots. Ils estiment que c'est s'abaisser de venir s'asseoir près des vieux. Et les griots considèrent les historiens qui ont fait l'école des Blancs comme des traîtres qui se sont octroyé le droit de parler de l'Histoire à leur place.

(Une nuit et quelques brochettes de capitaine juste arrosées de citron vert plus tard…)

— Je suis sûr et certain qu'Abou Bakari II est arrivé en Amérique ! assène le mystérieux griot M. K. Le courant marin de l'Atlantique Sud, qui porte d'est en ouest, est encore appelé par le nom lébou *wasa*, "satisfaction"…

L'homme qui fait face ce lundi aux enquêteurs venus de France et qui passe à de tels aveux sans sourciller, qui est-il ? Son nom trahit bel et bien une ascendance griotique, mais son cursus indique un transfert chez les intellectuels. Dans ses fiches, Leuk-V a noté : ancien élève de Gaoussou Diawara, puis enseignant, a accepté une prime de reconversion pour devenir commerçant, a montré alors un intérêt soudain pour l'empereur disparu en mer, s'est éclipsé pendant six mois durant lesquels on le retrouve à Dakar, se vante d'une longue enquête auprès de féticheurs à la périphérie du Mandingue, là où personne ne va aller vérifier ses sources, en Guinée, Sierra Leone, au Liberia. Prétend depuis détenir le recueil complet des chants secrets qui concernent la vie et les actes d'Abou Bakari II…

M. K. est un homme grand, de belle allure dans son boubou bleu. L'entretien se déroule à l'Institut des sciences humaines en présence d'un médiateur scientifique. Passe un premier round d'observation. Le griot se présente comme un "drumologue", spécialiste des percussions et des langages frappés. Les chercheurs étrangers avouent ce qu'ils cherchent. Les préliminaires durent nécessairement, le temps que chauffe la confiance. Puis, comme s'il n'avait attendu que cette occasion de prouver son savoir, M. K. soulève un pan de ses secrets, déballe un étonnant arsenal consacré à Abou Bakari II, composé d'arguments linguistiques (d'évidence empruntés à Pathé Diagne), de théories biographiques, de notations musicales, de graphies insolites. Tel un magicien, il sort de sa serviette des oriflammes où s'étale un alphabet soi-disant inventé par Abou Bakari II pour transcrire la langue mandingue. Sur le tissu, trois colonnes sont tracées, pour les mots mandingues, arabes et français.

— Les féticheurs qui détiennent ces signes m'ont autorisé à les recopier. Les féticheurs connaissent bien Abou Bakari II. Ils le haïssent. Ils disent : "Celui qui a voulu saboter les bases de notre savoir, on ne l'oublie pas."

M. K. décrit Abou Bakari II comme un dévot, ennemi des sorciers, inféodé à l'islam, obsédé par les livres, obnubilé par son précepteur arabe dont on sait même le nom. C'est lui, ce Braesmayel, qui aurait planté dans la tête du roi l'idée d'une terre outre-Atlantique. Il était normal qu'en reconnaissance, la terre découverte reçût son nom : Braesmayel, soit, par contraction, Braesel. L'idée se faufile déjà dans la pièce de Gaoussou Diawara. M. K. semble doué pour ramasser les idées qui traînent. Monsieur Lion est abasourdi, mais n'en laisse rien paraître. L'agilité avec laquelle le "drumologue" manipule la linguistique, l'histoire, puis les fagote à l'aide d'une solide connaissance de la tradition mandingue, relève du talent de prestidigitateur. D'ailleurs, le numéro continue. Déjà, M. K. déroule une seconde toile, où figurent des noms de clans, des croisements de lignes ésotériques. Il s'agit d'un code de percussion qui aurait permis aux bateaux de l'expédition de communiquer entre eux.

Tout peut être juste, tout peut être faux. M. K. ne donne aucun moyen de vérification. Il assène :

— La mère d'Abou Bakari II, Gwé la Claire, était une albinos. Abou Bakari II lui-même était un rouquin. A sa naissance, une prédiction lui promit un destin marquant.

Curieuse assertion de M. K. sur la valeur accordée aux albinos en ces temps alors que la rumeur leur attribue toujours la place privilégiée de victimes sacrificielles. Aujourd'hui encore, chuchote la rumeur, en période électorale par exemple… Par ailleurs, la seule information rapportée sur la mère d'Abou Bakari II par l'historien Djibril Tamsir Niane la situe comme une sœur de Soundjata. Selon ce chercheur, Abou Bakari II serait donc un neveu de Soundjata, adopté par le grand empereur ; il représenterait alors le seul cas de transmission du pouvoir en ligne maternelle.

— Décidément, toutes les exceptions semblent s'accumuler sur ce prince, commente Leuk-V.

— Comment Abou Bakari II a-t-il ouvert les voies spirituelles de la mer ? s'enquiert Monsieur Lion à brûle-pourpoint.

M. K., qui a réponse à tout, hésite un bon moment :

— Les neuf sorcières du Mandingue ! L'une d'elles lui a ouvert la voie de l'Océan en lisant à la surface d'une calebasse remplie d'eau. Elle a annoncé à sa mère : "Le jour où la calebasse se brisera, ton fils arrivera !"

On repère effectivement neuf sorcières dans la tradition, mais plutôt occupées à la perte de Soundjata au cours de son adolescence.

Dans l'adaptation théâtrale que Pathé Diagne voulut monter à Dakar grâce aux apports de M. K., la calebasse se brise au lever du vingt-septième jour du vingt-septième mois après le départ de la flotte ; Abou Bakari touche l'Amérique pour ne jamais revenir. Une belle page tirée de cette fresque littéraire résume alors la position des griots dans cette affaire : leur haine pour ce roi, amateur de cartes et d'eaux houleuses, qui finit par leur tourner le dos ; leur malédiction lancée à ce chef prodigue qui fractura le pays et pilla ses ressources. Pathé Diagne écrit, dans un style épique, le complot du silence qui s'ensuivit, la décision de concentrer toutes les louanges sur Soundjata, fondateur de l'empire, et d'effacer jusqu'au nom même du roi déserteur. Processus d'éradication concerté, assorti de menace de mort à l'encontre de tout indiscret. Mais la voix du griot officiel que Pathé Diagne met en scène dans son adaptation, déclame-t-elle une tirade librement théâtrale ou transmet-elle une résolution arrachée aux profondeurs de la tradition mandingue ? Le linguiste et dramaturge de Dakar place toute sa confiance dans ce jeune "griot-drumologue" tombé du ciel avec vingt-huit chants inédits dans les bras.

Les trois enquêteurs, eux, se retrouvent après l'entretien sur le trottoir, sous l'orage, perplexes et délestés d'un paquet de cigarettes désiré par le "griot-drumologue" en paiement symbolique de la cola.

— Trop d'esbroufe, de cachotteries, d'opportunisme entachent la crédibilité du personnage, rumine Monsieur Lion. M. K. me paraît un habile couturier de légendes, désireux de se valoriser en taillant un complet mythique sur mesure pour les besoins de l'époque. C'est du marketing ethnographique !

— Et pourtant, répète Nangadef prudent, méfions-nous de trop nous méfier. Sa confusion apparente vise peut-être à dérouter la concurrence. On ne peut exclure d'emblée qu'il soit un chercheur à la main heureuse. N'oublions pas qu'il vient d'une famille de griots. Un griot peut en cacher un autre.

— "Bien que nos renseignements soient faux, nous ne les garantissons pas", ironise Leuk-V comme à son habitude, citant une sentence dadaïste d'Erik Satie, trouvée dans une papillote de luxe à Noël autour d'un chocolat fourré au cognac. Précise-t-elle.

C'est le front ombré de scepticisme mais mus par une volonté intacte qu'ils grimpent dans le bus de la compagnie Sahel Transport en partance pour le cœur du Vieux Mandingue.

XI

COMMENT LEUK-V, MONSIEUR LION ET LE DOCTEUR NANGADEF PARVIENNENT AVEC FIERTÉ ET RESPECT A KANGABA, LE CŒUR SACRÉ DU MANDINGUE, REÇOIVENT LES CONSEILS DU GREFFIER DU TRIBUNAL, LES BÉNÉDICTIONS DU CHEF DU VILLAGE, ET DÉCLENCHENT UNE VÉRITABLE ÉPIDÉMIE D'ENQUÊTE HISTORIQUE CHEZ TOUS CEUX QU'ILS CROISENT.

Le placier nous alloue les meilleurs sièges à l'avant du bus, à cause des articles parus dans la presse. Il a repéré nos noms grâce aux réservations. Notre intérêt médiatisé pour le Mandingue nous vaut des égards.

Après nous, la marée. Le bus s'emplit jusqu'au pare-brise. Un infirme quadragénaire trône sur le moteur, une chaîne hi-fi dans les bras ; on dirait qu'il va jouer de l'accordéon pour la compagnie. Le spectacle commence. Monte une petite fille en robe de mousseline mauve, inquiète comme une ballerine sur le point d'entrer en scène ; elle tient une colombe par les ailes. L'allée centrale déborde. On se passe des poulets de main en main. Un chœur de bébés pleure, des seins jaillissent des boubous, les bouches se taisent illico. La petite fille s'endort contre Monsieur Lion, ses mains aux ongles peints posées sur son genou. Monsieur Lion se dit que le voyage est doux. Le car fonce dans le livre ouvert de l'histoire du Mandingue. Chaque village est un chapitre ; sa renommée s'élève jusqu'aux plus hautes branches des fromagers. Une poussière rouge épique se fixe sur les manguiers. La piste suit le fleuve Niger ; c'est la salive de tous les griots qui alimente son débit depuis les sources du Moyen Age jusqu'à l'estuaire de notre temps. Des cases discrètes et belles arrondissent le calme vert d'une campagne plate, que barrent à l'ouest des falaises gréseuses. L'expression du Mali tranquille. Et pourtant :

— Est-ce bien ici Krina, Krina où les armées de Soumaoro Kanté et celles de Soundjata Keita s'affrontèrent pour la dernière fois et qui vit Simbo, "le héros de la chasse", triompher du chef des forgerons sossos ? Est-ce bien ici Krina où le rire revint enfin au Manden, chassant à tout jamais les pleurs de ce pays ? demanda Youssouf Tata Cissé, alors jeune ethnographe, à Wâ Kamissoko, le grand griot de Krina qu'il voyait pour la première fois en avril 1959.

Nous réitérons cette question.

Les passagers du bus ont un geste affirmatif et vaste comme la plaine, du Niger aux monts Mandingues. Et dans leurs yeux brille encore l'éclat de la victoire de 1235. Des deux côtés de la piste, règne la paix du mil ; c'est pourtant à travers ces champs que le Mali est entré dans la légende des siècles. Tout l'avant du car ne parle plus que de la bataille décisive, des mérites de Soundjata, du soleil levant de l'unification. L'infirme s'avère un érudit. Sur le capot tremblant du moteur, il disserte et nous prend à partie. La veille de l'engagement meurtrier entre les deux ennemis, rappelle-t-il, le griot de Soundjata a exhorté le futur vainqueur, comme il se doit :

— Les griots sont les hommes de la parole, par la parole nous donnons vie aux gestes des rois ; mais la parole n'est que parole, la puissance réside dans l'action ; sois homme d'action. Ne me réponds plus par ta bouche, demain montre-moi dans la plaine de Krina ce que tu veux que je raconte aux générations à venir. Demain, permets-moi de chanter l'air du vautour sur les corps des milliers de Sossos que ton sabre aura couchés avant le soir.

Ainsi parla Bala Fasseké, le griot ; ainsi s'accomplit le destin de Soundjata. Et l'Histoire resta unie à Krina la fière pour le meilleur. Pour le pire, elle fut vidée de ses habitants et incendiée par l'armée française pour avoir soutenu Samory Touré, le chef de guerre dont la résistance contraria si longtemps l'avancée coloniale.

Ensuite, pendant plus d'un demi-siècle, jusqu'en 1960, les Gaulois seront dans la plaine mandingue, essayant de faire entrer de force "leurs ancêtres" dans la case mémoire des enfants scolarisés. Peine perdue. L'homme malinké se défend d'avoir jamais eu l'esprit colonisé. La confiance en son passé lui sert de rempart.

— Là, nous montre-t-on encore à travers la vitre, là, Kouroukan Fouga !

— Ce n'est pas une clairière que tu vois, mon ami, souffle Nangadef soudain lyrique à l'oreille de Monsieur Lion, c'est le morceau de terre choisi pour le partage du monde ! Devant toi, ce ne sont pas n'importe quels arbustes qui protègent la nudité de la savane, c'est le décor de la plus grande salle d'audience sous le toit du ciel. Ce n'est pas par hasard que le sol bée comme une plaie rouge, pense que tu contemples le socle sur lequel s'est fondé un empire ! Là, Soundjata le preux répartit terres et pouvoirs entre ses fidèles, établit les droits et les devoirs de chacun, scella l'amitié entre les peuples, abolit l'esclavage. Des milliers de chevaux ont ratifié en piaffant l'accord des illustres cavaliers. Il semble normal que l'herbe n'ait jamais pu repousser depuis 1235 en ce lieu incomparable.

— Qu'il en soit toujours ainsi ! conclut Monsieur Lion pour rester dans le ton.

Mais les paroles s'éteignent. Le bus s'engage dans une allée d'arbres aux ramures gigantesques. Tunnel d'ombre par lequel le voyageur pénètre dans le plus prestigieux des villages mandingues, comme s'il fallait courber la tête, baisser la voix, changer d'attitude, avant d'être conduit au centre de Kangaba.

A partir d'ici, les yeux lisent avec un vocabulaire limité : cases rondes, banco gris, toits de chaume pointus, ornières creusées par la dernière pluie. Un langage ordinaire qui ne rend compte que des apparences. Un jeune passager, serrant contre lui une guitare désaccordée, nous montre discrètement, du bout du manche, la position de la case sacrée. Ses lèvres remuent, sans rien prononcer.

Le nom de la case sacrée est *kama-blon.*

J'ose à peine tourner la tête. On nous dit : sous cette voûte de chaume, l'âme du Mali repose. Le mystère est grand, mais la case petite. Rien à voir avec la démesure d'une chefferie bamiléké à l'ouest du Cameroun qui, comparativement, a la taille d'une cathédrale. Ici, la place est vide ; trois arbres gardent la case blanche ; devant l'entrée, un cercle parfait, inscrit sur le sol, figure le lieu de la palabre, aire de vannage pour les moissons du temps. Au-delà du visible, une enceinte de terreur défend l'édifice et le rend inapprochable. L'amoncellement de pierres qui renforce la porte a valeur d'avertissement pour le profane : que celui qui serait tenté de parler à tort et à travers s'emplisse d'abord la bouche de cailloux et obstrue le conduit qui libère l'injure ! Car réduire un sujet tabou à la banalité d'une conversation équivaut à un acte de profanation.

"La parole est arrogance, le dessous du silence est inconnaissable", prévient encore la tradition.

Paradoxalement, la case sacrée est aussi protégée par des paroles arrogantes qui, tout aussi incertaines les unes que les autres, répandent des versions merveilleuses et douteuses sur son origine. Ces contes dispersent l'attention ; ils gavent les curiosités vulgaires et les détournent de ce bien informel qu'est le savoir, enfermé derrière ces murs ronds, blanchis au kaolin et décorés de peintures ésotériques. Peut-être les initiés diffusent-ils eux-mêmes ces récits trompeurs comme ils ont coutume de le faire, par exemple, pour égarer un chercheur perspicace et donc gênant.

Le nom raccourci de Kangaba, Kâba, prête à confusion : il évoque la pierre noire de La Mecque. On lit dans certaines études que Mansa Souleymane, frère de Kankou Moussa, ramena à Kangaba des livres saints de l'islam, à son retour de pèlerinage en 1351, instaurant ainsi le culte de la case sacrée. A cette tendance monothéiste, s'oppose la croyance en un sanctuaire des fétiches millénaires, enfermés là par un ancêtre aux pouvoirs immenses, un ancêtre royal qui aurait le premier effectué le voyage à La Mecque, dans le but d'y soustraire les emblèmes du paganisme menacés par l'intransigeance des nouveaux zélateurs musulmans. Nous entendons souvent cette interprétation qui dénonce les oscillations entre animisme et islam au cours des siècles au Mali. D'autres écrits insinuent qu'El-Hadj Omar, le fervent conquérant toucouleur, revenant lui aussi de La Mecque en 1840, confia un Coran aux gardiens de la case sacrée, rétablissant ainsi l'influence musulmane à Kangaba.

— Il y aurait dans la case, estime un ethnologue de l'Institut des sciences humaines de Bamako, des manuscrits en langue mandingue, rédigés avec l'alphabet arabe. Les traditionalistes y ont accès, mais ne veulent pas reconnaître leur existence. Ils jurent : "Non, chez nous, tout est dans la tête." Pourtant ces manuscrits sont connus sous le nom d'*Ajami*. Les griots de Kangaba ne fonctionnent pas sans secrétaires arabisants.

— Se pourrait-il qu'à Kangaba se croisent les deux littératures, orale et écrite, les deux courants savants, mandingue et arabe ? s'enfièvre Monsieur Lion, toujours prompt à l'optimisme. Là peut-être, tout près, gravé dans les mémoires, le destin d'Abou Bakari II, et ses actes écrits sur parchemin ?

Dans pareil cas, Leuk-V, imprégnée de sagesse malinké, refrène l'élan.

— Doucement, celui qui ne peut maîtriser sa parole ne pourra se maîtriser lui-même.

Le car freine et s'immobilise sur une place sans véhicules. Tout est serein, pas de harcèlement comme souvent à l'arrivée des voyageurs. Des enfants calmes considèrent gravement ceux que la ville renvoie et que le bus relâche. La petite fille aux ongles vernis s'est réveillée. L'infirme, M. Coulibaly, en fait le greffier du tribunal, nous invite à poursuivre la conversation chez lui dès qu'il nous plaira de le visiter. Le professeur de géographie du collège nous accompagne sous la nef des arbres, le long d'une avenue bordée de bâtiments administratifs en béton imposé. Il écoute notre histoire, s'en étonne, s'exclame, s'émeut. Nous l'abandonnons devant sa maison, enclin à la perplexité. Il décide qu'il va enquêter tout de suite, et qu'il nous rendra compte sous peu.

L'hôtel du village secret et sacré ne s'apparente pas à un sommaire campement où le chercheur viendrait confronter son exigence aux austères réalités du pèlerin. C'est une construction qui inspire la détente, allie cubes en banco et paillotes, massifs de cannas disciplinés et lapins blancs en liberté. La paix du jardin est toutefois compromise par une sono disco et une télé discordante. A l'orée de la nuit, des motards locaux viennent y jouer *Easy Rider*, ceinturés par de fières Chimènes aux cheveux lisses montés en chignon. Monsieur Lion jette dans son carnet quelques notes de confusion :

— De la collision du reggae et de Soundjata, du gin-tonic et du génie de la cora, des carpes grillées du Djoliba et de la case murée de Kangaba…

Le Docteur Nangadef propose de visiter sans retard le greffier du tribunal afin de s'enquérir des usages et d'éviter les inconvenances avant d'entrer en contact avec les griots. Nous traversons le village et la pluie. Le ciel irrigue les champs depuis l'aube. Toute une matinée déjà. Juillet joue son rôle.

Le greffier rédige son courrier dans une case-bureau à l'entrée de sa concession. La maladie a affaibli ses jambes, réduit sa taille, mais la force et la grandeur dessinent un sourire prodigue et un regard attentif dans le carré de son visage. La chaîne hi-fi est branchée sur une batterie de voiture et régurgite de la variété américaine. Des adolescents en cercle forment une cour auprès de cet aîné bienveillant. Il dit :

— Je vis à Kangaba depuis trois ans. Petit à petit, je suis parvenu "à avoir la bouche des griots" qui me glissent quelques savoirs. L'un d'eux m'a même conduit à Balanza, un village au sud, à la frontière avec la Guinée, pour que je voie, de loin seulement et après purification, le sabre de Tira Maghan, déposé près de la tombe de ce valeureux compagnon d'armes de Soundjata. Cette vision doit m'apporter la protection dans mon travail de justice, soumis à la jalousie, à la haine et aux mauvais esprits.

Il affirme qu'il a besoin de jouer les ethnologues, de connaître les règles coutumières qui régissent la vie locale, pour régler les litiges.

— Une opposition perdure entre deux villages, née d'une scission au sein du clan des Keita, et qui ne s'est jamais recousue. Eh bien, aujourd'hui même, un mariage entre membres de ces deux villages a toutes les chances de sombrer, car il arrive toujours un moment de colère dans la vie conjugale où le mari traite le père de sa femme d'"esclave de son père" : injure qui ne peut qu'aboutir au divorce ! Il faut le savoir.

Pour approcher les griots et l'autoritaire Bala Diabaté, considéré comme le maître des gens de la parole du Mandingue, consulté par le gouvernement, écouté par le président de la République, nous devons d'abord visiter le chef du village de Kangaba, l'informer de nos intentions, puis envoyer ce jour même un émissaire auprès des gens de la parole pour nous annoncer et pour qu'ils nous fixent un rendez-vous. Notre conseiller énumère les règles de conduite élémentaires : se déchausser si nous sommes reçus dans un vestibule, accepter de partager l'eau, même trouble, sans laquelle aucune communication n'est pensable.

— Sachez bien que les griots d'ici prétendent ironiquement qu'en Europe, tout a été écrit sur le Mandingue, mais que rien n'a été découvert. Que la mort de Soundjata par noyade dans le Niger, si souvent mentionnée, n'est qu'une version à usage des historiens partis à l'école des Blancs. Car pour les griots, un héros tel que Soundjata ne meurt pas, il "disparaît".

Comme disparaît dans le puits du secret la réelle circonstance de son "départ". Pareille considération surcharge notre sentiment de foncer droit vers l'inaccessible. Mais quand nous répétons, pour la centième fois peut-être, le sujet de nos préoccupations, notre ami greffier est pris d'un accès d'enthousiasme. Il clame aussitôt l'importance pour l'Afrique de ce conquérant des vagues. Il promet à son tour de lancer une enquête, sur-le-champ.

La situation est cocasse.

Des chercheurs débarquent dans un village ; ils révèlent aux habitants un épisode inconnu de leur histoire. Et soudain, une passion contagieuse s'empare de tous les membres de la communauté qui s'agitent en tous sens pour se consulter les uns les autres, possédés par une inextinguible soif de connaissance.

— C'est l'obsession du *Rhinocéros* ! diagnostique le Docteur Nangadef que la référence théâtrale réjouit. O Ionesco, entends-tu ?

Un jeune homme, au maillot frappé du double sigle "New York, New York", prend alors la parole, avec tout le sérieux d'un meneur de débat. Son souci : le manque d'objectivité de l'Histoire africaine. Il s'inquiète de la pluralité des réponses obtenues à une même question sur la tradition. Le greffier renchérit, se dit songeur face à la surabondance de merveilleux dans les récits. Il craint qu'il n'y ait jamais de concordance entre les deux approches de l'Histoire, celle du Nord et celle du Sud. Il prend pour exemple Soundjata, considéré unanimement comme infirme de naissance, paralysé des deux jambes, et qui soudain, à l'âge de sept ans, se dresse et va déraciner un baobab.

Est-ce volontairement que le greffier, atteint de poliomyélite, insiste sur le handicap du futur empereur ? Le Docteur Nangadef évoque la puissance de l'esprit, les cas de déblocage du cerveau sous l'effet d'un choc psychologique puissant. Et il prend notre interlocuteur à témoin :

— Vous aussi, comme Soundjata, vous avez dû surmonter par la force intérieure beaucoup de difficultés pour parvenir à ce que vous êtes aujourd'hui, reconnu dans votre travail et considéré par les jeunes qui vous consultent et vous entourent.

Nous parlons jusqu'à l'adoucissement du jour.

Le chef du village est sorti. Un deuil vient de frapper la communauté. Nous envoyons par taxi-brousse un émissaire aux griots de Keyla, mais le maître Bala Diabaté est parti "voyager".

Le lendemain très tôt, les devoirs de visite appellent encore le chef du village à l'extérieur, mais il nous enjoint de revenir à dix heures.

En attendant, nous filons voir le Niger. Une idée de Blancs : marcher plusieurs kilomètres pour poser ses yeux sur le fil de l'eau. Mungo Park, deux siècles avant nous, avait risqué mille dangers dans le seul but de contempler ce même Niger, le Djoliba, et de connaître le sens de son cours ; projet curieux qui avait incité son guide à lui demander s'il n'y avait point de rivières dans son pays et si une rivière ne ressemblait pas à une autre.

Il y a cent raisons émotionnelles de marcher vers le fleuve qui a longtemps dérobé ses sources aux investigations occidentales, qui abrite des génies puissants, qui a bordé la paix des pêcheurs et subi les crues sanguinaires imposées par les conquérants. Le fleuve, dont les fonds ont fourni les cailloux sombres de la comptabilité mandingue, quand on dénombrait par amoncellement de pierres régulières et pures les clans et les hommes, le temps et les richesses matérielles, le fleuve est la demeure de *Mali*, l'hippopotame, emblème du pays.

Une allée de kapokiers trace une harmonieuse jetée entre deux infinis de verdure que broutent les moutons. Il y a peu, ces tapis insolents et superbes étaient rizières, mais l'eau a retiré son abondance. Un laboureur suit ses bœufs sur la ligne du lointain. Des petits bergers s'amusent à modeler la glaise du chemin ; et d'un peu de terre et d'eau, ils réinventent le monde. Ils exposent à nos regards ânes, buffles, charrettes et motos avec un sérieux mêlé de pudeur, propre aux enfants malinkés qui "désirent acquérir ce pouvoir d'être secrets", et se créent des univers séparés aux frontières gardées par des proverbes et des langages codés.

D'autres enfants conduisent en riant leurs moutons pour les laver dans le fleuve encore maigre. Le Niger est zébré de bancs de sable. Les piroguiers se dépêtrent difficilement des hauts-fonds. Nous touchons les rives où vivent les pêcheurs somonos. Voici l'eau noble du Niger, pense le spectateur étranger empreint de respect pour cet autre lieu de mystère.

— J'ai lu, coupe Leuk-V, que "dans la mentalité des Malinkés, un même lien symbolique réunit à la fois la femme, l'eau en tant qu'image de la vague envahissante d'une affectivité débilitante, l'idée de la faiblesse et de l'impuissance"… L'attendrissement en général, la pitié et la peur représentent l'affectivité humide. "Un noble doit s'écarter de toutes ces choses et développer en lui le courage belliqueux, la colère, comme antidotes." Un homme peureux est ironiquement appelé un homme "aqueux".

Outre le jugement à l'égard de l'âme féminine, sur lequel je réserve mon opinion, je perçois en filigrane une condamnation supplémentaire des noces du roi terrien avec la reine mer. C'est souligné : un noble doit s'écarter des choses aqueuses !

Approbation contrainte et rapide des deux mâles compagnons de Leuk-V. Il est dix heures, et le chef du village nous attend au milieu de sa cour de nobles vieux. Il est allongé sur une chaise longue et fume la pipe. C'est un vieillard de petite taille, mince, à fine barbiche blanche, aux yeux ardents qui ne laissent pas de repos au regard de son interlocuteur. Sa sévérité est contredite par un sourire léger comme une balafre.

Nous nous déchaussons avant d'entrer dans le vestibule de réception, serrons une première fois toutes les mains. Le frère du chef se présente, il parle français avec éloquence : il a été tirailleur sénégalais, a fait toute la campagne de libération aux côtés du général Montgomery, a participé au siège de Belfort. Fut ensuite administrateur dans la région de Kangaba, avant de prendre sa retraite de sage. Il conclut son passé de soldat par la formule de fraternité qui unit Français et Africains, et par le couplet souvent entendu sur le rôle civilisateur de la France en Afrique. Ce qui nous autorise à nous considérer ici chez nous.

Cette reconnaissance obséquieuse des apports de la colonisation heurte toujours mes convictions. Ce à quoi Nangadef rétorque :

— La colonisation comme la religion chrétienne ont glissé sur les Maliens. Rassure-toi, ils n'ont jamais été coupés de leurs sources traditionnelles. C'est juste une manière de saluer les quelques bons côtés du progrès.

Le frère traduit les paroles de bienvenue du chef. Le Docteur Nangadef présente nos condoléances pour le décès survenu la veille. Monsieur Lion renchérit sur l'honneur qu'il ressent d'être parvenu au cœur du Mandingue, terre glorieuse de Soundjata et des ancêtres des Keita. Leuk-V se tait, consciente qu'en ces circonstances, parole de femme ne saurait être entendue. Le chef sourit du bon usage. Il réciproque un compliment, se dit satisfait d'accueillir des étrangers comme nous, venus le saluer avant toute chose. Ainsi pourrons-nous affirmer au Nord que les Mandingues sont hospitaliers. Le chef propose de nous bénir. C'est un moment d'une troublante intensité, surtout pour nous, descendants d'une culture qui a égaré le sens des cérémonies. Les formules consacrées garantissent à notre chemin et à nos entreprises sécurité et fortune. Nous répondons :

— Amin !

Puis nous nous levons pour saluer une seconde fois en remerciant à la ronde. Commence alors la causerie. Archibald Nangadef glisse une question sur l'empereur marin. Le chef semble mal comprendre. Le Docteur N. récite alors le texte intégral d'Al-Omari, l'encyclopédiste arabe. Les vieux hochent la tête. La réponse du chef nous laisse pantois. Il connaît cette histoire, mais, prétend-il, ce n'est pas un rescapé qui est revenu relater les errances de la première expédition, c'est une bouteille jetée à la mer parmi dix-sept autres. Le message, sans doute numéroté et récupéré, confiait : “Nous naviguons depuis longtemps, mais n'avons pas encore atteint les limites de la mer !”

Il n'y eut jamais d'autres nouvelles de la première expédition.

Nagadef insiste :

— Mais le *mansa* est-il parti ensuite ?

Nous ne le saurons jamais. Les vieux regardent leur montre ; c'est vendredi et l'heure de la prière, la causerie est close. Nous restons sur notre soif devant une bouteille pleine d'allusions, teintées d'invraisemblance. Mais, si le griot est toujours loué par ses pairs pour son talent de dissimulateur, il est dit que le noble ne saurait mentir. Or, le vieux chef est un noble Keita, et il n'a pas nié connaître l'existence du roi marin.

Au sortir de la chefferie, nous saluons un Africain qui a des allures de touriste : pull nonchalamment jeté sur les épaules, casquette à visière et sourire en balade… En effet, il vient de Guinée, de Kouroussa. Il est Kouyaté, petit-fils de griot, mais fut très tôt détourné de la fonction, envoyé à l'école occidentale, puis à l'université de Berlin. De retour au pays, il se sentait coupé de ses racines. D'où l'idée de ce pèlerinage à Kangaba, berceau de la connaissance traditionnelle. Je lui pose la question obsessionnelle sur Abou Bakari II. A notre grande surprise, il débite de mémoire une histoire jumelle de celle d'Al-Omari. Et d'ajouter :

— Je tiens l'information de mon père qui la tenait de son père, mais sans autre explication. Longtemps, je n'ai pas osé soulever cette question en public de peur qu'on n'ironise sur ma crédulité.

Il semble aussi heureux que nous de cet échange, par lequel on apprend pour la première fois qu'un griot – son grand-père – non seulement n'a pas censuré pas l'existence du roi aventurier, mais en a transmis la connaissance à son fils.

— Nous comptons visiter les griots de Kouroussa.

— Je vous attends. Demandez la maison de Kouyaté au marché, Laye Kouyaté.

Nous nous quittons devant la case sacrée.

Il ne m'appartient pas de parler de la case sacrée. Je n'ai rien à ajouter aux paroles folâtres qui circulent sur son implantation, et que j'ai déjà impudiquement rapportées. Ce sujet est trop grand pour ma bouche. Wâ Kamissoko, le défunt griot, a laissé écrire une indication digne de foi : le sanctuaire de Kangaba couvre une pierre sacrée, *kama*, que deux descendants du dernier fils de Soundjata, Bémba Kanda le bien-aimé, ont rapportée et installée, trois générations après lui. Depuis, les descendants de Bémba Kanda en assurent le culte, en hommage à Soundjata. Sa manifestation la plus importante est la réfection de la case, tous les sept ans. S'ajoute donc une notion de comput du temps.

— La cérémonie dure cinq jours, raconte le professeur de géographie, venu nous rendre compte de son enquête sur Abou Bakari II.

La fête s'intensifie à partir du jeudi après-midi, quand les griots de Keyla arrivent. Ils déambulent autour de la case, par trois fois, chantent et dansent. La réfection attire beaucoup de curieux ; ils sont tenus à distance par une enceinte réservée aux initiés. Des jeunes d'une classe d'âge choisie, armés de fouets, dissuadent toute audace. Aux environs de vingt heures, commence la nuit de la grande geste du Mali. La récitation s'étire du crépuscule à l'aube. Le vendredi, au cœur de l'après-midi, une incantation secrète fait "se lever le toit ancien qui vient se poser au sol". Formule allégorique qui désigne la force de la parole fondatrice. S'accomplissent alors les opérations de nettoyage et de réfection. Le public assiste de loin, écarté de cette répétition des rituels qui restaurent périodiquement le pouvoir des maîtres politiques et l'influence des maîtres des mots. Accompagné par "la magie du verbe", le toit de chaume, neuf, quitte à son tour le sol pour s'emboîter sur le support des murs. De nouvelles peintures couvrent l'enduit blanc ; elles illustrent pour sept ans les prédictions énoncées lors de la fête. La fresque que nous voyons, réalisée en 1988, se déploie autour d'un "soleil rouge", annonciateur d'"une ère de bouleversements sociaux et politiques, de guerres et de feux, au cours de laquelle les puissants qui régissent le monde rapetisseraient".

En mars 1991, la dictature de Moussa Traoré prit fin dans le feu.

Le professeur de géographie conclut ses descriptions :

— Voilà pourquoi Kangaba est le favori parmi les villages du Mandingue. Mais pour que le tourisme vienne soutenir l'économie locale, les griots ont été invités à devenir un peu plus expansifs, à moins faire de rétention...

Puis il avoue, désolé, que son enquête sur Abou Bakari II piétine ; son informateur présumé, un lettré musulman, est parti "voyager". A cause du décès survenu au village, il n'a pu approcher le chef. Il compte persister, l'affaire du roi marin l'agite profondément.

Les griots de Keyla sont prévenus de notre visite fixée au lendemain.

XII

OÙ LES TROIS ENQUÊTEURS AFFRONTENT LES GARDIENS LES PLUS JALOUX DU SAVOIR TRADITIONNEL, APPRENNENT A LEURS DÉPENS LE COURS DE LA COLA, JOUENT ET PERDENT ; COMMENT EN CONSÉQUENCE ILS TRAVERSENT LA FRONTIÈRE AVEC LA GUINÉE DANS UN TAXI AMPHIBIE, ET CROIENT FRÔLER L'OMBRE DU ROI MALIEN DISPARU.

17 juillet. Huit heures trente. Nous marchons sur la piste rectiligne qui fonce vers la Guinée, en râlant contre notre condition de piétons. Non pas que six kilomètres nous effraient, mais nous savons désormais que le bipède blanc non motorisé perd son prestige à chaque pas. Et nos pas nous mènent chez les griots attitrés de la famille royale des Keita, qui décident sur la mine du traitement à réserver au visiteur. De toute façon, nous n'avons pas le choix. Aucun taxi ne part pour la frontière à cette heure.

— C'est une histoire des temps anciens, commence le Docteur Nangadef pour se donner du cœur à la marche. Un jour, un prophète demanda à son griot de lui ramener du marché le meilleur morceau de viande. Le griot rapporta une langue. Le lendemain, le prophète exigea le pire des morceaux de viande. Et le griot lui acheta de nouveau une langue. Parce que, vous l'aurez compris, c'est la langue qui prie Dieu, qui crée par la parole l'intimité des couples, construit l'harmonie d'une communauté, édifie un village, différencie l'humain du reste de la Création. Mais c'est aussi la langue qui défait avec la même aisance les liens les plus solides, brise les vertueuses promesses, produit les injures, entraîne les plus violents conflits.

Nous nous rendons chez les doctes campagnards dont la fortune réside justement au bout de leur langue. Notre chance dépendra de notre capacité à convaincre. La moisson, dit la sagesse, est bien plus abondante quand on sait poser de bonnes questions.

Notre dernière chance ? Aucun collège de griots ne dépasse Keyla en réputation. C'est là que tout postulant à la fonction vient parachever son apprentissage. Allons-nous parfaire le nôtre ici ?

La chance roule sur la piste. Une Renault 18 s'arrête et nous tend ses portes. C'est l'auto de Bala Diabaté lui-même, son chauffeur ramène à Keyla l'instituteur du village. Nangadef loue le ciel haut et fort de nous installer dans la voiture qui nous mène droit au but. Nous aiguillons la conversation sur notre sujet favori. Non seulement l'instituteur connaît l'aventure océane du descendant de Soundjata, mais il cite son nom, Abou Bakari II, sans conteste. Cependant, dès que nous poursuivons le test de son savoir, il se mure dans le silence, de peur de se substituer au maître que nous allons consulter.

Leuk-V, Monsieur Lion et Archibald Nangadef débarquent donc avec majesté dans la cour de Bala Diabaté – grand griot de Keyla. On trouve cette appellation inscrite sur les murs de plusieurs cases, à la manière d'enseignes. Beaucoup de monde. D'abord un cercle de jeunes se lève pour nous serrer la main, selon l'usage, la main gauche soutenant le poignet droit. Les anciens sont réunis sur une aire tapissée de chaumes, fermée sur trois côtés, favorisant les exclusions et les conciliabules. On nous guide vers eux, on se déchausse, on salue, on nous invite à prendre place. On ne se découvre pas par politesse chez les Malinkés, mais c'est pieds nus que l'on approche un personnage respectable.

Bala Diabaté arbore un boubou immaculé et une sévérité de rigueur : tout en lui est mince et acéré, son profil d'abord, sa moustache légère, sa barbe fine ; ses yeux excluent le rire. Son frère, Yamourou, a le visage noir et fermé du sphinx ; ses paroles sont chargées de bienveillance mais exemptes de sourire. Un infranchissable silence enveloppe l'attente de l'interprète.

Le Docteur Nangadef, dès qu'il y est invité, dévoile sans détour nos objectifs. Il avoue comme en s'excusant qu'une seule question nous préoccupe, et il récite une fois de plus les propos de Kankou Moussa au Caire, rapportés par Al-Omari, et qui attestent le départ en mer de son prédécesseur. Peuvent-ils confirmer ce qu'a écrit l'encyclopédiste arabe ? Aucune réaction sur les visages lisses, pas un signe circonflexe des sourcils. Nous sommes engagés dans une lutte psychologique.

— Il faut dire à papa que nous avons fait tout ce chemin, et que personne jusqu'ici n'a pu nous répondre sur ce roi, mais partout, on nous a dit d'aller à Keyla, et de nous asseoir près du vieux Bala. Nous voici.

L'humilité est une vertu aux yeux des Malinkés, porteuse de chance, sans laquelle il n'y a pas d'élévation possible. Les griots écoutent et forgent leur conviction. Puis, ils expriment la loi de leur caste : la contrepartie financière à toute parole. Ils nous demandent de nous retirer pendant qu'ils délibèrent.

Nous passons dans la cour des jeunes. Seydou Diabaté junior, futur griot du XXIe siècle, lui, s'émerveille de cette histoire dont il n'a jamais entendu parler. Il a l'allure d'un gamin de banlieue, une casquette Lipton jaune vissée sur sa tête ensoleillée. Nangadef doit se soumettre au jeu des plaisanteries qui ont cours entre son clan et celui des Diabaté. Il prend l'offensive :

— Moi je suis un lion.

— Ah, réplique un Diabaté goguenard, tu n'es qu'un petit crapaud.

— Voici mon esclave, désigne Nangadef.

— Mais non, je suis ton patron, renvoie le concerné.

— Moi, ce village m'appartient, se vante le Docteur N. Je peux demander à n'importe qui : "Va me chercher de l'eau !" Il court.

— Il est de la berge des singes où ne se connaît pas la honte, aurait ajouté oncle Ahmadou Kourouma dans un de ses truculents romans sur le Mandingue.

La joute verbale est interrompue par le rappel des vieux. Nous regagnons l'aire des palabres. Les griots insistent sur leur mode de vie et leur façon de la gagner. Le Docteur Nangadef façonne une voix et des arguments de circonstance pour signifier à quel point nous comprenons ce principe d'échange. Mais il invoque aussi nos efforts pour entreprendre un tel voyage. Il présente Leuk-V et Lion comme amis des Noirs et de l'Afrique, toujours sur la brèche pour manifester contre les injustices flagrantes dans leur pays, car la vie est dure pour les Africains, là-bas en Europe.

— Ce que nous donnerons ne vaudra jamais ce que votre savoir mérite, mais je dis que je suis prêt à donner tout ce que je peux pour obtenir une réponse à cette question du roi disparu, cruciale pour l'avenir de l'Afrique et des Africains.

— C'est bon, nous allons parler de ce roi. Et sachez que tout ce qui va être dit est vérité, car les connaissances que détiennent les griots d'ailleurs, c'est ici qu'ils viennent les chercher. Vous allez noter.

En fait, jamais le grand griot Bala ne s'adresse directement à nous, sauf pour ajouter une précision ; c'est son frère cadet qui traduit sa pensée. Et, se tournant vers Nangadef :

— Si nous parlons aujourd'hui, c'est aussi en vertu de la connivence qui existe entre ton clan et le nôtre. Mais que ceux-ci (les toubabs) ne s'en formalisent pas.

Le doyen du village est là, en retrait, apportant sa caution morale. Sa présence signifie : rien de mensonger ne peut être prononcé sous peine d'être contesté. Les griots déclarent :

— Tout ce que vous entendrez ici, vous pourrez répéter que c'est Bala Diabaté qui vous l'a dit.

La phrase tombe comme un caillou lancé dans le puits de nos consciences. Une onde silencieuse se répand au fond de nos pensées agitées. Incrédulité et jubilation s'affrontent derrière la façade inexpressive de nos visages. Serait-il possible, après tant de routes et de doutes, qu'on nous accorde aussi facilement ne serait-ce qu'un zeste du fruit préservé de la connaissance ? Au nom de l'avenir de l'Afrique ? Nous étions presque résignés à admettre que l'avenir des griots passait par la sauvegarde absolue d'un passé secret, sans lequel la société mandingue, privée de fondements, n'aurait plus de futur, et la caste tout entière, plus d'utilité. Dans l'environnement contemporain où la médiatisation et la superficialité abusives compromettent l'exigence artistique et l'initiation poétique, les griots peuvent-ils se permettre de scier la branche maîtresse à laquelle ils s'accrochent : la nécessité ésotérique ? Toutefois, mon for intérieur, même bardé de mises en garde, subit l'assaut d'un espoir réveillé. Le temps de l'amnistie serait-il venu pour Abou Bakari II ?

Nous prenons sous la dictée les généalogies précédant et suivant l'empereur Soundjata, conformes à la liste dressée par l'ethnologue de l'Institut des sciences humaines de Bamako, spécialiste de la tradition de Keyla. Même l'usurpation infamante du trône des Keita par l'esclave Sakoura ne nous est pas cachée, ni son assassinat ultérieur. Tout concorde, jusque-là, rien de neuf. Cependant, arrivés au règne de Kou Mamadi, *mansa* recensé dans la succession de Soundjata (et repéré sous le nom de Gao par l'historien Djibril Tamsir Niane), nous entendons qu'il y aurait eu un Kou Mamadi I (l'ancien) et un Kou Mamadi II (le petit), et que tous deux seraient partis sur l'Océan : le père avec la première expédition, le fils avec la seconde.

Ni l'un ni l'autre ne sont revenus, mais on sait que le fils a découvert l'Amérique. Donc, on peut le dire pour la fierté de l'Afrique !

— Comment en est-on sûr ?

— Par les statues qu'on trouve là-bas et qui sont de l'art africain. Les Blancs n'ont pu faire cela.

Le tour est joué. Bala Diabaté fait allusion aux têtes du Mexique ancien que le Docteur Nangadef a évoquées, étalant nos cartes dès le début de la partie. Cette stratégie de la sincérité nous vaut une réponse calquée sur les informations que nous avons dû livrer. Abou Bakari II est devenu Kou Mamadi II, et les statues mixtèques nous sont resservies en guise de preuves. Les griots stipulent que les paroles de Kankou Moussa sont vraies et dignes de foi. L'entretien est suspendu après trente minutes à peine. Les tentatives de prolongation s'avèrent inutiles. Le moment de la rétribution approche. Pour nous impressionner, le traducteur insiste sur la capacité de Yamourou Diabaté à parler pendant une semaine, lors de la réfection de la case sacrée de Kangaba, jusqu'à ce que sa bouche enfle. Les griots déclarent détenir toutes les connaissances depuis la Création du monde, de nos ancêtres Adam et Eve à nos jours.

— Le premier prophète qui ait fait une pirogue, c'est Noé. De lui vient l'idée du premier bateau africain.

Du libre usage de la Bible par la tradition.

— Oui, c'est deux mille pirogues qui sont parties avec Kou Mamadi. Les pirogues ont été bénies par le prophète Noé.

Nous apprenons ainsi que Noé est le patron des voyageurs africains, comme saint Christophe est celui des automobilistes : il veille sur les pirogues d'en haut, les avions, et sur celles d'en bas, les bateaux. Et nous-mêmes, grâce à Dieu et à Noé, nous allons faire un bon voyage.

Le traducteur transmet :

— Ils disent que leur connaissance est un don naturel, qui vient de Dieu. Ils peuvent raconter et épuiser huit jours sans achever leur savoir. Ils savent pourquoi les Blancs ont le pouvoir. Pourquoi ils ont eu l'intelligence de faire leurs grandes œuvres. Ils savent que parmi toute la peau blanche, c'est la France qui est la plus forte, ils savent pourquoi…

J'insiste pour vérifier si le roi marin a été ressenti en son temps comme un personnage scandaleux. J'obtiens une banalité :

— Il est parti pour donner de l'espoir à son village natal, mais n'est pas revenu.

Une question encore, pour tester l'hypothèse des bouteilles jetées à la mer par la première expédition. Nous obtenons comme un écho de ce que l'on demande :

— Oui, c'est la réalité. Les survivants ont écrit des messages dans des bouteilles.

Les jeux sont faits. Les griots se contentent de confirmer ce que l'on sait ; ils nous laissent croire en ce que l'on veut croire. Notre méthode d'investigation est vouée à l'échec. Mais, dit le proverbe, l'erreur est une étape vers la vérité. Les griots s'amusent à ne rien dire. Au moins mesurent-ils l'importance que prend l'empereur maudit dans les préoccupations contemporaines à l'étranger.

La pièce continue. Nous interprétons désormais la scène de la gratitude et du plaisir réciproque. Le vieux Diabaté désire un Bic. Le Docteur Nangadef lui octroie un stylobille en même temps que nos 15 000 CFA (300 FF à l'époque) que le grand griot expose à la vue de tous.

— Ces paroles n'ont pas de prix en argent, ce n'est même pas une cola, mais c'est ce que nous pouvons faire, déplore Archibald N. humblement.

Les griots estiment que la somme est bonne, qu'ils sont satisfaits. Ce qui ne les empêche pas d'énumérer les largesses de ceux qui misent gros sur leur savoir, jusqu'à 50 000 CFA sans hésiter. Puis, s'adressant à Nangadef :

— L'argent est bon, mais toi, en vertu de la connivence entre nos clans, tu dois mettre quelque chose par-dessus cet argent, car si nous commençons à faire tes louanges, tu seras gêné tant tu devras débourser !

Menace que confirme l'écrivain Massa Makan Diabaté : "A la vue des griots, le noble s'effraie comme un poussin apercevant l'ombre d'un aigle."

La parole est d'argent : l'adage est vérifié.

Nangadef s'empresse de s'exécuter et couvre la mise de 2 000 CFA supplémentaires sous des sourires autant moqueurs qu'approbateurs. "Donner quelque chose à un griot s'impose, même s'il est plus riche que toi, c'est la fonction qui l'a imposé", se résigne la sagesse populaire.

Cependant, l'acte s'achève par une nouvelle bénédiction. Pour notre route et notre démarche. Nous répondons : "Amin !" en nous frappant le front du bout des doigts. J'aime cet instant de paix qui rétablit un peu de sincérité.

Rideau.

Seydou Diabaté junior et le traducteur nous font l'honneur des loges, sans théâtralité, nous offrent la visite du village de Keyla, simple et beau hameau en retrait de la route, à l'ombre des kapokiers. Là, dans ces cases aux murs décorés d'alvéoles géométriques, se préserve une explication du monde, de sa création, de son architecture : une cosmogonie !

Nos guides nous ouvrent des cases. Eléments surprenants : elles ont un plafond horizontal qui cache la voûte, et un pilier central. Une seule, plus corpulente, inclut une chambre sous le dôme de chaume, à laquelle on accède par un escalier.

— Si le toit a été placé correctement, à l'aube, la case ne connaîtra que la fraîcheur.

Une paire de baobabs sacrés garde le village ; ils sont enracinés sur les tombes d'un couple d'ancêtres. Un arbre figure le mâle, l'autre la femelle : son tronc présente deux protubérances naturelles, tendues sous la ramure comme deux jeunes seins. Les épouses infécondes viennent l'honorer, déposent à son pied de l'argent pour les offrandes et pour celui qui va prier en leur nom. L'arbre n'abandonne jamais une femme dans la détresse.

Bala Diabaté ne nous abandonne pas à notre sort de piétons. Il nous confie à son chauffeur. Charge à nous d'offrir l'essence au réservoir assoiffé. Le compte est bon, la coupe est pleine. "Affronter un griot sans prendre les précautions nécessaires, c'est se jeter dans un fleuve en crue", prévient le bon sens populaire. Trop tard. Le franchissement de notre ligne de noviciat vaut l'épreuve du premier passage de l'équateur pour un marin. Courage, fuyons plus avant. Il s'est trouvé de bonnes âmes, même à Kangaba, pour nous dire encore :

— Oh, ce que vous cherchez, ça m'étonnerait que vous le trouviez ici ; il vous faut aller en Guinée pour cela !

— Et pourtant l'instituteur connaissait Abou Bakari II, enrage Leuk-V. Son aveu spontané suivi de son soudain mutisme trahit un complot du silence.

Le douanier guinéen ressemble à Michel Galabru, l'acteur, en flic onctueux et empressé envers les étrangers. Il est fier de citer le nom de l'actuel maire de Lyon, Noir, "parce qu'il a la couleur africaine". Et nous souhaite bonne route. Nous aurons besoin de ses vœux. Notre bâché 404 est édenté, dépigmenté, défiguré par la rouille et les coups. Il pète, crache et pue ; la vieillesse le rend impoli. Les tringles de la bâche cliquettent, comme si le véhicule souffrait de la maladie de Parkinson. A moins que les tremblements ne soient dus à l'horreur qu'inspire la piste. Cent mètres est la plus longue distance sans trou. Chaque ornière est digne d'être nommée marigot. Des rivières coupent la route. L'auto penche à la limite du renversement. Le ciel revêt son armure des combats orageux. Le crépuscule donne l'assaut, il lance les archers de la pluie. Nous avons quitté la frontière trop tard. La tempête lâche ses chiens de nuit enragés aux trousses du Peugeot asphyxié, borgne et sans essuie-glace. Des trombes s'abattent. Le tonnerre roule comme des wagons en gare de triage. Les éclairs coulent les arbres dans une gaine de métal. Les passagers, frigorifiés, cassés en deux, mêlent leurs têtes. L'un d'eux soupire le mot "calvaire". Leuk-V est étonnamment calme, abasourdie. Elle pense aux déportés, aux corps pliés dans les wagons nazis, dans les cales des négriers. "Ni la sueur, ni les larmes ne se reconnaissent sous la pluie", admet oncle Ahmadou Kourouma dont je suis un fervent lecteur. J'imagine Saint-Exupéry en enfer au-dessus des Andes, les

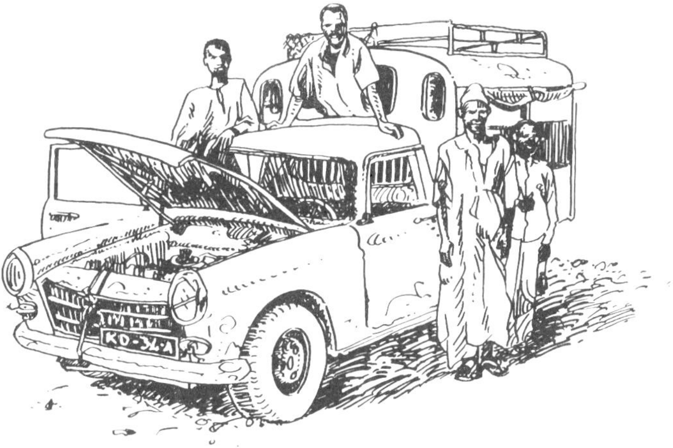

dents serrant le courrier. Je tire désespérément sur la bâche comme un skipper sur le grand foc ; la bâche claque comme une voile. Le taxi-brousse est pris dans les hautes vagues. Il tangue, il cale dix fois, au creux des ornières, le cul dans un bain de boue rouge. Nous poussons. Les bougies font grève. Quarante-cinq kilomètres en quatre heures. Arrivée hors délai à Siguiri sans électricité. L'orage abandonne ses tambours. L'hôtel où l'on trouve refuge s'appelle *Tam-Tam.* Trois bières.

Siguiri en Guinée, un dimanche. La ville macère dans la saumure du souvenir. La vie s'y répète dans le décor dégradé de la colonisation. Les maisons commerciales à étages – balcons de la coquette existence au-dessus des entrepôts à buts lucratifs – dégénèrent, frappées de sénescence. A Siguiri, l'horloge s'est arrêtée, le courant ne passe plus, les lampadaires baissent leur tête vide comme des tournesols fanés. A la périphérie : une église esseulée, la Poste et ses trois majuscules anciennes, PTT. Sur une butte couronnée de fortifications brisées : les vestiges de l'hôtel de ville et d'une résidence dévastée, portes arrachées, volets disloqués, pergolas profanées, bassins asséchés. Les flamboyants rougeoient au cœur de l'abandon. Les marques du pouvoir français sont livrées aux vautours des intempéries. Ni réutilisation des lieux, ni mémorial d'une occupation défunte : c'est la radiation. Images d'une rupture brutale entre la France et la Guinée. 1958. Près de trente ans plus tard, la Guinée paie toujours le prix injustifié de sa décision d'indépendance, de son “Non !” discordant à l'orchestration désinvolte du néo-colonialisme. C'est un mauvais roman. Le premier chapitre, au style paternaliste, attribue forcément à la Guinée le rôle de la fille gâtée qui sombre dans l'ingratitude sur un coup de tête ; la France, bon maître meurtri par la rébellion de l'enfant prodigue, la déshérite avec fracas (à cause des pertes). L'acte II vire à la tragédie : l'isolement paranoïaque de la maîtresse séduite et abandonnée (la Guinée), consécutif à l'acharnement vengeur de l'amant dépité (Paris).

— Il y a dix ans, à la fin du règne de Sékou Touré, jamais je ne me serais aventuré dans ce pays avec vous, jure Nangadef. Tout Blanc était considéré comme un espion.

Je ressens un étrange malaise. Aucune agressivité n'est dirigée contre nous. Au contraire, de nombreux interlocuteurs s'empressent de faire la part des choses : ce n'est pas aux Français que la Guinée en veut, mais à l'institution française, l'Etat. En Guinée, des passants nous saluent :

— Merci pour le courage ! Merci de nous visiter !

Non, objectivement l'accueil met en confiance, mais un exécrable sentiment de gâchis poisse l'âme, comme l'éternelle moiteur colle au corps en saison des pluies. La suite de l'histoire se lit sur les étals d'une économie démunie : graines de tamarin agglomérées, six macaronis sous cellophane, jeux de cubes Maggi, pâte d'arachide roulée en étrons, aubergines, viande et poisson, en tas petits, tout petits.

Sale dimanche en plus : le Cameroun bat la Guinée 1 à 0. Nous sommes contraints d'attendre le jour entier que le vieil El-Hadj Oussou Kouyaté rentre du match qu'il a vu dans une maison pourvue d'une télé et d'un groupe électrogène.

Ce vieillard magnifique, dont nous ne discernons pas les traits dans l'obscurité de sa cour, nous réconcilie avec les griots. Affable, il se lance dans la causerie avec allégresse, saute de la partialité de l'arbitre syrien au transfert historique de Fakoli, attaquant redoutable au service du tyran Soumaoro Kanté, dans l'équipe de Soundjata Keita pour le plus grand profit de ce dernier.

— Vous savez, Soumaoro Kanté, le roi forgeron, était tombé amoureux de la femme de Fakoli, son puissant capitaine, parce qu'elle réussissait mieux que toutes ses concubines les quatre-vingt-dix gâteaux traditionnels. Trahi par son maître, Fakoli se rallia à Soundjata. Et, pour lui, redoubla de vaillance. Il brisa les bras puis les jambes de ses adversaires. "Pourquoi agis-tu ainsi ?" lui demanda par deux fois Soundjata. "C'est pour toi que je le fais. Plus tard, les griots chanteront mes exploits en ton nom."

Claire démonstration de l'agrégation de divers exploits sur le seul nom de Soundjata. Ainsi se déforme l'Histoire et prend forme l'épopée.

Non, El-Hadj Oussou Kouyaté n'a jamais entendu parler d'un *mansa* parti voguer sur l'Océan. Cela ne lui dit rien. L'aveu est sans calcul. Nous ne sommes pas en affaires. Au contraire, le griot et son fils cherchent à nous retenir, nous accompagnent dans la nuit sans néon. Le vieux nous bénit et nous recommande vivement de visiter son ami de Djélibakoro, Adama Camara, chroniqueur réputé. C'est justement là que nous voulons aller : Djélibakoro, village traditionnel du Mandingue, sis le long du Niger, à quarante-cinq kilomètres au sud de Siguiri.

Lundi 19 juillet.

Nous manquons de perdre le Docteur Nangadef sur le Niger. Son cœur chavire à la vue d'une passagère du bac, à qui il promet pour plaisanter le paradis dès le milieu du fleuve et le mariage avant l'accostage. La pétulante Mama Kaba n'en a cure. Femme d'affaires guinéenne, veuve de guerre au Liberia, elle mène son commerce international à travers les frontières. Elle a le verbe percutant, et décoche à notre pauvre ami une tirade sur l'inconstance du mâle sénégalais aussi précise qu'une charge de kung-fu. Le divorce est prononcé sur la berge dans la plus franche hilarité.

Arrivons en gare de Djélibakoro. Gare de pirogues. Un orchestre de vendeuses de riz au poisson attend les voyageurs devant une batterie de gamelles. Jour de marché. Les barques effilées ne cessent de balafrer le fleuve. Le village se déploie sur une falaise, à distance respectueuse des eaux. Nous demandons asile à Adama Camara, notable important, qui d'emblée nous abandonne pour la nuit sa somptueuse case de maître. Insigne honneur. Imagine-t-on en France un édile offrant sa chambre à coucher à trois étrangers de passage parfaitement inconnus ?

On pénètre dans l'enclos de toute communauté domestique par une case-vestibule qui sépare la rue de l'espace intime. La demeure du patriarche dresse son imposante stature au centre d'un cercle de cases plus modestes où vit la famille élargie à plusieurs ménages et à des alliés.

Le vestibule du vieux Camara est bondé. Les anciens y siègent pour écouter les doléances des habitants. Le jour du marché est dédié au règlement des conflits par les hommes d'influence. Notre arrivée est saluée. Méfiants depuis Keyla, nous décidons de taire nos motifs de recherche : amis de longue date, nous nous disons en "voyage éducatif", aimant nous asseoir auprès des gens de rencontre afin de mieux comprendre la vie. Approbation générale. Le fil de la conversation se dévidant, Nangadef glisse sur la pente historique, par inadvertance. Monsieur Lion s'enquiert naïvement de ce roi du Mali parti en mer peu après le temps de Soundjata, et dont parlent beaucoup les journaux à Bamako. L'attention générale est piquée au vif. Un vieux sourit et hoche la tête. Pour la première fois, j'ai l'impression de lire sur son visage l'expression de quelqu'un qui s'étonne de la divulgation de cet épisode enfoui. La réponse tombe, laconique :

— Ça se dit !

Une rapide concertation suit cette repartie inespérée. Le traducteur signale alors que ce n'est pas l'heure de parler de ces choses, que les vieux sont préoccupés par des litiges à régler et des affaires à traiter. La discussion tourne court.

— Soyez patients, tempère le traducteur luimême enflammé par l'échange, le vieux Camara est un chroniqueur réputé, vous aurez le temps de l'entendre ce soir. Prenez soin de lui présenter dix noix de cola.

Nous écumons le marché pour tromper l'attente, achetons les colas, arpentons le village qui s'étire sur trois kilomètres, comme une Voie lactée de cases rondes et blanches. Les vergers de manguiers sont sous la protection d'agaves, le maïs derrière des clôtures de cactus, les secrets du Mandingue derrière une barrière d'ironie épineuse...

Au soir, notre hôte bavarde avec l'instituteur :

— Francophone, se présente-t-il, trente-deux ans de service !

Sans ambages, le vieux Camara lui fait dire qu'il nous soupçonne d'être venus dans un but que nous n'avouons pas. Il insiste sur le principe de toujours déclarer ses intentions à son hôte, quitte à ce qu'il soit obligé de les dissimuler à son entourage, en vertu de ses devoirs de tuteur.

— Que peuvent bien chercher des Français quand ils voyagent en Afrique ? Car ils semblent aimer voyager en Afrique, les Français...

Nous sommes coincés par notre scénario, mais persistons dans notre discours humaniste mâtiné d'emphase oratoire peu naturelle. Le vieux Camara n'en pense pas moins, et nous prive de toute allusion à l'aventure océane du roi malien ; il nous laisse crever d'impatience tout en se confondant en politesses. L'instituteur déclame :

— Il dit qu'il est heureux parce que vous êtes venus de loin, qu'il est content de l'accueil de ses concitoyens, que chez nous, on aime plus un étranger que soi-même, et qu'en vertu du passé avec la France, vous ne devez pas vous sentir des étrangers. Et il vous remercie "conséquemment".

Passe le temps du repas, le riz au poisson séché généreusement offert.

Tombe la nuit agaçante de chaleur.

Arrive l'accablante nouvelle : les deux griots du village sont partis "voyager".

Persiste le mutisme de notre hôte impressionnant dans son boubou de *bazin* bleu, bien calé dans sa chaise longue.

Fuse la question qui nous taraude. L'un de nous la lance de peur de voir la nuit s'évanouir sans réponse.

Le vieux a préparé son esquive :

— Il y a en Afrique des histoires qui ne se disent pas, des histoires que seuls de vieux griots se permettent de dire, et que les jeunes griots ne racontent même pas.

Lui-même n'est pas griot, et ne peut se substituer à ceux qui sont mieux placés que lui pour parler. Le malheur veut qu'ils soient en "voyage". Et de conclure par une sonore diversion, en me touchant le bras :

— Ah, Monsieur Lion, si vos ancêtres ont choisi ce totem, c'est qu'ils sont très forts : Lyon est une ville imbattable...

Son rire balaie les étoiles et mon dépit. Encore une fois, nous avons joué et perdu.

Je gaspille le sommeil sous la voûte tressée de la grande case à penser que nous avons frôlé Abou Bakari II.

Damned !

XIII

AU LONG DUQUEL LES MEMBRES DE L'EXPÉDITION SUIVENT LES RAILS ABANDONNÉS DE LA TRANSGUINÉENNE, APERÇOIVENT L'ÉCONOMIE DU PAYS SUR UNE VOIE DE GARAGE ; COMMENT ILS ABORDENT UNE ÎLE PEUPLÉE DE GRIOTS AVENANTS, ATTEIGNENT KOUROUSSA, VILLE NATALE DE L'ENFANT NOIR, HÉROS DU CÉLÈBRE ROMAN DE CAMARA LAYE, SE RECUEILLENT SUR LES TRACES DE RENÉ CAILLÉ ET INCIDEMMENT AFFRONTENT UN COBRA DANS LA BROUSSE.

— Il faut "carburer" la voiture ! explique le chauffeur pour justifier le retard du départ.

La goélette Saviem supposée nous transporter à Kankan n'a plus figure automobile. Les portes latérales s'ouvrent et battent comme des oreilles d'éléphant au rythme très élevé des vibrations. Tous les cinq cents mètres, le chauffeur rattrape sa portière. La bête métallique et asthénique titube et s'enfonce dans chaque ornière. Au milieu d'un village, un car américain gît sur le flanc, dépecé par des vautours ferronniers. Comme les fourmis magnans qui boulottent le python jusqu'à la dernière écaille, les forgerons-équarrisseurs déboulonnent le monstre de tôle jusqu'à l'ultime plaque. Un bus-école finit en soc de charrue. L'Afrique digère la modernité.

Dépassons Kankan.

Je suis littéralement sidéré par la liberté d'expression. La bâche du taxi-brousse abrite un salon politique.

Les intervenants sont serrés sur le plateau. Ils râlent contre leur condition de passagers mal traités, mais la fièvre préélectorale l'emporte sur les soucis de vertèbres. Nangadef, débatteur professionnel, jubile. Nous circulons sur les pistes de l'opposition mandingue au président actuel d'origine soussou. La conversation est consensuelle : Sékou Touré, héros incompris, recouvre la faveur populaire. Dix ans après sa mort, ses partisans effacent la cruauté du Tigre. La Guinée était en cage, disent-ils, et Sékou Touré s'est retrouvé seul engagé contre la balkanisation de l'ancien empire colonial français. Frappé de l'intérieur, aiguillonné de l'extérieur, le Tigre a rugi, puis mordu, conscient d'avoir raison de s'opposer aux fossoyeurs de l'unité africaine. Le présent ne lui donne pas tort.

— Du temps de Sékou Touré, entends-je, personne ne chassait pour son propre compte (ne pratiquait le détournement de fonds), il ne le faisait pas lui-même, il ne le laissait pas faire…

— Il refusait le luxe, il préférait la pauvreté dans la dignité plutôt que l'indignité dans l'opulence.

Les griots chantaient au moment de l'indépendance :

Quant à nous, nous disons non à l'or ;
nous disons non à l'argent.
Ce que nous voulons, c'est notre liberté,
Nous avons assez de l'esclavage.

En 1958, le général de Gaulle entend faire un geste spectaculaire envers l'Afrique noire, car le processus de décolonisation est engagé en Asie et en Afrique du Nord. En fait, pour mieux contrôler cette tendance galopante à l'émancipation, il prévoit l'instauration d'une communauté franco-africaine qui ne laisse aux colonies qu'une semi-souveraineté limitée à la gestion de leurs affaires intérieures. A Conakry, cette proposition est accueillie aux cris de “Vive l'indépendance !”. A de Gaulle, venu en Afrique de l'Ouest promouvoir cet avenir communautaire, Sékou Touré répond qu'il ne l'approuvera qu'à condition de voir figurer au contrat de la nouvelle association le droit à l'indépendance des peuples. Au "non" offusqué du Général, fit écho le "non" fier de la Guinée au référendum. Les griots clamèrent :

De la peau noire, la dignité s'est déclarée.
Qui tient à soi-même prend en main ses propres affaires.

— Il faut savoir qu'en 1958, la Guinée ne comptait qu'un licencié...

— Les Français en partant brûlèrent les archives d'exploitation minière, bétonnèrent les puits aurifères...

Les passagers se coupent la parole pour tout nous expliquer, comme si nous étions les premiers Français à pouvoir témoigner des conséquences de ce maudit désaccord. Soumis à un blocus concerté et à un boycott de ses produits à l'exportation, le pays s'est retrouvé piégé dans un jeu dont il ne maîtrisait pas les règles. Sékou Touré, qui fut le plus populaire des pères de nations africaines, qui se promenait partout sans surveillance renforcée, qui pardonna aux auteurs du premier attentat contre lui, au nom de l'unité, Sékou Touré ne sut bientôt faire face aux tentatives de coups d'Etat répétées qu'en massacrant ses opposants. A l'intérieur, il subit les actes de sabotage d'installations publiques, perpétrés par ceux qui refusaient ses choix drastiques, alors que les buildings poussaient à Abidjan, que les routes avançaient au Sénégal, et que la Guinée stagnait. A l'extérieur, l'austérité et l'intégrité de l'homme fort de Conakry gênaient les autres présidents africains peu enclins à la rigueur. Verdict : vingt-cinq ans de réclusion pour la Guinée dans le camp soviétique, quand soufflaient les frimas de la guerre froide.

La mort du Tigre en 1984 n'autorise que quelques mois d'espoir à son peuple, car la Guinée rejoint très vite l'union africaine des pays exploités par un pouvoir parasite et caricatural. C'est la déception qui réveille aujourd'hui le souvenir de Sékou Touré, relève son buste de "véritable homme politique".

— L'actuel président a utilisé ces huit dernières années à manger sa part ! Plus rien ne fonctionne.

Le bâché longe la voie ferrée abandonnée, qui fut longtemps l'épine dorsale du pays.

— On ne sait plus quand est passé le dernier train, alors qu'autrefois, on partait à huit heures de Conakry pour arriver à dix-neuf heures à Kankan, à l'autre bout du pays...

Et Kouroussa qui connut l'effervescence d'une gare doublée d'un port actif sur le Niger, Kouroussa privée de voies de communication, Kouroussa où nous arrivons en cahotant, dort. Pas d'hôtel, un night-club déglingué, une cité pour fonctionnaires surpeuplée, un bazar et une station-service pour centre de la ville haute. Nous cherchons dans la ville basse aux enclos domestiques fleuris Laye Kouyaté, l'économiste croisé à Kangaba. Il est seul dans sa cour, en train de préparer du thé ; il se retourne, nous aperçoit et dit simplement en souriant :

— Ah vous voilà, je vous attendais !

Jamais la formule polie, "Considérez-vous comme chez vous", ne revêt autant d'authenticité et d'amitié. Laye Kouyaté, que notre enquête concerne, a déjà prévu une excursion à Fadama, village de griots camouflé dans une île au milieu du Niger. Sa belle-famille y réside. Avec lui comme intermédiaire auprès de ses alliés, nous pourrons interroger les maîtres de la parole dans les règles, avec plus de chances de succès.

Kouroussa est établie sur une falaise dominant le Niger. C'est là qu'autrefois un fromager bornait la limite méridionale de l'empire de Soundjata. C'est là que, plus tard en 1827, au pied d'un autre fromager, René Caillé l'aventurier s'assit pour contempler le fleuve. Une stèle ravagée et gisante répète l'anecdote. Un formidable ouvrage métallique enjambe le Niger et supporte la voie ferrée.

— Ici a été installée la première fabrique de glace du pays. Le train acheminait les pains jusqu'à Conakry.

Il faut traverser le fascinant viaduc vertigineux pour atteindre les zones inondables sur l'autre rive où se pratiquent les cultures. Au coucher du soleil dans la brousse, nos pas provoquent des envols de canards sauvages ; nous percevons l'odeur d'un serpent, dont Laye Kouyaté prononce le nom en nous dissuadant de l'imiter sous peine de le voir apparaître. A moins d'utiliser des métaphores – "la chose qui rampe" pour le serpent, "le lézard" pour le crocodile –, il y a danger à désigner ses ennemis à voix haute. On évite aussi d'employer l'expression "mes enfants" pour renseigner un étranger sur l'étendue de sa progéniture de peur, dans ce cas, de les voir disparaître.

— On ne dit pas : j'ai quatre enfants, mais : quatre bâtons ou bouts de bois de Dieu.

Laye Kouyaté a quatre beaux bouts de bois de Dieu dont l'un s'appelle justement Aboubakar.

L'Enfant noir.

Kouroussa est aussi la ville de l'Enfant noir, le héros du plus célèbre roman de la littérature africaine. Son auteur, Camara Laye, fils d'un forgeron réputé et d'une mère douée de pouvoirs magiques, a passé son enfance à quelques mètres de la cour où nous dégustons, la nuit venue, du poisson à l'huile de palme.

— Cette ombre à bicyclette, c'est le chef du syndicat des taxis, murmure Laye Kouyaté, le propre frère de Camara Laye…

Confidence qui me procure le délicat plaisir de me savoir inséré dans le décor d'un livre aimé. Ici, tout près, la forge du père et ses génies inspirateurs ; là-bas, dans la brousse d'où nous venons, le lieu des épreuves rituelles qui séparent le candidat à l'âge adulte de la fluide affection des femmes. Toutefois, l'Enfant noir, de page en page, tourne le dos aux préceptes de la brousse pour adhérer à l'école des Blancs, avec les mutilations qui s'ensuivent. Le livre est un retour nostalgique de l'auteur à une enfance abreuvée de sciences anciennes, mais il est trop tard. Certes, le monde des lettres applaudit à ce modèle d'autobiographie qui, sous le couvert d'innocence enfantine, dévoile des mystères au public occidental, mais les gens de Kouroussa, eux, étouffent leur fierté :

— L'œuvre littéraire est pleine de saveur, admet Laye Kouyaté, mais Camara Laye a trahi la loi mandingue du secret. Il a écrit des choses qu'il n'aurait jamais dû révéler, même pour tout l'argent du monde, même sous prétexte de littérature. Il a évoqué la sexualité de sa mère, ce qui est inconcevable, et a parlé des fétiches de son père, ce qui est largement aussi grave. La disgrâce qui a frappé la famille de Camara Laye, dotée de membres brillants, ingénieux, devenus, disons pudiquement, déréglés, n'est-elle pas une conséquence de la parution du livre ? Le bruit court ici…

Au cœur de la nuit calme, percée d'étoiles et de lampes de poche, les indiscrétions de *l'Enfant noir* nous ramènent aux secrets d'Abou Bakari II. Laye Kouyaté confirme ce que nous commençons à bien comprendre :

— On dit de celui qui parle trop qu'il a la bouche large. Si sa trahison s'avère intolérable, "on lui élargit la bouche".

Opération qui laisse flotter sur le visage de l'irresponsable un ineffaçable sourire. Cette menace chirurgicale, première semonce avant une autre intervention plus définitive, a sans doute contribué à ce que le nom d'Abou Bakari II s'étrangle dans les gorges.

23 juillet. Le voyage à Fadama.

On se résigne à louer cher un véhicule et un chauffeur qui consente à nous conduire en face de l'île des griots et à venir nous rechercher le lendemain à heure dite. Fadama est loin et non desservie par les transports. Il faut encore "carburer" la voiture. L'essence se vend à la bouteille.

La piste s'engage sous le tunnel clair de la forêt brouillonne qui dissimule les berges du Niger. Une pancarte indique Karantando, île insoupçonnable où la France cacha les archives de la Guinée pendant la dernière guerre mondiale pour les soustraire aux nazis en cas de défaite des Alliés.

Des pirogues sommaires, aussi rassurantes que des cercueils troués, reniflent la vase. Des femmes quittent leur travail aux champs pour servir de passeurs, s'aidant de calebasses pour propulser l'embarcation. Laye Kouyaté fredonne :

Si tu me donnes à mon mari,
que mon mari ne me plaît pas,
je plongerai au fond de l'eau, afin que le crocodile me dévore crue.

C'est la complainte de la femme mandingue malheureuse dont la révolte se retourne contre elle ; en fait, Laye s'ingénie à chanter à tout va pendant la traversée le nom du crocodile pour jouir de l'effroi de Leuk-V, convaincue désormais de la vertu magique de la parole.

Le village au-dessus de la berge s'appelle Babila : des cases peintes et coquettes, des cours d'une netteté absolue organisées autour d'un arbre, des troupeaux calmes, des enfants qui beuglent *toubabou* cinquante fois, à distance, d'autres qui osent approcher pour toucher des bras blancs et des poils blonds avant de détaler à deux cents mètres... Laye Kouyaté salue tout le monde. Nous marchons en plein midi confiants et heureux en mâchant du poisson grillé tout chaud. Promenade parfaite dans un jardin d'Afrique où se cultivent la dignité et la beauté.

Fadama surpasse en charme tous les autres villages grâce à ses cases disposées comme une constellation dans le ciel, ou un archipel dans un océan d'arbres. Initialement, Fadama est le village du clan des Condé. Au temps de leur implantation, ils étaient chasseurs et cultivateurs. Mais quand Mandé Bory, frère de

Soundjata, émigra dans la région à la tête d'une fraction des Keita, les Condé reconnurent leur qualité de chefs, prêtèrent allégeance à condition de conserver leur droit à la parole en vertu de leur profonde connaissance du pays et des usages. Ainsi devinrent-ils griots et conciliateurs. A ce titre, ils furent nourris par la population et les plus anciens d'entre eux eurent droit au "gratin", le résidu solidifié que laisse la cuisson du riz.

Nous attendons sous un vénérable manguier, axe du monde au centre du village, d'être présentés au doyen de la communauté. L'homme que nous voyons sortir de son vestibule, grand et droit dans sa gandoura brodée, nous fait l'effet d'une apparition. Le plus beau vieillard qu'il m'ait été donné de rencontrer au cours de ma vie nomade. Une vision de Dieu le Père dans l'imagerie chrétienne, mais noir et bienveillant. Une couronne de cheveux blancs encadre le visage d'El-Hadj Poré Condé comme une aura ; une barbe longue et blanche complète le portrait de patriarche doux et sans courroux. Ses mots, annonce-t-il d'emblée, proviennent du cœur :

— J'ai atteint un âge où les calculs ne sont plus de mise.

Il se dit contemporain de l'arrestation de Samory Touré par les troupes françaises, ce qui lui assure une gémellité avec le siècle. Il a participé à la construction de la voie ferrée.

— Je vous reçois dans mes mains, dans mes bras. Vous qui arrivez de si loin, vous ne pouvez être poussés que par une démarche amoureuse. Vous êtes des Blancs venus ni pour travailler, ni pour vendre quelque chose. Tout ce que vous cherchez vous sera donné. Vos problèmes seront allégés, vous les abandonnerez ici. Et toi leur guide (s'adressant à Laye), tu apprendras à travers les secrets que nous leur confierons. Je suis heureux de votre venue. Je ne vis plus que pour des événements semblables.

Leuk-V en a les larmes aux yeux. Nous remercions le Détenteur des destins qui nous comble par une telle rencontre. Je ne me souviens plus des mots inspirés par l'émotion. Déjà survient le maître de la parole, le *Bëlen-Tigui*. Ce titre est rare. Il est décerné à un seul griot par province, désigné comme l'expert indéniable en Histoire. Un grand *Bëlen-Tigui* peut parler du monde depuis sa création, de l'Afrique entière jusqu'au royaume zoulou. Celui qui approche est le fils de Babou Condé, un maître de légende. L'autorité de Babou Condé et la puissance de son verbe imposaient le silence à la nature entière. Le vent se terrait. Même les gendarmes, ces oiseaux bavards des tamariniers, se taisaient trois jours durant si son discours devait durer ce temps. Et ceux qui piaillaient encore après la troisième injonction du griot tombaient foudroyés. Les humains écoutaient en proie à une admiration empreinte de terreur. Son fils, El-Hadj Mamadou Condé, s'appuie sur la canne d'allocution, droit et sévère, mais il ne bride pas l'expression de bienveillance qui filtre sous le masque convenu. Il ne cherche pas à ériger une barrière infranchissable entre lui, tenant du savoir, et nous, visiteurs, comme à Keyla. Ses mots d'accueil insistent sur la notion d'apprentissage :

— Dieu a créé les relations du père et du fils, de l'époux et de l'épouse, de l'aîné et du cadet, et enfin du maître et de l'élève. Grâce à Dieu, cette dernière relation s'est fort développée ; elle a permis à la connaissance de croître d'un tronc primitif comme les branches du manguier.

Et les vieux qui l'accompagnent revendiquent pour Fadama la qualité de capitale du savoir mandingue.

— Si vous devez apprendre quelque chose, c'est forcément ici !

Une phrase qui suffit à rallumer nos espoirs. La présence de Laye, la sérénité du village, la sollicitude des anciens nous font croire un moment que nous avons atteint une étape décisive.

Comme à Djélibakoro, notre hôte, le patriarche de la belle-famille de Laye, nous abandonne sa case, la plus ancienne du village. A l'intérieur, le traditionnel et le moderne s'allient sans façon : d'un côté le tambour rituel à la tête du lit à baldaquin, de l'autre la radio, la chaise longue et l'horloge à quartz. Les fusils jouxtent les gandouras. Nous sommes servis princièrement sous la voûte de chaume. Le riz au poisson apaise la faim et l'attente ; la reprise des discussions implique le désarmement du soleil.

Laye a dévoilé l'objet de notre voyage aux anciens. Il mène les négociations. Plus d'enregistrements, plus d'informations gratuites : les griots de Fadama ont été échaudés par la désinvolture et l'ingratitude de chercheurs, et non des moindres.

— Toute parole mérite échange, à condition bien sûr que la "marchandise échangée" en vaille la peine.

Sur ce point, les nouvelles ne sont pas bonnes, rend compte Laye. Notre unique préoccupation n'entre pas précisément dans le cercle des connaissances des vieux. A-t-on d'autres questions ?

Justement pas.

Nous rejoignons le vestibule de la palabre.

— Nous avons voyagé jusqu'ici pour vérifier si les chroniques arabes sur le roi malien parti en mer et le savoir des vieux se rejoignaient, répète Monsieur Lion.

— Notre intention est de rendre à l'Afrique une part d'histoire qu'elle ne peut revendiquer aujourd'hui encore, plaide le Docteur Nangadef.

Le maître de la parole se lance alors dans un long survol de l'avancée de l'humanité depuis la création du monde jusqu'au temps de Soundjata, mais le roi marin n'y figure pas. Il dit :

— C'est l'honnêteté qui me mène. Je ne m'aventurerais pas à énoncer des choses que j'ignore. Le seul ancêtre parti en mer est Noé. De l'épisode de l'arche, découle l'origine des Blancs et des Noirs. Au moment de la construction de l'arche, tous les hommes étaient blancs. Quand ils embarquèrent, couple après couple, Noé édicta l'interdiction de copuler, car tout nouveau-né entraînerait un poids supplémentaire que l'embarcation ne pourrait supporter. Un des fils de Noé brava l'interdit. L'enfant qui naquit fut de couleur noire, le premier d'une lignée maudite…

Je n'arrive pas à comprendre comment les victimes d'un mythe aussi péjoratif s'en font eux-mêmes les colporteurs. D'habitude, c'est sur ses ennemis héréditaires que l'on renvoie ce genre de bévue primordiale.

Nous glissons de la Genèse au Moyen Age.

A nouveau, le demi-siècle qui sépare Soundjata de Kankou Moussa subit une compression dans le discours des griots. Les deux grands empereurs se retrouvent quasiment accolés et les *mansa* intermédiaires éjectés. Nous insistons sur l'éventualité de la disparition d'un *mansa*. Mais seule la disparition de Soundjata intéresse le *Bëlen-Tigui*. Il déclare que le fondateur de l'empire est mort par noyade dans le Niger, alors que Wâ Kamissoko jure haut et fort que Soundjata n'a pas trépassé ailleurs que dans son lit. Le griot de Fadama décrit un tourbillon du fleuve qui l'aurait emporté. Pendant trois ans, trois mois, treize jours, des recherches ont été entreprises. Nul ne se résignait à sa mort, surtout dans de telles circonstances.

— C'est la raison du secret qui entoure la fin de Soundjata. Sa mort n'était pas à la hauteur de sa vie.

C'est ainsi que l'idée héroïque de "disparition" supplanta toute autre explication. Nous constatons une fois de plus que, par le secret, les griots manipulent une réalité jugée inconvenante et s'ingénient à formuler une histoire de façade qui contente tout le monde.

Le doyen se glisse alors dans le cercle. Une circulation furtive des chaises rétablit la préséance en fonction du nouvel arrivant.

— Mais que cherchent-ils ? Est-ce un *mansa* venu du nord, du sud, de l'est ou de l'ouest ? clame-t-il. Qu'on leur donne le fin mot !

Informé de notre requête, le doyen se lève et annonce qu'il va réfléchir et que, s'il sait quelque chose, il le confiera au *Bëlen-Tigui*.

L'heure de la prière met un terme net à la causerie. Les lycéens en vacances nous entraînent dans les rues du village, témoignant admiration et encouragement pour tant d'efforts déployés. Notre acharnement, disent-ils, ouvre leur conscience à cette question essentielle de l'empereur navigateur. Pendant toute la séance, la jeune génération en jeans et tee-shirts imprimés est restée rivée aux paroles des anciens en boubou.

Après le repas, épuisés par la chaleur et la tension qu'impriment ces longs débats, nous gisons sur des nattes, cernés par les étoiles et les enfants dont les yeux brillent tout autant. Nangadef provoque une séance de récitations, de chants, de danses et d'acrobaties pour les garçons. Les mères stimulent les énergies, dirigent les claquements de mains. Nous raclons notre monnaie pour les réjouissances futures des classes d'âge. La nuit explose de joie.

Le lendemain, nous allons au bois de Baro, sous-préfecture aux champs, installée sur l'autre rive du Niger. Grâce à Laye, nous pénétrons pour la première fois dans un bois sacré. Jamais, même dans la forêt tropicale, je n'ai senti un tel écrasement. Les fromagers, poussés les uns contre les autres, n'ont pu suivre un développement rectiligne, se sont gênés, se sont déformés, ont été pris de convulsions. Des titans, des cyclopes. Les pavillons des racines aériennes évoquent les pattes, les oreilles de l'éléphant, sa peau grise et rugueuse. La ramure interdit toute intrusion du ciel, nous sommes dans la case des génies. Une pression moite et verte. Laye, à mi-voix, évoque la “fête des mares” qui se déroule avant la saison des pluies, entre ce bois et les marigots voisins. Une fête de la fécondité qui allie l'eau, la demande de pluie et l'espoir d'enfants. Les jeunes hommes reviennent des placers, munis d'argent et de cadeaux pour leurs promises. Les jeunes filles se précipitent dans la mare, habillées de leurs plus belles parures, et replongent autant de fois qu'elles peuvent se changer et arborer une nouvelle tenue. Le génie des eaux est à l'écoute des souhaits humains. C'est aussi le temps des réconciliations au sein de la communauté. Laye Kouyaté parle avec des images de plaisir dans les yeux.

Les adieux donnent lieu à un long discours du *Bëlen-Tigui* :

— Celui qui est venu devant vous, nous le connaissons. Moi-même, je le connais bien. Nous avons été à Pita ensemble (dans le Fouta-Djalon), résoudre un problème délicat de discorde. Nous lui faisons confiance. A toute personne qui vient ici avec Laye Kouyaté devant elle, nous faisons confiance. Et à lui aussi (désignant Nangadef), nous faisons confiance, car il est de notre famille. Il faut bien dire que quand nous voyons arriver des Blancs, nous nous méfions. Mais vous, on a pu juger votre comportement : vous enlevez vos chaussures avant d'entrer, vous avez participé à la fête des petits hier soir et leur avez fait un don. Nous les vieux, nous l'avons remarqué. Vous êtes venus sans arrogance. Il n'y a pas de hiérarchie. Blancs et Noirs sont frères. Vous avez voyagé loin, porteurs d'une question qui implique la grandeur de l'Afrique. Nous avons bien compris cela, et nous allons chercher de notre côté. Mais une question aussi directe que la vôtre surprend toujours. Il faut d'abord passer en revue l'ordre des choses pour trouver les éléments de réponse. Ça ne se fait pas instantanément. Moi-même, lors des réunions avec mes pairs, j'en parlerai. Soyez sûrs que toute information que nous trouverons vous sera transmise par notre parent Laye Kouyaté. Et maintenant, peu d'hommes sont habilités à bénir. C'est le privilège de certains. Je vous bénis. Pour que vous trouviez ce que vous cherchez.

Nous répondons : "Amin !"

Le maître de la parole nous remercie encore pour notre venue et pour l'argent que Laye lui remet par l'intermédiaire de son frère.

Le doyen nous bénit. Selon les vœux des gens de Fadama, ce que nous cherchons, nous n'allons pas tarder à le récolter. Sans impatience, le temps mène à la maturité.

En effet.

Nous relisons *le Maître de la parole* de Camara Laye, l'auteur de *l'Enfant noir*. Et voici que nous découvrons dans les ultimes pages la descendance de Soundjata. L'écrivain de Kouroussa la tient de Babou Condé, l'ancien *Bëlen-Tigui* de Fadama, grâce auquel il publie une épopée du fondateur de l'Empire mandingue. Babou Condé cite parmi les successeurs de Soundjata l'esclave Sakoura qui, devenu empereur, étendit durablement la domination mandingue jusqu'à l'Océan ; puis Kou Mamadi, appelé aussi Mansa Woulèn Djouroulènko.

"Après lui, transcrit Camara Laye, Abou Babari Fôlo (Aboubakar I) devint *mansa* à l'âge de quinze ans. Il fit régner la paix dans l'empire.

Son successeur fut Abou Babari Filânan (Aboubakar II), qui périt en mer ; il avait essayé de traverser la mer avec une expédition de centaines de pirogues, qui furent englouties par les lames de l'Océan.

Le successeur d'Abou Filânan fut Gbonkô Moussa (Kankou Moussa), dit Hadji Moussa, le fabuleux pèlerin et le plus illustre des *mansa* du Mali."

Ces généalogies furent recueillies par Camara Laye au printemps 1963. Cette architecture des faits concorde avec la chronique arabe. Elle constitue à notre connaissance l'unique aveu de l'expérience d'Abou Bakari II par un maître de la parole, un des plus grands ; même si ce dernier ne manque pas d'interpréter le non-retour du monarque aventurier par l'hypothèse d'un infamant naufrage.

Lignes essentielles !

A partir de là, notre dernière urgence est Conakry. Un des frères de Camara Laye vit à la capitale. Cheikh Oumar Camara. Depuis vingt ans, il s'inquiète du sort d'Abou Bakari. Producteur à la radio nationale, il a lancé un appel sur les ondes à toute personne susceptible de lui fournir des renseignements sur le *mansa* explorateur dont on est sans nouvelles depuis plus de six siècles. De nombreux passagers de taxis-brousse, auditeurs de l'émission, nous ont avertis de son initiative. Dakar-Bamako-Conakry : le triangle capital de la filière bakarienne. Conakry : fin de connection. Nous avons l'impression d'arriver au bout des rails, de toucher l'ultime rivage. Si toutefois nous parvenons à joindre le frère reporter de Camara Laye.

Jour calme à Kouroussa avant la séparation. Demain, Archibald Nangadef doit rentrer à Dakar où vont commencer bientôt au théâtre Sorano les répétitions de son spectacle, *La Mort et l'écuyer du roi*, d'après Woyé Sonynka. Leuk-V et Monsieur Lion fileront jusqu'au port de la Guinée.

Le soleil glisse sur le plan incliné du jour. La brousse appelle le chasseur. Laye Kouyaté vante le charme de la savane à cette heure idéale pour repérer les oiseaux, espionner le gibier des terres inondables, boire la paix des marigots. La saison des pluies tisse une collection de prairies lumineuses. Seules les "termitières à chapeau" s'acharnent à gâcher l'ouvrage, trahissant la pauvreté des sols. Les paysans se dédommagent en arrachant les toits en parapluie extrêmement résistants de ces cases de lutins, afin de consolider leurs murs d'enceinte. Les femmes ramassent parfois les termites pour nourrir les poules. Laye lit la nature pour nous. Il sait où se dressent les termitières les plus photogéniques. Osons-nous couper par la forêt ? Inconscients, nous osons. Nous marchons en ligne et en silence : Laye, Monsieur Lion, Nangadef et Leuk-V. Nous avons à peine franchi cinq cents mètres que je vois Laye faire un bond prodigieux de côté, les yeux exorbités, les joues gonflées. "L'homme d'expérience ne siffle pas de la même façon quand il chasse les oiseaux et quand un éléphant l'attaque", assure le proverbe, donc je saute à mon tour, lestement, m'attendant à jouir de la fuite d'une antilope ou d'un phacochère. Good Lord ! C'est un cobra qui siffle et balance sa colère, pavillons déployés, pardessus les buissons de son territoire. Prière de changer de chapitre ! Une seconde pour un drame : le cobra va-t-il cracher dans nos yeux ou se détendre et piquer ? Il choisit la fuite. Par quelle intervention miraculeuse du scénariste ? Laye tire deux fois. La colonne vertébrale du reptile est brisée. Il agonise dans un buisson. Il faut l'achever. Tailler un bâton. Ecraser la tête. Nangadef s'acharne, écrase sa peur. Le serpent trépasse, il dépasse les deux mètres. Laye, ruisselant de sueur, déballe son inquiétude pendant la marche : il récitait intérieurement la sourate censée écarter les reptiles, mais par trois fois, sa mémoire a trébuché au cours de la prière. Ce qui constitue une sérieuse alerte. Il était sur le point d'ordonner la retraite quand le cobra s'est dressé.

Le crépuscule nous empêche d'aller exposer notre involontaire exploit au village le plus proche et de revendiquer honneur et dons pour avoir débarrassé la brousse d'un danger qui menace la vie du bouvier. Nangadef brandit comme un drapeau notre lourde victime au bout d'une branche fourchue et l'abandonne au bord du chemin pour l'édification des passants.

— Un serpent dont la tête est tranchée n'est plus qu'une simple corde, ironise-t-on nerveusement.

Laye se garde bien d'étaler chez lui ce haut fait. De toute façon, la nuit tombée n'est pas favorable à l'évocation de ces choses-là, qui rampent. Le Docteur Nangadef, en mythologue patenté, se charge de conclure ce bal tragique en brousse avec l'envoyé de la mort. Un délai nous a été accordé. L'enquête sur le roi disparu en mer, enlacé par le serpent de l'horizon, doit connaître un utile prolongement et un heureux dénouement. Ainsi lit-on le signe du destin.

— Ma grand-mère avait coutume de dire, commence Archibald Nangadef avec la lenteur calculée des conteurs qui capturent les attentions éparses, ma grand-mère disait qu'au début des temps, la mort prévenait les vivants de leur fin prochaine. Elle avait même l'obligeance de les informer personnellement de la cause de leur décès. Les mortels se préparaient et sortaient de la vie sans regimber. Mais une fois, la mort vint prévenir un homme très attaché à la vie.

“Kon kon kon, frappa-t-elle à la porte. C’est ton tour, je vais bientôt te prendre, tu mourras d’une piqûre de scorpion.”

Aussitôt la mort partie, l’homme s’enfuit à toutes jambes. Il traversa un premier village et s’inquiéta : “Connaissez-vous les scorpions ?”

“Oui, il y en a pas mal par ici”, répondirent les habitants.

L’homme qui aimait la vie marcha longtemps. Dans un autre village, il demanda :

“Connaissez-vous les scorpions ?”

“Oui, nous en voyons de temps en temps”, avouèrent les habitants.

L'homme s'empressa de mettre une distance respectable entre ce village et lui. Arrivé dans un lointain pays, il s'informa auprès des autochtones :

"Connaissez-vous les scorpions ?"

Les gens réfléchirent longtemps avant de répondre :

"Cela nous rappelle quelque chose, oui, nos anciens nous en ont parlé..."

A ces mots, l'homme s'enfuit aux confins de la terre. Là, il interrogea les natifs :

"Connaissez-vous les scorpions ?"

Les natifs du bout du monde, ébahis, ouvraient de grands yeux.

"Les quoi ?" répétaient-ils.

"Les scorpions !" insista l'homme qui aimait la vie.

Et il leur décrivit l'animal, mais plus il s'égosillait, moins ses interlocuteurs le comprenaient. L'homme, très excité, pensa qu'il avait enfin atteint son but, qu'il allait pouvoir se reposer éternellement dans ce paradis sans scorpions. Cependant, il voulut tenter une ultime vérification. Avisant une surface sablonneuse, il se mit à dessiner avec une scrupuleuse précision le corps, les pattes et la célèbre queue recourbée à aiguillon. Et il expliqua en traçant la queue que c'était là le membre dangereux avec lequel l'animal piquait. Son doigt était encore posé sur le dessin quand le scorpion se matérialisa et foudroya l'homme qui aimait trop la vie.

Et la mort de conclure :

"Ce salopard a failli m'échapper. C'est bien la dernière fois que j'avertis un humain de la date et de la cause de sa mort."

— Que cherchait donc Abou Bakari II en s'enfuyant au-delà du monde connu ? soupire Leuk-V rêveuse.

— Peut-être un asile contre la mort, murmure Laye Kouyaté. Les héros qui disparaissent ne meurent jamais. Ils échappent à la mort, puisque les vivants attendent leur retour, de génération en génération. Même en secret.

XIV

COMMENT LES ENQUÊTEURS TROUVENT A L'HÔTEL TERMINUS DE LEUR VOYAGE DES INDICES PRÉCIEUX SUR LE ROI MALIEN DISPARU QU'ILS N'ESPÉRAIENT PLUS TROUVER ; MAIS D'OÙ IL RESSORT ENCORE QUE L'HISTOIRE SE MODÈLE COMME L'ARGILE, QUE LA CENSURE AGIT COMME LES CISEAUX D'UN SCULPTEUR ET QUE LES COPEAUX GÊNANTS DE LA MÉMOIRE FINISSENT TOUJOURS DANS LA POUBELLE DE L'OUBLI.

Sur le quai de la gare de Kouroussa, les griots chantent pour l'Enfant noir :

— Déjà tu es aussi savant que les Blancs ! Tu es véritablement comme les Blancs ! A Conakry, tu t'assoiras parmi les plus illustres.

Ce que griot annonce, le flatté se sent contraint un jour de le réaliser.

Camara Laye, adolescent, s'en va grandir à Conakry en se nourrissant de la conscience blanche du monde.

Leuk-V et Monsieur Lion visent Conakry, leur dernière cible : fouiller la capitale afin de retrouver le propre frère de Camara Laye, qui poursuit depuis vingt ans le roi africain parti ouvrir le monde à la conscience noire.

Un petit-fils de griot, Laye Kouyaté, les serre dans ses bras au moment des adieux ; il doute des liens du courrier. Les lettres désormais mettent plus de temps à traverser le pays d'ouest en est qu'Abou Bakari II à franchir l'Atlantique au XIVe siècle. Et, bien souvent, le courrier naufrage. Archibald Nangadef a déjà disparu sous la bâche d'un taxi collectif en compagnie de *la Mort et l'écuyer du roi*, et en direction de Dakar via Kankan et Bamako.

— *So long brother !* Rendez-vous à Lyon devant une raie au beurre noir dans un bouchon près de l'opéra.

Leuk-V et Lion voient progressivement la monotone plaine mandingue au sol brûlé, rouillé, passer sous l'emprise de collines de schiste aux formes tabulaires. Des falaises aux parois gluantes, coiffées d'une végétation ébouriffée, annoncent les contreforts du Fouta-Djalon, la montagne, le château d'eau de l'Afrique de l'Ouest, le pays des Peuls, principaux opposants et victimes désignées du régime de Sékou Touré. Des musiques bordent le trajet. Le *sokouss*, rythme à la mode, s'évade de cassettes et rime avec secousses. La guitare sautillante virevolte, ironique et légère comme la mouche du coche, excitant le pachydermique véhicule, pénalisé par l'état désastreux de la piste. La voie ferrée dort sous les herbes.

Ils font étape à Mamou, ville à l'humeur maussade, poussée dans une pente à un croisement de routes. Ils passent trop vite pour retenir autre chose que des clichés : les vautours du crépuscule agrippés aux toits de tôle du marché aux viandes, spectateurs assidus du quotidien, reluquent l'affiche du cinéma d'en face, *La mort vous va si bien*, avec Jack Nicholson et Meryl Streep. Le business américain, tel un vautour, s'agrippe à toutes les économies, même les plus défaillantes. Des jeunes boutiquiers, qui changent des CFA contre des francs Guinée au couple toubab, avouent souffrir du complexe du dernier. Un récent classement des développements comparés, publié dans la presse du mois, attribue à la Guinée la lanterne rouge des pays d'Afrique. L'amertume humecte leurs lèvres :

— Les richesses de la Guinée ? Guinée, pays d'avenir ? C'est pour quand ? questionnent-ils pour éviter de répondre. Le décollage annoncé, on ne le voit pas s'amorcer. On s'ennuie à Mamou.

Leuk-V et Monsieur Lion se faufilent dans le seul lieu repérable comme restaurant : un couloir aux tables basses où de gros clients bourgeois vident jusqu'à deux cubes en carton de vin rouge en poudre. Une lumière glauque de tripot éclaire une omelette grasse. La tombée de la nuit coupe le courant. La cour de l'hôtel est envahie de semi-remorques et les vérandas, de routiers interlopes. Il pleut un blues tropical dans leur chambre-cellule. En jargon cinématographique, les héros fatigués se retrouvent à jouer les *losers* dans le *remake cheap* d'un *road-movie* de série brousse. Manque juste la guitare de Ry Cooder traînant sa peine dans le *Paris-Texas* de Wim Wenders.

Le film continue le lendemain après une nuit hantée par l'eau du ciel. La berline 504-taxi avale sauvagement huit passagers. Le chauffeur doit changer les vitesses entre les cuisses écartées d'une jeune fille. Même les voyageurs guinéens grognent.

— Ce qui est bon pour les passagers n'est pas bon pour le chauffeur, et inversement, rétorque le placide conducteur.

La route, sinueuse et vernie par la pluie, est décorée de bananiers et d'épaves. Elle descend en enfer. La vie se joue aux dés tout au long d'un jeu de l'oie de deux cent cinquante kilomètres, truffé de cases à éviter : renversements de camions, éclatements de taxis, éventrements de familiales, incendies de moteurs. En cas d'infortune, pas question de passer son tour. Des poids lourds odieusement surchargés meurent d'épuisement en pleine montée ; ils portent tous pourtant des devises protectrices comme "Jour béni", évidents mensonges du destin.

A Conakry, les deux rescapés de l'expédition font leurs cinquante premiers pas dans une avenue près du port. Une voiture freine, une porte s'ouvre, un ordre claque :

— Montez ! Ne restez pas là.

C'est un cadre originaire d'un des quatre dragons d'Asie.

— Vous travaillez à Conakry ? s'enquiert Monsieur Lion.

— Non, je souffre à Conakry. A cause de la dégradation de l'économie et des relations humaines. On vous insulte, on vous arnaque !

Suit une mise en garde sur le délabrement de la sécurité qui propulse la capitale guinéenne dans l'élite des ports délinquants de la façade atlantique. Conakry a la fièvre ; l'anophèle de la paupérisation infeste les périphéries de la ville, butoirs de l'exode rural.

"Globalement, l'opposition guinéenne n'apparaît guère plus porteuse d'un projet politique précis que le chef de l'Etat occupé, dans sa caserne-présidence, à dévorer des cassettes vidéo."

Si la réputation de téléphage du général-président court la savane de l'opposition, surtout à l'est en pays mandingue, le premier terme de l'analyse ci-dessus s'imprimera dans les journaux dès le lendemain des élections de décembre 1993.

A Conakry, l'enquête se pimente d'un sentiment de crainte, inconnu depuis le début du périple. La sirène d'un sax sonne dans leur tête quand les détectives culturels sautent dans un taxi ; le jazz d'une trompette prolonge les effets d'alerte quand ils glissent dans les rues du centre, leurs regards mobiles à trois cent soixante degrés. Mais trêve de cinéma, ils réussissent à joindre Cheikh Oumar Camara, producteur de l'émission *Un conte pour une nuit*, grâce à la complaisance de la famille de Djibril Tamsir Niane, le grand historien dont le Docteur Nangadef, chemin faisant, dévorait les œuvres. Malheureusement, le Professeur est absent, il voyage aux Etats-Unis.

— Mon père est toujours resté prudent avec Abou Bakari II, même devant l'enthousiasme de ses propres enfants, nous confie son fils. Je pense qu'il en connaît plus sur ce sujet qu'il ne le laisse percevoir ; mais il retient des secrets sous le sceau du serment.

En 1975, Djibril Tamsir Niane campait sur une position dubitative, contenue dans une note de ses *Recherches sur l'empire du Mali au Moyen Age* : "On ne peut prétendre que l'anecdote (sur Abou Bakari II) soit vraie, mais il ressort que Mansa Moussa, par ce récit, montre que le Mali a plus ou moins regardé vers le grand océan ; il n'est pas exclu que les empereurs aient tenté de connaître la mer, il a pu y avoir des tentatives de reconnaissance des côtes africaines avant les Portugais. Mais aucune installation portuaire ne donne des indices de telles expéditions."

Monsieur Lion rédige une lettre à l'intention du Professeur pour savoir si, aujourd'hui, il confirmerait ou nuancerait cette opinion.

La prudence freinera-t-elle sa réponse ou la Poste guinéenne l'aura-t-elle égarée ? Elle ne lui parviendra pas.

Leuk-V et Monsieur Lion attendent désormais Cheikh Oumar Camara, qui a promis de les rejoindre à leur hôtel, *CaseAlu*, une ancienne maison coloniale en carabotes, véritable miracle de quiétude au cœur de la nervosité ambiante. Une véranda court tout autour du premier étage comme le pont d'un navire ; des bananiers, cretons et palmiers l'assaillent avec un enthousiasme vert et des branches fanatiques.

Un premier rendez-vous la veille a été repoussé d'un jour. Ils se donnent encore un après-midi de faction avant de reprendre l'avion pour Bamako. Le déluge de saison et le lourd climat social oppressent la ville. Rien à faire, sinon dévorer un livre qui traîne : *Petits Blancs, vous serez tous mangés*, le succulent ragoût de suspense et d'ironie mitonné par Jean Chatenet.

Un Malien observe leur attente et les apostrophe sur le but de leur présence. Ils répondent évasivement :

— Des recherches sur l'histoire mandingue.

— Ah oui, Abou Bakari II sans doute, réplique le questionneur sans l'ombre d'un doute. Il y a une équipe française qui cherche là-dessus ; je l'ai lu dans les journaux à Bamako.

La presse indépendante prouve à nouveau la qualité de sa couverture. Ancien éditeur, l'homme curieux est volubile et péremptoire. Il ne recule devant aucune rodomontade. Il prétend qu'Abou Bakari II a été élevé dans le harem de son père par une nourrice égyptienne.

— Quel père ?

— Abou Bakari II était un bâtard, fils d'un esclave et d'une fille noble, recueillie par le *mansa* du Mali après une bataille. L'enfant a été reconnu et adopté par le souverain victorieux.

Pour l'ancien éditeur, le caractère du roi qui rêvait de conquérir l'horizon est clair :

— Il en va d'Abou Bakari II comme de Che Guevara, on peut comprendre sa révolte sans pour autant l'approuver !

Leuk-V griffonne discrètement cette repartie inattendue qui pourrait servir de jubilatoire conclusion.

Le jour tire son double rideau de nuit et de pluie. L'espoir file dans le caniveau. Ratage complet à Conakry. Monsieur Lion plie amertume et bagages. On frappe à la porte. Coup de théâtre : Cheikh Oumar Camara a traversé la ville obscurcie pour tenir ses engagements. Il est la troisième figure de passion engagée dans la résurgence du mythe bakarien, aux côtés de Pathé Diagne à Dakar et de Gaoussou Diawara à Bamako. La conversation s'engage tambour battant, comme entre des exilés s'apercevant qu'ils partagent un même langage.

Cheikh Oumar Camara prétend que deux griots, et non des moindres, l'ont entretenu d'Abou Bakari II : Wâ

Kamissoko et Babou Condé. Avec le premier, il a abordé la question de façon informelle au congrès des études mandingues de Bamako en 1976. Malheureusement, ce jour-là, ne disposant pas de magnétophone, il ne put enregistrer les paroles du maître de Krina. Et revenir plus tard en tendant un micro lui aurait valu une cinglante repartie : "Tu n'as pas bien écouté, ou cherches-tu à contrôler mes propos pour savoir s'ils se recoupent ?"

Wâ Kamissoko est mort quelques mois plus tard.

Babou Condé, le père de l'actuel *Bëlen-Tigui* de Fadama, détenait également l'histoire d'Abou Bakari II, puisqu'il l'a transmise à son frère Laye en 1963.

Monsieur Lion intervient :

— Pourtant en 1993, El-Hadj Mamadou Condé, fils de Babou Condé, que nous venons de rencontrer, se défend de la connaître, en arguant de sa bonne foi. Ignorance feinte ou perte du savoir d'une génération à l'autre ?

Cheikh Oumar Camara ne peut dire. Il affirme en revanche que les deux maîtres qu'il a eu la chance de côtoyer lui ont fourni des éléments similaires concernant les expéditions maliennes sur l'Océan et leur nature :

— La première expédition était composée de sept "navettes", *kulun-nin*, petites pirogues.

— Que signifie cette indication de sept navettes par rapport au nombre de deux cents bateaux rapporté par les Arabes ?

— Sans doute doit-on s'attendre avec le chiffre 7 à un sens ésotérique. Toujours est-il que la première expédition fut bien montée à des fins exploratoires, dans des perspectives de découvertes. Mais, me dirent les griots, la seconde doit être considérée comme une opération de sauvetage, destinée à secourir les hommes sacrifiés à la curiosité du monarque. Selon eux, l'empereur en proie à une coriace culpabilité, se sentant responsable de vies en danger, serait parti en mer afin de ramener ses sujets. Les griots vont même jusqu'à accuser le chagrin d'avoir causé la mort du roi.

— Pathé Diagne, dans son livre sur Abou Bakari II à la rencontre de l'Amérique, accorde en effet une note à cette hypothèse qu'il dit populaire en Gambie, se souvient Leuk-V.

— Mais pourquoi Wâ Kamissoko n'en a-t-il pas soufflé mot au congrès de Bamako en 1976 ? s'étonne Monsieur Lion.

— Parce que personne ne lui a posé directement la question, sauf moi, en privé.

Au-delà de cette réplique, tout ce qui suit n'est qu'épilogue.

Plus tard, à Paris, ils entendront un autre son de vague. Un grand spécialiste de la culture mandingue leur dira qu'Abou Bakari II était en fait un prince né à Banjul au bord de l'Océan, qu'il fut nourri des paroles du ressac, et alerté par "des vols saisonniers de papillons jaunes" de l'existence d'un ailleurs au-delà du large. Ils auront la confirmation que les chants d'Abou Bakari II sont bel et bien rangés dans le répertoire des griots, et qu'ils ne sont secrets que pour le commun. Ils apprendront avec surprise l'existence de rescapés des expéditions océanes, rentrés au pays, et noteront même le nom de la région où sont supposés vivre les descendants de ces "revenants". Ils n'en sauront pas davantage, car leur très honorable interlocuteur repoussera perpétuellement le moment de leur fournir des explications complémentaires, sous divers prétextes qui n'en cachent qu'un seul : le jour venu, leur éminent collègue se chargera lui-même de révéler, d'après ses sources traditionnelles, qui fut Abou Bakari II, ce qu'il accomplit et ce que les griots pensent vraiment de lui.

On retrouve donc Lion et Leuk-V dans un vol d'Air Guinée entre Conakry et Bamako. Le début d'août noie les pistes qui tentent de relier Mali et Guinée, diluant dans ses crues les velléités d'atteindre en voiture Niani, le village qui contrôle le site de l'ancienne capitale du Mandingue. Initialement, les enquêteurs avaient la prétention de balader à Niani quelques questions subsidiaires. Ils ne l'ont plus : l'emplacement du vieux centre royal est plus que tout verrouillé par le secret. Il leur semble qu'au cœur même du vieux Mali couve la flamme de la vitalité, entretenue par des gardiens jaloux, en attente du jour propice à un nouvel essor de la culture mandingue. Il y aurait danger d'extinction à en ouvrir le sanctuaire au vent des curiosités insidieuses.

"Celui qui montrera Mali-les-Ruines (aux Blancs) sera tué par les esprits qui ne pardonneront à personne de dévoiler le secret. Le jour de l'arrivée des Blancs à Mali sera la fin du monde. Le lieu sacré sera connu de tous les curieux qui viendront troubler le repos des esprits ; ceux-ci se fâcheront alors et tourneront la terre..."

Avertissement de griots proféré à l'adresse d'un chercheur blanc dans l'exercice de ses fonctions, et rapporté par Djibril Tamsir Niane.

La résistance mandingue à l'ébruitement de ses mystères est un plaidoyer contre l'uniformisation du monde.

— Alors Lion, ce rapport sur la disparition en mer du roi d'Afrique, ça vient ? Aboutis, mon vieux, aboutis !

Monsieur Lion s'attend à ce genre d'accueil à la descente de la passerelle, en France, où tout est urgence et classement.

— Patience, le retour glorieux d'Abou Bakari II, après des siècles de fugue honteuse, échauffe les esprits et trouble le repos des génies qui doivent admettre ce renversement des valeurs. Patience...

Monsieur Lion s'apprête à se garantir une fois de plus derrière le bouclier proverbial de son oncle Ahmadou Kourouma :

— La limite de la bête est sa queue ; il n'y a pas de forgeron qui à force de frapper transforme le cuivre en or, et aucun éreintement ne peut tirer l'eau de la pierre.

En adaptant librement :

— La sagesse est au bout de la queue du temps. Nul enquêteur à force de frapper ne transforme le silence en déclaration, et aucun éreintement ne peut tirer la clarté de la dissimulation.

Tant que le temps n'est pas venu.

La nuit ultime, un taxi fonce vers l'aéroport de Bamako. Le chauffeur fait sentir à Monsieur Lion la faveur de son prix fixé en fonction de leur amitié commune pour Georges Francis de la mission libanaise, etc.

— Donc si tu reviens, tu n'as qu'à me demander, moi, Modibo Keita, un nom facile à retenir : je suis l'homonyme du premier président de la République. Est-ce que tu sais cela ?

— Oui, et je sais aussi que tu es noble, *horon*, fils de seigneur ; ton ancêtre était Soundjata Keita, le fondateur de l'empire du Mali, suivi entre autres de Sakoura, Abou Bakari I, Gao, Kou Mamadi, Abou Bakari II et du grand Kankou Moussa…

Monsieur Lion mesure l'effet de sa tirade louangeuse. Il a quasiment fait œuvre de griot. Le chauffeur est éberlué, ébloui, béat, prêt à lâcher son volant.

— Eh, comment tu sais tout ça ? Ce que tu viens de dire, bien des Maliens l'ignorent.

Monsieur Lion décline son patronyme léonin et sa traduction en malinké, puis sans répit, assène le destin d'Abou Bakari II. Le chauffeur, émerveillé, conduit la tête tournée vers le siège arrière ; à l'aéroport, il lui fait promettre dix fois de revenir et de ne pas l'oublier :

— Modibo Keita !

La magie d'Abou Bakari II lui colle à la peau.

Le douanier préposé à la fouille dans l'isoloir, ne le fouille pas. Monsieur Lion lève les bras, le policier s'en fout complètement, il lit sa fiche d'identité :

— Vous êtes écrivain ?

Acquiescement.

Mélancolique et envieux à la fois, le préposé soupire :

— J'aimerais écrire, mais qu'est-ce qu'il faut pour écrire ? Peut-on avoir les idées et que d'autres corrigent la grammaire ?

Le jeune homme très doux, dans son uniforme qui lui sied mal, demande cela comme une supplique. Monsieur Lion baisse les bras.

— Moi, continue-t-il, je voudrais écrire pour parler de mon père, du changement intervenu entre son époque et la nôtre, des préoccupations sociales. L'homme malien est surveillé par la tradition, il ne peut rien faire, coincé entre la famille, les castes, les obligations d'alliances…

Monsieur Lion approuve, sensible à cet émouvant monologue. Le douanier regarde à travers le rideau pour vérifier qu'aucun autre "client" n'attend. Monsieur Lion lui tend une main d'adieu pour progresser vers la salle d'attente. L'agent proteste, presque offusqué :

— Vous voulez déjà me quitter ? On peut encore causer.

Ce soir-là, un chercheur déclare à un douanier qu'il détient une histoire, et qu'il est même prêt à lui faire traverser des frontières. L'homme de la sécurité ne demande qu'à l'entendre. Une dernière fois, dans un isoloir, Monsieur Lion raconte la passion d'un roi d'Afrique pour la reine mer.

Tout s'est passé ainsi.

AFFAIRE NON CLASSÉE

Et puis ce fut l'hiver.

Les ceps du Beaujolais, figés sur les collines, figuraient les fantassins décharnés de l'armée morte. L'ouverture de chaque bouteille de Quincié ou de Régnié répétait le geste ancien d'une foi païenne en la résurrection du printemps. Ils avaient pris l'habitude d'éclabousser la neige de quelques gouttes vermeilles par fidélité à l'offrande aux défunts, préalable à tout repas en Afrique. Ils s'étaient retirés entre vignes et forêts, dans le village des ancêtres de Monsieur Lion pour compulser des archives et écrire. Le Docteur Nangadef était toujours en scène à Dakar, et se débattait avec la mort sacrificielle, thème cher à Woyé Sonynka. Leuk-V et Monsieur Lion pensaient à Mungo Park, et plus précisément au moment où l'explorateur écossais pataugea dans la vase du Niger et dans le bonheur de sa découverte. Il allait rapporter à l'Europe du XVIIIe siècle finissant l'assurance que le fleuve coulait du couchant vers le levant, contrairement aux idées reçues. Imaginer tant de mois de souffrances, de maladies, de mortelles angoisses pour, au bout du compte, déboucher sur la berge d'un cours d'eau, si mythique soit-il, et simplement jeter un bout de bois afin de guetter le sens de sa dérive. C'était le sens de son voyage ; Mungo Park ne connaîtra jamais ni les sources ni l'embouchure du fleuve.

Pour la beauté du geste, Lion et Leuk-V étaient prêts à renier leur serment beaujolais et à tendre vers la clarté des flammes de la cheminée le calice ambré d'un pur malt hors d'âge au sincère accent de tourbe, en mémoire du médecin-explorateur dont ils admiraient la trempe.

Des hauteurs de la combe, d'où ils jouissaient d'une quiétude digne d'un chapitre terminal de Jules Verne, ils considéraient le périple dans lequel la volupté de songerie les avait poussés. A vrai dire, ce qu'ils en rapportaient ressemblait plus à l'eau trouble de l'incertitude qu'à la limpidité d'une assurance : Abou Bakari II, le roi marin, n'avait pas forcément atteint l'Amérique, et ses intentions de départ restaient classées dans le silo du silence par les archivistes muets du Mandingue. Pas plus que Mungo Park, ils ne pouvaient préciser la source et l'embouchure de l'histoire-fleuve dont ils avaient touché les rives. Depuis ces rives cependant, ils avaient entrevu un roi d'Afrique naviguer à contre-courant des idées reçues. Et les idées reçues, aidées par les préjugés établis depuis des siècles, s'étaient ingéniées à naufrager l'expédition médiévale et océane de ce dérangeant monarque, en évitant soigneusement de repêcher les questions contemporaines qu'elle posait et que la mer rejetait, entre autres, sur les rivages de l'Amérique précolombienne. Abou Bakari II, comme tout précurseur au caractère erratique, avait le tort de déstabiliser les constructions intellectuelles élevées de part et d'autre de l'Atlantique pour expliquer l'état du monde. En conséquence, le personnage restait enfermé dans les cales de l'Histoire officielle comme un passager clandestin. Assurément, il en sortirait un jour ; il fallait juste attendre encore un peu, que le temps vienne, que l'archéologie fasse davantage parler le littoral atlantique des Amériques, que les griots consentent à s'épancher, que les lectures trop assurées du passé tirent bénéfice du doute…

— Vérités et mensonges en Histoire impriment profondément leurs marques idéologiques dans les livres et les mémoires, comme les crocs des caïmans dans la chair de l'antilope assoiffée et crédule, proverbait comme à l'accoutumée Monsieur Lion. Il n'est pas facile de leur faire lâcher prise.

— "Bien entendu, l'Amérique avait été découverte avant Colomb, mais le secret en avait été bien gardé", conclut Leuk-V, c'est Oscar Wilde qui le dit.

Affaire non classée.

Quincié-en-Beaujolais, juin 1994.

Après la découverte par les conquistadors du XVe siècle,
après l'arrivée des explorateurs du XIXe siècle, toutes deux suivies
de phases très dures et souvent négatives pour l'Afrique,
voici venu le temps des chercheurs désintéressés.
Pour les jeunes, il s'agit d'une aventure
aussi passionnante que d'aller dans l'espace.
Mais ce grand dessein devra être une œuvre
de quête humaniste, non de conquête oppressive.

JOSEPH KI-ZERBO

BIBLIOGRAPHIE

Principaux ouvrages consultés

AL-OMARI Ibn Fadl Allah, *Masālik el Abṣār fi Mamālik el Amṣār*, Vol. I, *L'Afrique moins l'Egypte*, trad. Gaudefroy-Demombynes, Geuthner, Paris, 1927.

BALANDIER Georges, *Afrique ambiguë*, Plon, Paris, 1957.

BALANDIER Georges et MERCIER P., "Particularisme et évolution, les pêcheurs lébous", *Etudes sénégalaises* n° 3, IFAN, Dakar, 1952.

BATTŪTA Ibn, *Voyages III, Inde, Extrême-Orient, Espagne et Soudan*, François Maspero/La Découverte, Paris, 1982.

BELLEC François, *Tentation de la haute mer*, Seghers, Paris, 1992.

BLAMONT Jacques, *Le Chiffre et le Songe*, Histoire politique de la Découverte, éd. Odile Jacob., Paris, 1993.

CAMARA Sory, *Gens de la parole*, Karthala, Paris, 1992.

CISSÉ Youssouf Tata et KAMISSOKO Wâ, *La Grande Geste du Mali. Des origines à la fondation de l'Empire*, préface de Jean Rouch, Karthala-Arsan, Paris, 1988.

CISSÉ Youssouf Tata et KAMISSOKO Wâ, *Soundjata, la gloire du Mali*, Karthala, Paris, 1990.

CUOQ Joseph M., traduction et notes du *Bilad Al-Sudan. Recueil des sources arabes concernant l'Afrique occidentale du VIIIe au XVIe siècle*, CNRS, Paris, 1975.

Contributions of the University of California, Archaeological Research Facility, *Colossal Heads of the Olmec Culture*,

C. W. W. Clewlow, Richard Acowran, James F. O'Connell, Carlos Benemann, Berkeley California, oct. 1967.

DIAGNE Pathé, *Bakari II (1312) et Christophe Colomb (1492) à la rencontre de l'Amérique*, éd. Sankoré, Dakar, 1992.

DIABATÉ Massa Makan, *L'Assemblée des djinns*, Présence Africaine, Paris, 1985.

DIABATÉ Massa Makan, *Le Lion à l'arc*, Hatier, Paris, 1986.

DIAWARA Gaoussou, *Abubakari II*, éd. Lansman, Carnières-Belgique, 1992.

FALL Yoro K., *L'Afrique à la naissance de la cartographie moderne*, Karthala, Paris,1982.

FAVIER Jean, *Les Grandes Découvertes, d'Alexandre à Magellan*, Fayard, Paris, 1991.

GIRARD Jean, *L'Or du Bambouk, une dynamique de civilisation ouest-africaine. Du royaume de Gabou à la Casamance*, Georg ed., Genève, 1992.

GOMARA Lopez de, *Historia de Mexico*, Anvers, 1554.

GRAVIER Gabriel, *Recherches sur les navigations européennes faites au Moyen Age aux côtes occidentales d'Afrique en dehors des navigations portugaises du XVIe siècle*, E. Martinet, Paris, 1878.

KI-ZERBO Joseph, *Histoire de l'Afrique noire*, Hatier, Paris, 1972.

KOUROUMA Ahmadou, *Monnè, outrages et défis*, Le Seuil, Paris, 1990.

LAYE Camara, *L'Enfant noir*, Plon, Paris, 1953.

LAYE Camara, *Le Maître de la parole, Kouma Lafôlô Kouma*, Plon, Paris, 1978.

LEIRIS Michel, *L'Afrique fantôme*, Gallimard, Paris, 1934, rééd. 1981.

MAUNY Raymond, *Documents à verser au dossier de l'hypothèse de l'origine négro-africaine de la civilisation olmèque du Mexique*, Bulletin IFAN B XXXI, Dakar, 1969, p. 574-587 (citant J. Soustelle, M. D. Coe, Roger Bastide).

MAUNY Raymond, *Hypothèses concernant les relations précolombiennes*, Patronato de la "Casa de Colon", Anuario de Estudios Atlanticos, n° 17, Madrid-Las Palmas, 1971, p. 369-389.

MONOD Théodore, *L'Hippopotame et le Philosophe*, Julliard (Sequana), Paris, 1943, rééd. Actes Sud, 1993.

MOLLAT Michel, *Le Navire et l'économie maritime du Moyen Age au XVIIIe siècle principalement en Méditerranée*, Bibliothèque générale de l'Ecole pratique des hautes études, VIe section, Paris, 1957.

MORAND Paul, *A.O.F., de Paris à Tombouctou*, Flammarion, Paris, 1928.

NIANE Djibril Tamsir, *Soundjata ou l'Epopée mandingue*, Présence Africaine, 1960.

NIANE Djibril Tamsir, *Recherches sur l'empire du Mali au Moyen Age*, Présence Africaine, Paris, 1975.

PARK Mungo, *Voyage dans l'intérieur de l'Afrique*, François Maspero/La Découverte, Paris, 1980.

Raccolta di documenti e studi publicati della Reale Commissione Colombiana, Gênes et Rome, 15 vol., 1892-1894.

THACHER John Boyd, *Christopher Columbus, His Life, His Work, His Remains*, G. P. Putnam's Sons, New York, 3 vol., 1903.

Vallées du Niger, catalogue édité par la Réunion des musées nationaux, chapitre VII, Paris, 1993.

VAN SERTIMA Ivan, *They Came Before Columbus*, Random House, New York, 1976 ; trad. *Ils y étaient avant Colomb*, Flammarion, Paris, 1981.

WUTHENAU Alexander von, *Altamerikanische Tonplastik*, Holle Verlag, Baden-Baden, 1965 ; trad. *Terres cuites précolombiennes*, Albin Michel, Paris, 1969.

TABLE

ACTES SUD TERRES D'AVENTURE

Extrait du catalogue

Vladimir Arseniev
AUX CONFINS DE L'AMOUR

Alan Booth
LES CHEMINS DE SATA

Erskine Caldwell
A L'OUEST DU MISSISSIPPI

Jean-Marc Durou
L'EXPLORATION DU SAHARA

Isabelle Eberhardt
LETTRES ET JOURNALIERS

Didier Favre
LE VAGABOND DES AIRS

Marc de Gouvenain
RETOUR EN ÉTHIOPIE
UN PRINTEMPS EN SIBÉRIE

Guido Gozzano
CARNETS INDIENS

Thorkild Hansen
LA MORT EN ARABIE
JENS MUNK

Alain Hervé
LA PROXIMITÉ FOLLE DU PARADIS

Lieve Joris
MON ONCLE DU CONGO
LES PORTES DE DAMAS

Ma Jian
LA MENDIANTE DE SHIGATZE

Tom Miller
LA FILIÈRE DES PANAMAS
SUR LA FRONTIÈRE

Théodore Monod
MÉHARÉES
PLONGÉES PROFONDES (BATHYFOLAGES)
L'ÉMERAUDE DES GARAMANTES
LE FER DE DIEU

Cees Nooteboom
LE BOUDDHA DERRIÈRE LA PALISSADE
DÉSIR D'ESPAGNE

Cilette Ofaire
LE SAN LUCA
L'ISMÉ

Vassili Peskov
ERMITES DANS LA TAÏGA

Gontran de Poncins
KABLOUNA
UNE VILLE CHINOISE

Tobias Schneebaum
LA DEMEURE DES ESPRITS

John Steinbeck
DANS LA MER DE CORTEZ

Haroun Tazieff
EREBUS, VOLCAN ANTARCTIQUE

Göran Tunström
PARTIR EN HIVER

Adriaan Van Dis
SUR LA ROUTE DE LA SOIE
LA TERRE PROMISE
EN AFRIQUE

Nicolas Vanier
SOLITUDES BLANCHES

Zhang Xinxin
AU LONG DU GRAND CANAL

TERRES D'AVENTURE
EXTRAIT DU CATALOGUE VOYAGES

L'Agence Terres d'aventure, spécialiste du voyage à pied, amicalement associée aux éditions Actes Sud autour de cette série ouverte sur le monde et sa diversité, propose plus de 200 randonnées riches et semées de paysages et de rencontres inoubliables.

Iles du Cap-Vert
Désert et oasis "atlantique"

Mali
Falaise dogon et fleuve Niger

Cameroun
Du pays kirdi aux monts Atlantica

Mauritanie
Les oasis de l'Adrar
Le Guelb er-Richât
Ouadane / Chinguetti / Atar
Le Banc d'Arguin

Ethiopie
Montagnes mystérieuses d'Abyssinie

Kenya
Terres sauvages du Nord-Kenya

Tanzanie
Ascension du Kilimandjaro
Ascension du Kilimandjaro, N'Gorongoro
et trekking masaï

Afrique du Sud
Lesotho, Drakensberg et cap de Bonne-Espérance

Jordanie
Les chemins sauvages de Petra
La voie royale
Balade jordanienne
Montagnes et canyons de Jordanie

Ouvrage réalisé
par les Ateliers graphiques Actes Sud.
Achevé d'imprimer
en septembre 1994
par l'Imprimerie Bussière
à Saint-Amand-Montrond
sur papier des
Papeteries de Jeand'heurs
pour le compte des éditions
ACTES SUD
Le Méjan
13200 Arles.

Dépôt légal
1re édition : octobre 1994
N° impr. 2434